KB161270

시간이 담아낸 것들

과거가 얘기하는 현재 그리고 미래로 이어지는

우리네 문화 이야기

홍남일 지음

시간이 담아낸 것들

PlanB DESIGN 플랜비디자인

시간과 공간을 초월한 문화, 그 여행길에 서서

예순 살은 이순^{耳順}, 공자님 말대로라면 어느 정도 인생을 알 나이인데 저는 여전히 궁금한 게 많습니다. 늘 먹는 밥도, 간 맞추는 소금도 하물며 아침저녁 하는 양치질도 '왜' 혹은 '언제부터인가' 등의 숱한 의문이 머릿속을 맴돕니다. 그쯤 되면 찾아보아야 합니다. 누구 말대로 걱정도 팔잡니다. 웬만한 것은 자료가 많아 쉽게 해소되지만, 어떤 것은 한 달 꼬박 걸려도 시원치 않습니다. 끙끙거린 시간을 A4 용지 두 장에 담고 나야 비로소 입꼬리가 올라갑니다.

이 년 전, 모 경제일간지에 문화칼럼을 기고하면서 글쓰기를 시작하였습니다. 처음에는 화문석이나 비빔밥 같은 전통문화를 다루려고 하였으나 이내 벽에 부딪혔지요. 문화란 닫힌 공간에서 자생한 것이 아니라 오랜 시간을 걸쳐 이방인과 어울려 만들어진 소산임을 깨달았습니다. 그래서 전통도 한국도 아닌 제 주변에 보이는 것이나 잊힌 것에 대한 '시간여행 하기'로 방향을 잡았습니다. 그러자 비키니나 목욕탕 등 소재의 폭도 넓어지고 동서양과 선사 역사를 넘나들게 되었습니다. 그런데도 이 책은 고증된 역사나 문화를 담은 책이 아닙니다. 우리의 생활 모습은 촘촘한 씨줄과 날줄로 얽혀 있기 때문에 획일화된 정설을 말하기 어렵습니다. 따라서 기술한 내용의 다름과 틀림이 있을 수 있겠지요. 큰 흐름으로 보아주었으면 하는 바람입니다.

여하튼 이런 글 토막을 모아 '시간이 담아낸 것들'이라는 제목으로 책 한 권을 엮었습니다. 비록 예순 편 남짓 많지 않은 분량이지만, 각각의 이야기 속에 공통으로 옛사람의 생각이 느껴지도록 애썼습니다. 행간에 보이는 당시의 시간과 공간을 통해, '현재의 나는 누구이고 겸손한 삶이 무엇인가?'에 대한 질문도 던져보면서, 이제껏 소소하게 느낀 것이나 잊은 것을 살짝 드러내는 것만으로도 얼마나 풍부한 삶이 되는지를 경험하면 좋겠습니다.

목차 구성은 크게 넷으로 나누고, '우리말의 사연'을 틈틈이 끼어 둠으로써 앞서간 이들의 생활 모습을 보충하였습니다. 첫째 마당은 '미래의 노래 아리랑'으로 단락 제목을 정하여, 비교적 우리네 옛 내음이 진한 삶들을 추렸습니다. 둘째 마당인 '도둑놈의 수작질'에서는 근대화의 물결 속에 태동한 문화를 다루었으며, 셋째 마당은 '그래, 대한민국 만세다'라고 하여 시간상 최근의 일들이나 사건들을 다루어 오늘과 대비토록 하였습니다. 마지막 마당은 '양치질, 우리가 원조다'로 묶어 과거에서 지금까지의 생활이 어떻게 변화해 왔는지 돌아봅니다. 속지로 다룬 '우리말의 사연'은 특별한 구분 없이 해당 어휘에 관한 소제목만으로 표기하였습니다.

《명심보감》에 '땅은 쓸모없는 풀을 길러 내지 않는다'는 말이 있습니다. 문화도 그렇습니다. 문화란 사람과 사람, 사람과 자연, 사람과 환경의 관계가 빚어낸 산물입니다. 문화는 예외 없이 인간의 감정을 담고 있습니다. 그러기에 문화에 고급·저급도 없고, 귀하거나 하찮은 것도 없습니다. 이 책에서 다룬 소재가 비록 가볍게 느껴질지 모르겠지만 나름 사연도 많고 이야깃거리도 제법 됩니다. 가끔 삶이 따분

할 때 기분전환도 할 겸 아무 쪽이나 펼쳐 읽기를 권합니다.

마지막으로 이 책이 나오기까지 칼럼을 게재해 주신 경제신문〈글로벌 이코노믹〉의 노정용 국장님과 기꺼이 출판을 맡아주신 플랜비 디자인의 최익성 대표님, 편집에 노고를 아끼시지 않은 신현아 님·유지은 님께 고개 숙여 감사 말씀드립니다. 아울러 든든한 후원자인 한외국인친선문화협회와 격려를 아끼지 않은 동창들, 아내와 딸 다연·다예에게 무한한 사랑을 보냅니다.

홍남일

차례

차례

미래의 노래 아리랑

01.

금줄에서 실타래 답례까지

1960년대까지만 해도 거의 모든 사람이 집에서 아기를 낳았습니다. 힘든 산고 끝에 아기가 태어나면 즉시 따뜻한 물에 부드러운 천을 적셔서 온몸을 닦아 준 후, 감초나 삼을 달인 물을 세 숟갈 정도 아기 입에 넣어 줍니다. 산모에게는 흰쌀밥과 미역국을 먹게 하여 젖이 잘 돌고 피도 맑아지게 하였습니다. 산모 곁을 지키며 물을 데우고 들기름과 삼 물을 우려 연신 방과 부엌을 들락날락하시던 시어머니는 며느리의 순산을 보고 나서야 이마의 땀을 훔쳤습니다. 그리고 미역국과 옥밥쌀밥을 장독대로 가지고 가서 산신産神께 순산을 감사드리고 아이의 무병장수를 빌었습니다.

방밖에 서성이던 시아버지도 초조하긴 마찬가지였습니다. 아기의 첫 울음소리와 함께 "고추예요." 혹은 "예쁜 공주 나셨네요."라는 산파 할머니의 들뜬 소리가 들리면 부랴부랴 준비해둔 새끼줄을 대문에 걸어두고 안도의 한숨을 내쉬었습니다. 금줄이나 인줄이라고 하는 이 새끼줄은 '우리 집에 아기가 태어났습니다.'라고 알리는 표시로 딸이

태어나면 새끼줄에 숯만 끼우고, 아들이면 숯과 빨간 고추를 줄이어 끼워 놓았습니다. 금줄이 내걸리면 동네 사람들은 그 집에 삼칠일, 즉 이십일 일간 출입해서는 안 되며 특히 집안 식구들은 남의 초상집을 방문해서도 안 되었습니다. 액운을 막아주는 이 금줄은 당시로써는 참으로 지혜로운 풍속이었는데, 이는 외부로부터의 각종 질병을 사전에 차단하여 갓난아기를 안전하게 보호하려 했던 액막이 장치입니다.

아기 낳는 것을 거들어 주는 분은 시어머니나 동네의 나이든 아주머니였지만 대개는 산파라는 여인네가 맡았습니다. 산파는 자기 집에다 조산원이라는 작은 간판을 내걸고 있다가 연락이 오면 아기를 받아 줍니다. 산파를 불러야 할 상황이 오면 시어머니는 미리 시장에 가서 해산미역이라 하여 넓고 길게 붙은 것을 고르며, 값은 깎지 않았습니다. 값을 깎으면 부정이 탄다고 믿었기 때문인데 미역을 파는 가게 주인도 이를 알고 있어서 품질 좋은 미역을 골라 꺾지 않고 새끼줄로 묶어 주었습니다. 예부터 '해산미역을 꺾으면 난산을 한다'는 미신이 있었기 때문에 해산미역에 대한 배려는 사는 사람, 파는 사람 모두 세심하였습니다.

아기가 출생한 지 칠 일이 되면 초이레, 십사 일이 되면 두이레, 이십일 일이 되면 세이레라 하여 합해서 삼칠일이라 칠 일 단위로 나누어 아기와 산모를 위한 산신제를 올립니다. 제사 음식은 흰밥과 미역국이고, 제사 후에는 반드시 산모가 이 제사 음식을 먹어야 했지요. 세 번의 제사를 마치면 마침내 집 앞에 둘렀던 금줄을 내리고 아기를 보고 싶어 하던 사람들의 방문을 허용했습니다.

삼칠일을 거쳐 아기가 태어난 지 백 일째 되는 날은 백일이라 하여 아기를 위해 잔치를 베풉니다. 생후 백 일간 아기의 사망률이 가장 높아 이 고비를 넘긴 아기를 진심으로 축하하고 더불어 삼신할미에게 감사와 이후의 무병장수를 비는 날로 백일을 정했습니다. 백일에는 음식을 풍성히 하여 백일 상을 차립니다. 그리고 백일 떡이라는 다양한 종류의 떡을 만드는데, 떡마다 그 이유가 정갈합니다. 우선 백설기는 아기의 무병장수를 뜻했고 붉은색 수수 팥떡은 부정을 막아주는 주술적 의미가 있습니다. 송편도 백일 떡으로 빼놓을 수 없는데 송편은 속을 넣은 것과 넣지 않은 것으로 빚어, 속이 꽉 찬 송편은 지혜가 가득하란 의미로, 속 빈 송편은 마음에 근심이 없기를 바라며 만든 것이지요. 인절미는 찹쌀로 만들어 찰지고 단단하기 때문에 아기의 몸도 건강하고 다부지기를 기원했습니다.

이러한 백일 떡은 이웃집과 친척 집에 나누어주는 풍습이 있었고 백 사람에게 나누어 주어야만 아기가 백 살까지 오래오래 살 수 있다고 믿었습니다. 백일 떡을 받은 집은 떡 그릇을 돌려줄 때, 그릇을 물에 씻지 않고 그냥 되돌려 주어야 아기에게 부정이 안 탄다고 여겼으며 씻어주지 않는 대신 답례로 실이나 돈을 그릇에 담아 주었습니다. 요즘은 백일잔치에 이 사람 저 사람 부르지만, 예전에는 떡을 돌리는 것 외에는 집안 식구끼리만 하였고, 오히려 떠벌리지 않아야 귀신이 시샘하지 않는다고 생각했습니다.

아기가 태어난 지 일 년이 되면 돌이라 하여 아무리 생활이 어려운 집이라도 반드시 돌상을 차려주는 것이 우리의 오랜 풍습입니다. 이날의 아이는 돌쟁이가 되어 때때옷을 곱게 차려입고 산해진미 풍성한 돌상을 받습니다. 돌상에는 음식 이외에도 여러 가지 상징물을 네모난 나무 판에 담아 올려놓는데 남자아이의 경우 쌀, 붓, 천자문, 실, 돈, 활을 두고, 여자아이는 천자문 대신 국문, 활 대신 가위나 실패를 담아서 아이에게 집으라고 합니다. 이런 행위를 돌잡힌다고 했는데 이는 아이의 장래를 점쳐 보는 돌날의 대표 풍속입니다. 아이가 돈이나 쌀을 집으면 유복하게 자랄 것이고 붓과 천자문은 문인文人을, 화살과 활은 무인武人, 가위나 실패는 길쌈에 능할 것이라 하며 즐거워합니다.

돌날 아침에는 가까운 친척들이 모여 아이에게 덕담을 들려주며 돌상 음식을 나누어 먹었고, 점심 무렵부터 이웃 손님을 맞이하면서 이들에게는 돌상 음식이 아닌 국수로 대접하였는데 이를 국수 잔치라 부릅니다. 국수 잔치는 아이가 국수처럼 길게 살라는 기원의 의미로 겨울에는 국수장국을 따뜻하게 말며, 여름에는 시원하게 냉면을 말아 잡채와 편육을 곁들입니다.

한편, 돌날도 백일과 마찬가지로 일가친척과 절친한 이웃 몇몇 이외에는 야단스럽게 초대하지 않습니다. 대신 이날도 떡 돌리기 풍습이 있었는데 돌이 되면 아이가 걸을 수 있기 때문에 엄마 손을 잡고 아이가 직접 돌떡을 돌립니다. 돌떡을 받은 집은 그릇에다 물건이나 돈을 답례로 줍니다. 답례 물건은 대부분 실이나 의복, 돈, 반지, 수저, 밥그릇, 완구 등으로 이러한 답례품은 아이의 장래를 위한 부귀 장수를 빌고 함께 축하하는 뜻에서 비롯되었습니다.

02.
미래의 노래, 아리랑

"아리랑 아리랑 아라리요 아리랑 고개로 나를 넘겨주게…."

평창 올림픽 가락은 단연 '아리랑'이었습니다. 세계인이 지켜보는 개막 공연에 천 년의 소리 아리랑이 울려 퍼졌고, 시상식 배경음악도 아리랑 선율이었습니다. 아이스 댄스에서 민유라와 겜린Alexander Gamelin, 갈라쇼의 최다빈도 정선 아리랑을 주제곡으로 하여 진한 감동을 남겼고, 특히 올림픽 축하차 온 북한 공연단의 아리랑 연주는 많은 이의 가슴을 먹먹하게 하였습니다. 때로는 기쁘고, 때로는 구슬픈 이 아리랑이 과연 우리에게 어떤 존재일까요.

'아리랑'은 아리랑 후렴이 들어간 민요를 통칭합니다. 지역에 따라 아로롱, 아르랑, 어랑으로 부르지만 다 같은 범주에 넣습니다. 아리랑의 어원에 대해서는 의견만 분분할 뿐 속 시원하게 밝혀진 바 없습니다. 오랜 세월 여러 사연을 담아내며 오늘날 오십여 종의 아리랑이 전합니다.

일부 민요학자들은 아리랑의 태생을 '메나리'에서 찾기도 합니다. 메나리란 한반도 동부에서 논밭을 맬 때 내는 소리로, 일종의 노동요입니다. 강원도 일부 지역에 전해오는 아리랑 "심어주게 심어주게 오종종 줄모를 심어주게 아리랑 아리랑 아라리요 아리랑 고개를 넘어간다." 또는 이승훈이 채록한《농부사農夫詞》중 "밭 갈고 풀 뽑는 것은 공이 이루어지는 걸세 호미 드러라 호미 드러라 한결같이 앞을 향하여 아로롱아로롱 어히야."라는 노랫말이 이런 주장을 뒷받침합니다.

그러나 시원始原이야 어떠하든 대부분 아리랑은 애정이나 주변 환경 혹은 전설을 엮어 다양하게 채색됩니다.

"아우라지 뱃사공아 배 좀 건네주게. 싸리골 올동백이 다 떨어진다. 떨어진 동백은 낙엽에나 쌓이지 사시장철 임 그리워 나는 못 살겠네."

강원도 아우라지 나루터의 전설을 배경으로 노래한 아리랑입니다. 강을 사이에 끼고 밀회를 즐기던 총각과 처녀, 어느 날 때 아닌 홍수로 나룻배가 유실되자 안달이 난 처녀가 뱃사공에게 하소연하는 사연입니다.

"날 좀 보소 날 좀 보소~."

빠른 박자에 흥겨운 밀양아리랑은 음률과 달리 가사의 배경은 으스스합니다. 옛날에 밀양을 다스리던 한 부사에게 아랑이라는 예쁜 딸이 있었습니다. 어느 날, 아랑에게 반한 관노가 사랑을 고백하자 아랑은 냉정하게 관노를 꾸짖었고, 증오심에 관노는 아랑을 겁탈하고 칼로 찔러 죽인 후 시신을 산에 버립니다. 부사는 딸을 찾지 못한 채 서울로 올라갔고, 이후 새로 오는 부사마다 부임한 첫날 밤 아랑귀신을 보고 죽습니다. 담력이 큰 한 부사가 와서야 아랑 귀신의 사연을 알게 되어 관노를 처벌하고 원혼을 풀어주었습니다. 이를 바탕으로 아랑의 정절을 '아랑 아랑'하며 부르던 가락이 밀양 아리랑으로 변했다 합니다.

한편, 이처럼 각각의 사연을 담아 부르던 지역 아리랑이 한 장소에 모인 적이 있습니다. 경복궁 재건이 한창이던 1860년대 후반입니다. 공사 노역을 위해 전국 각지에서 인부들이 동원되었는데, 그들의 입을 통해 자신들 고향의 아리랑이 어우러집니다. 그중 가장 인기가 좋았던 아리랑은 "나를 버리고 가시는 임은 십 리도 못 가서 발병 난다."의 경기지역 아리랑으로 오늘날에도 아리랑의 대표곡으로 자리 잡고 있습니다. 반면, 이 당시 경복궁 공사에 대한 원망을 풍자한 아리랑도 많이 회자하였습니다. "아르랑 아르랑 아르랑 얼싸 배 띄워라. 문경새재 박달나무 홍두깨 방망이 다 나간다."와 "강원도 금강산 제일가는 소나무 경복궁 대들보로 다 나가네." 등의 아리랑입니다.

경복궁이 완성되고 고향으로 돌아간 인부들이 자연스럽게 타지방 아리랑도 전수하거나 새로운 가사를 붙여 아리랑을 만들기도 했습니다. 그런데 경복궁 공사가 빌미가 되어 여러 아리랑이 합쳐지다 보니 그때까지 생각지 못한 새로운 정서가 각지 사람들 가슴에 움텄습니다. 바로 아리랑이라는 것을 통하여 '우리'라는 동질의식을 확인하게 된 것입니다. 우리는 기층민의 우리이고 약자의 우리이며 나아가 백성의 우리 민족의 우리로 각인되었습니다. 곧이어 우리라는 아리랑이 위력을 발휘합니다.

1894년, 탐관오리의 수탈과 일본의 침략 야욕이 숨김없이 드러나자 먹고살기 힘들어진 동학 농민들이 죽창과 낫을 들었습니다. 이때 농민들을 이끈 군가가 아리랑이었습니다. 원곡은 전해지지 않으나 상주 아리랑에서 일부는 가늠해 볼 수 있습니다.

"문전의 옥토는 어찌 되고 쪽박의 신세가 웬일인가. 아리아리 쓰리 쓰리 아라리요 아리랑 고개를 넘어간다. 원수로다 원수로다 총 가진 포수가 원수로다."

농민 군가는 아니더라도 당시 산간벽지의 아이들이나 포구 아이들까지도 입에 담던 아리랑도 있습니다.

"인천 제물포 살기는 좋아도, 일본 놈 등쌀에 나는 못 살겠네. 아이고 데고 귀찮고 성가시다. 단둘이 살자 꾸나 싫다 싫어. 아리랑 아리랑 아라리요 아리랑 얼쑤 넘어간다."

1910년, 일본에 나라를 뺏기자 아리랑은 민족 저항의 노래로 자리를 굳힙니다. 국토가 유린당하고 해마다 백만 명 이상이 압록강을 건너 만주로, 시베리아로, 중국으로 흩어졌고 고난의 나날들을 보내면서 그나마 아리랑으로 달랬습니다.

"청천 하늘엔 별도 많고 우리네 가슴엔 수심도 많다. 이천만 동포야 어디 있느냐 삼천리강산만 살아있네."

이들 중에는 광복군이 되어 총칼을 앞세우며 광복 아리랑으로 전열을 가다듬기도 했습니다.

"우리 부모님 날 찾으시거든 광복군 갔다고 말 전해주소. 광풍이 분다네 광풍이 불어 삼천만 가슴에 광풍이 불어."

1926년에는 그야말로 민족 전체를 아리랑으로 묶는 사건이 생겼습니다. 나운규가 영화 〈아리랑〉을 만듭니다. 그동안 노래로만 부르던 아리랑이 시각화되면서 그 파급력은 엄청났고, 조선 민중이라는 민족적 자각이 가슴에 불을 지폈습니다. 그리고 한이라는 민족 고유의 정서를 잉태합니다. 단절과 이별의 아리랑고개가 아니라 이제는 희망과 미래의 아리랑고개이고, 어려움을 극복하고 넘어서 이상적인 한 민족 공동체를 만들어 보자는 약속의 아리랑이 되었습니다.

마침내 1929년, 광주 학생의거에서 아리랑이 점화되자 일본은 서둘러 아리랑 금창령禁唱을 내립니다. 한반도에서 아리랑이 사라졌습니다. 그런데도 우리는 속으로 아리랑을 읊었고 우리만의 공동체를 꿈꿨습니다. 그리고 마침내 해방되자 한민족 누구나 할 것 없이 아리랑을 목청 터지게 불렀습니다.

노동 민요에서 민중 노래가 되고, 저항하던 민족의 노래가 된 아리랑. 일찍이 고故 양주동 박사는 아리랑의 '아리'는 '우리'의 다른 말이라 하며, 아리랑 고개는 수난의 어려움을 견디면서 희망을 잃지 않는 광명의 고개라 하였습니다. 외국의 어느 학자는 아리랑을 한 민족이 상상 속의 공동체를 지향하는 주문이라고도 합니다. 맞습니다. 그러기에 우리는 계속해서 아리랑을 부를 것입니다. 아리랑은 현재보다 나은 미래를 기원하는 노래이기 때문입니다.

03.
동지는 작은설

'무엇인가 다시 시작한다'는 것은 새로운 희망이며 활력입니다. 그래서 우리는 일상생활 속에 여러 시작을 정해놓고, 그 시점에서 지난한 삶을 추스릅니다. 그중에서도 특히 정월 초하루인 설은 우리 생활과 뗄 수 없는 시작 중의 시작입니다. 농경사회가 정착되면서 달력을 사용하기 시작했는데, 그 기원을 우리는 중국 하나라에서 찾습니다. 정약용의 아들 정학유가 쓴 《농가월령가 머리령》에 보면 달력에 관한 내용이 나오는데 오늘날의 문체로 옮기면 이렇습니다.

하늘과 땅이 처음 생기니 해와 달과 별이 빛이 난다. 해와 달은 때맞추어 돌고 별들은 제 갈 길이 있어 일 년 삼백육십오 일에 제자리로 돌아오니 동지, 하지, 춘분, 추분은 해가 도는 길로 알 수 있고 상현, 하현, 보름, 그믐, 초하루는 달 모양으로 알 수 있다. 지금 쓰는 역법은 하나라와 한 법이다. 따뜻하고 덥고 서늘하고 추운 기후 사계절에 딱 맞는다.

시간이 담아낸 것들

위의 내용에서 알 수 있듯이 여기서 말하는 역법은 달의 음력과 태양의 양력을 합친 태음태양력이었으며 그냥 줄여서 음력이라고 말했습니다. 이를 근거로 하여 한 해 제천행사인 영고 · 동맹 · 수릿날 · 무천 등을 시행하고 그 외에도 많은 기념일을 만들었을 것입니다. 특히 한 해의 시작을 나타내는 정월 초하루는 분명히 있었겠지만, 문헌상으로는《삼국사기》에 "백제 고이왕 5년238 정월에 천지신명天地神明께 제사祭祀를 지냈다."라는 내용이 최초입니다.

한편, 한 해의 첫날을 일컫는 설은 그 명칭이 언제부터 쓰였고, 어떤 의미가 담겨있는 것일까요. 아직 이렇다 할 정설은 없고 추론만 분분합니다. 개인적으로 설에는 '처음', '으뜸', '시작'의 뜻이 담겨있다고 봅니다. 그리고 '과연 설이 첫날, 즉 단 하루의 기간이었을까'라는 의문도 듭니다. 지금은 분명히 1월 1일 하루만을 설이라 하지만, 예전에는 동지에서부터 섣달그믐을 합친 것을 설로 정해 놓고 쇠었다는 기록이 있습니다. 이십사절기 중 하나인 동지는 양력 12월 22일 무렵으로, 일 년 중 낮이 가장 짧고 밤이 가장 길지만, 이날을 기점으로 낮이 다시 길어지기 때문에 사실상 양력의 새해 첫날인 셈입니다. 그래서 사람들은 동지를 작은설이라 부르며 명절로 삼았지요.

"동지를 지나야 한 살을 먹는다, 동지 팥죽 먹어야 나이 한 살 더 먹는다."라는 익숙한 표현을 보더라도 동지를 한 해의 시작으로 여겼음을 알 수 있습니다. 우리가 설 동요로 자주 부르는 "까치 까치 설날은 어저께고요, 우리 우리 설날은 오늘이에요."에서 까치설날이란 바로 동지를 말하는 것입니다. 무슨 씨 나락 까먹는 소리냐고 하시겠지만, 동지는 분명 작은설이며, 한자로는 아치亞稚로 불렀습니다. 아치가 시간이 흐르면서 까치로 치환되어 까치설이 된 것입니다. 그러니까 까치설은 설의 전날이 아니지요. 혹자는 신라 소지왕을 살린 까치 설화에서 비롯되었다고 하더군요. 아무튼 동지에는 팥죽을 쑤어 먹습니다. 팥이 악귀를 물리치는데 큰 효험이 있다고 믿었기 때문이지요. 그리고 동지에 가장 비중을 두는 행사로 새해의 달력을 만들어서 이웃들에게 서로 나누어 주는 풍습이 있었습니다.

섣달그믐은 음력으로 12월 마지막 날이자 설의 전날입니다. 이날은 아침부터 방, 뜰, 부엌, 곳간, 변소할 것 없이 집 안 구석구석 청소를 하고 불을 밝혀 놓습니다. 집안의 재복을 다스리는 조왕신부엌 신이 집으로 돌아오는 날이기 때문입니다. 조왕신을 보통 부엌에 모시는데, 이 신은 음력 12월 23일에 옥황상제에게 올라가서 자신이 거처하는 집 사람들의 선행과 악행을 일일이 일러바치고 그에 상응하는 복과 불행을 옥황상제로부터 받아서 그믐에 돌아옵니다. 그래서 경건하게 신을 맞이하기 위하여 집을 청소하고 제사 음식도 올리지요.

이것과 관련하여 재밌는 풍습이 있습니다. 조왕신이 하늘로 오르는 12월 23일에 특이하게 제수로 엿과 찰진 떡을 바친 것입니다. 그 이유는 끈적거리는 엿이나 떡을 먹고 조왕신의 입이 들러붙어 옥황상제에게 차라리 아무 말도 하지 않기를 바랐답니다. 아무래도 잘못한 점이 더 많았나 봅니다. 조왕신을 맞이하는 제사를 마치면 여자들은 다음날의 설음식에 다시 정신없었고, 남자들은 가까운 이웃 친지를 찾아가서 세배하는데, 이런 세배를 묵은세배라 했습니다. 묵은세배를 통해서 지난 한 해 기뻤던 일은 축하해주고, 아쉽고 섭섭했던 일들은 서로 화해하는 자리로 삼았습니다. 선조들의 정겨움과 넉넉함이 새삼 부러워집니다.

그믐밤을 제석除夕 혹은 제야除夜라고 하면서 마지막 밤의 아쉬움을 잠 안 자는 걸로 대신합니다. '제야에 잠을 자면 눈썹이 희어진다' 는 전설을 둘러대며 밤새도록 윷놀이를 하거나 지난날의 이야기로 밤을 새웠습니다. 그러나 그믐밤에는 무엇보다 제야의 종치기가 있습니다. 원래 제야의 종은 사찰에서 그믐밤에 중생들의 백팔번뇌를 없앤다는 의미로 백팔 번 타종하던 불교의식 행사에서 유래했습니다. 다시 말해 섣달그믐날 밤에, 지난 일 년간 묵었던 모든 어둠^{불행, 근심}을 걷어내고 새로운 해를 맞도록 하는 불교의식이었지요. 그런데 이 행사가 조선 시대에 들어와서 도성 성곽의 문들을 여닫는데 이용되던 보신각 타종과 연계되며, 이날 밤만큼은 사람들이 종 주위를 에워싼 가운데 서른세 번의 종을 치며 묵은해를 떠나보냈습니다.

타종이 끝남과 동시에 가장 바쁜 사람은 다름 아닌 복조리 장사였습니다. 대개 각 가정에서는 일 년 동안 필요한 수량만큼의 복조리를 사는데, 일찍 살수록 좋으며 집안에 걸어두면 복이 담긴다고 믿어서 자시^{子時}부터 복조리를 사두려 하였습니다.

날이 환해지기 시작하면 거리에 나가 처음 듣는 소리로 한 해 운수 점치기도 설에 볼 수 있던 모습입니다. 이를 청참^{聽讖}이라 하는데, 첫 까치 소리를 들으면 그해에는 풍년이 들고 행운이 오며, 참새나 까마귀 소리를 들으면 흉년이 들거나 불행이 올 조짐이라고 믿었습니다. 하지만 안 좋은 소리를 들었다 해도 정월 대보름에 구제받을 방법은 따로 있었습니다.

설은 우리라는 공동체를 확인할 수 있는 자리이기 때문에 중요합니다. 살아있는 사람 사이에 확인도 그러하지만, 조상들과의 유대감도 그에 못지않습니다. 아침 일찍 설빔하고, 형제와 가까운 친족이 전부 종갓집에 모여 차례를 지냅니다. 차례^{茶禮}의 대상은 돌아가신 조상

가운데 자신으로부터 4대까지입니다. 그러나 최근에는 각자의 집에서 돌아가신 부모님을 대상으로 간단히 차례를 지내는 경우가 많습니다.

차례가 끝나면 어른들께 순서를 따져가며 세배드리러 다닙니다. 지금은 "새해 복 많이 받으세요."가 통상의 세배 인사지만, 불과 반세기 전만 해도 "과세 잘 보내셨습니까?"라는 인사말이 대세였습니다. 과세란 지난 한 해라는 뜻입니다. 세찬으로 내오는 떡국은 희고 긴 가래떡이 주재료였지요. 가래떡의 흰색은 무병을, 긴 모양은 장수를 의미한다고 하여 설음식으로 먹게 되었다고 합니다. 이날 조상의 무덤을 찾아 새해를 맞이했다고 절하고, 정초 삼재三災를 물리치거나 야광귀夜光鬼를 쫓는 부적을 문에 걸어두는 날이기도 했습니다.

모든 공식행사가 마무리되면 이웃과 술자리를 만들어, 그동안의 안부를 묻고 새해 계획을 서로 응원해줍니다. 아이나 여자의 경우에는 윷놀이 · 종정도 놀이 · 널뛰기 · 연날리기 등 모처럼의 민속놀이를 하며 마을을 웃음으로 가득 채웁니다.

세상이 변하여 예전의 설 모습은 차츰 사라져 가지만, 그래도 해마다 이맘때면 고향을 찾는 우리네 설 모습에서, 일찍이 이 땅을 살다 간 조상과 하나 됨을 느낄 수 있습니다.

04.
직성 풀리다

　보름이란 밝다는 뜻을 가진 순우리말로 보름달 하면 밝은 달을 뜻합니다. 또 달이 차고 기울 때마다 음력 15일에는 보름달이 되므로, 그냥 음력 15일을 보름이라고도 하지요. 조선 시대 악서인 《악학궤범》에 고려가요 〈동동〉이 적혀 있는데, 그중 2월 편에는 '이 월 보로매 아으 노피 현 등블 다호라 만인 비취실 즈지샷다 아으 동동다리'가 나옵니다. 여기서 '보로매'가 바로 보름입니다. 뜻풀이하면 '이 월 보름에 아아! 높이 켜놓은 등불 같네요. 만인을 비추실 모습이시네요. 사랑하는 내 임이시여.'입니다.

　이처럼 보름은 아주 오래전부터 생활 일부였으며, 일 년 사이의 여러 보름 중에 정월 보름을 특별히 대보름이라 했습니다. 이는 정월에 뜨는 달이 가장 크게 보여서가 아니라, 한 해 시작의 첫 보름이라는 상징성 때문이었습니다. 농경을 기본으로 하였던 조상들은 정월 보름달이 대지에 새 생명의 기운을 불어넣는다고 믿었습니다. 따라서 풍요로운 한 해 수확을 기원하며 정월 대보름을 아주 특별하게 맞이

합니다.

액厄이란 미래에 닥칠 나쁜 기운을 뜻하는데, 정월 대보름의 주된 의식은 액땜, 액막이였습니다. 그래서 한 해가 시작되는 정월 그것도 땅의 여신인 보름달에 액을 막아달라고 빌고 또 빌었습니다. 지역 간에 다소 차이는 있지만, 액막이에 관한 다양한 풍속이 오늘날까지 많이 전해집니다.

사실 정월 대보름의 시작은 전날인 열 나흗날부터입니다. 소보름이라 부르기도 한 이날은 집마다 안팎으로 대청소를 하고 쓰레기를 한쪽으로 모아둡니다. 새롭게 보름을 맞이하기 위함이었지요. 어스름한 저녁이 되면 여자와 아이들은 삶은 팥을 가지고 밭으로 나갑니다. 그리고 자기 나이 수만큼 팥을 손에 쥐고 "매성아, 금년에 머리 아프고 배 아픈 것 다 가져가거라."라고 하면서 팥을 밭에 묻습니다. 이를 '매성이 심기'라 하는데, 팥을 밭에 묻으면 한 해 별다른 병치레를 하지 않고, 아이들 역시 몸에 부스럼종기이 생기지 않는다고 믿었습니다. '매성'은 한자로 '묻을 매埋ㆍ별 성星'인데 직역하면 '별을 땅에 묻는다.'이겠지만, 의역하면 '직성을 푼다.'입니다. 직성이란 사람의 운명을 관장하는 아홉 개의 별을 말하며, 그중 제웅직성은 액을 가져다주는 직성이라 삶은 팥으로 이 직성을 달랬습니다.

한편, 오쟁이 다리 놓기도 보름 전날 행해지던 풍습입니다. 음양론에 의하면 남자는 스물다섯 살, 마흔두 살, 쉰 살에 운수가 사나워지고, 여자는 열아홉 살, 서른세 살, 서른일곱 살에 액이 든다고 합니다. 따라서 여기에 해당하는 사람들은 밤에 모여 각각 오쟁이 세 개를 만들어 그 속에 모래나 돌을 집어넣은 후, 사람들이 개천을 지나다닐 수 있도록 징검다리를 만들었습니다. 이것이 오쟁이 다리 놓기인데, 타인에게 이로움을 줌으로써 자신의 액도 풀 수 있다는 조상들의 두레 의식이 돋보이는 대목입니다.

대보름 새벽부터 집안 남자들은 정신없이 바쁩니다. 동트기 전에 논과 밭에 약밥과 오곡 음식을 놓고 제를 지내야 했기 때문이지요. 약밥은 일명 까마귀밥이라고도 하는데, 신라 시대 소지왕이 까마귀 덕분에 목숨을 건진 후부터, 보은의 의미로 까마귀처럼 검고 찰진 밥을 만들어 매년 대보름에 바칩니다. 정월 대보름을 오기일烏忌日, 까마귀 기일이라 달리 부르는 이유도 같은 맥락입니다. 또한, 오곡 음식은 본래 나쁜 기운을 없애주는 오방색백, 청, 흑, 황, 적에 맞춘 곡식으로 지어야 했지만, 지역마다 산출량이 달라서 그냥 다섯 가지 종류의 규칙만을 따랐습니다.

제사를 마치면 다음 할 일은 가수嫁樹, 즉 나무 시집보내기입니다. 이는 주로 과수 농가에서 했지만, 일반 집 안팎에도 몇 그루의 과일나무는 있어서, 너나 할 것 없이 보름 새벽에 나무 시집보내기를 하였습니다. 조선 시대 김려의 《담정유고》에 이에 대한 설명이 기술되어 있습니다.

보름 새벽 수탉이 울 때 돌남성 성기 모양 조각을 과일나무의 갈라진 두 가지 사이여자 성기를 의미에 단단히 끼워 놓는다. 이렇게 하면 열매가 많이 열린다. 가수하기 좋은 나무는 오얏자두, 복숭아, 살구, 매화, 대추, 감, 석류, 밤 등이다.

지방에 따라서는 도끼로 나뭇가지 사이를 찍는 시늉을 하며 "올해 열매 안 열리면 내년에는 잘라버리겠다."라고 으름장을 놓기도 하였답니다.

분주한 새벽일들이 얼추 끝나면 가족 모두가 둘러앉아 드디어 맛난 보름 음식을 먹습니다. 이날만큼은 가족이 먹을 보름 음식을 소에게 먼저 주었는데, 이는 일 년 농사를 잘 부탁한다는 당부의 음식이었습니다.

찹쌀, 찰수수, 팥, 차조, 콩을 섞어 지은 밥은 이때나 한번 먹어 볼 수 있는 꿀 밥 중에 꿀 밥입니다. 반찬 역시 지난가을부터 묵혀 두었던 나물을 무쳐 먹었으며, 아홉 가지 나물에 아홉 번 밥을 먹고 나무 아홉 짐을 해야 한 해 더위도 안타고 무병 건강하다고 믿습니다. 아울러 각기 다른 성을 가진 세 집 이상의 오곡 음식을 먹어야 좋은 운이 몸에 들어온다고 여겨 집마다 손님맞이에 와자지껄합니다. 어른들은 반주로 차가운 청주를 한 잔씩 마셨는데, 이를 귀밝이술이라 합니다. 이 술을 마시면 눈과 귀가 밝아지고 한 해 동안 좋은 소식만 듣게 된다는 데에서 유래하였다는군요. 후식으로 나오는 부럼은 호두 · 잣 · 땅콩 · 밤 · 은행 등 껍질이 단단한 견과류입니다. 이를 자신의 나이만큼 깨물어 먹어야 일 년간 부스럼 같은 피부병에 안 걸리고, 씹으면서 "내 더위 사 가시오."하면 여름철 더위도 타지 않는다고 합니다.

한편, 모두가 경사스러운 대보름에 역설적으로 가장 슬픈 짐승은 바로 개였습니다. 개는 대보름이면 목줄에 매여 자기 집 근처만 뱅뱅 돌아야 했고 더욱이 온종일 아무것도 먹을 수가 없었습니다. 예로부터 조상들은 보름달이 뜨면 개가 짖는 것을 보고 개와 달은 상극이라 여겼습니다. 이런 까닭에 대보름날, 개가 달의 기운이 들어간 음식을 먹으면 병충해가 꼬여 농사를 망친다고 두려워했습니다. "개 보름 쇠듯 한다."라는 속담도 그래서 나왔습니다. 옛날 개에겐 대보름이 끔찍한 단식 일이었던 셈이었지요.

대보름 식사를 끝내고 나면 본격적인 액막이 행사에 들어갑니다. 대표적으로 지신밟기를 듭니다. 동네 남정네들이 농악대를 꾸려 집마다 다니며 땅 신에 문안을 드리고, 못된 귀신들을 물리쳐 한 해 동안 좋은 일만 가득하길 빌었습니다. 지신밟기가 끝나갈 즈음, 벌판에서 사내아이들이 연을 높이 띄웁니다. 연에다 액厄 또는 송액영복送厄迎福이라고 써서 날리며 놀다가 달이 뜨는 순간 얼레 실을 끊어서 멀리 날려 보냅니다.

이윽고 꽉 찬 달이 대지를 환히 비출 때면, 마을 공터에 볏단과 전날 청소 때 나온 집 쓰레기, 소원이 적힌 헌 옷가지 등을 하나로 모아서 불을 지핍니다. 지난 한 해 구석구석 끼었던 액을 활활 태워 버린다는 의식인데 이를 달집태우기라 합니다.

그러나 뭐니 뭐니 해도 대보름 최고 행사는 답교놀이였습니다. 같은 말인 다리밟이 역시 다리의 병을 낫게 해준다는 액막이 행사이긴 하지만, 모처럼 남녀가 어울릴 수 있는 설렘의 장이어서 인기가 높았습니다. 조선 선조 때 이수광이 지은 《지봉유설》에는 답교지희踏橋之戱라 하여 고려부터 전래한 풍속이라 소개합니다. '정월 대 보름날 남녀가 짝을 이뤄 밤새 다리 주변을 돌아다니며 거리 풍속을 혼잡하게 하여 남녀가 함께하는 다리밟기는 금한다.'는 내용과 함께 양반, 부녀자, 서민의 다리밟기를 구분했다고 하는데 얼마나 호응을 얻었을지 의문이 듭니다.

05.

부채에 실은 우리네 멋

    부채는 사람이 지나온 시간과 그 궤를 같이하는 참으로 오랜 역사의 생활 도구입니다. 굳이 시원을 따질라치면 선사시대 동굴이나 무덤의 벽화에 부채 모습이 그려져 있으며, 거기에는 큼직한 나뭇잎이나 새 깃털을 엮은 모양입니다. 고대에 와서는 짐승의 가죽으로 부채를 만들었고, 섬유와 종이가 발명되는 중세에 이르러서는 종이부채와 비단부채까지 생겼습니다. 이 밖에도 나라별로 부채의 쓰임새나 모양이 다양하게 등장하는데, 우리 조상의 부채 역시 이러합니다.

    우리가 부채라고 하는 말은 '부치다'에서 나온 말입니다. 이는 부치다의 여러 의미 중 하나로써 '어떤 사물이 시간적, 공간적으로 이동함'을 일컬으며, 의역하자면 '공기를 이동시켜 바람을 만든다.'는 뜻이 됩니다. 여기에 도구 명사 채가 붙어 부채라는 말이 완성됐습니다. 특히 채는 말채찍, 총채, 채찍처럼 손에 쥐어지는 도구 명사이기 때문에 부채의 완벽한 의미는 '바람을 일으키는 손 도구'입니다. 참고로 부채의 한자 표기는 선扇입니다.

우리나라 부채는 여러 변천 과정을 거치며 크게 세 가지의 형태로 나타납니다. 즉, 새의 깃털로 만든 깃털부채^{우선, 羽扇}와 부챗살에 종이나 비단 또는 가죽을 붙여 둥글게 모양을 낸 둥글부채^{단선, 團扇}, 접었다 폈다 할 수 있는 쥘부채^{합죽선, 合竹扇}가 그것입니다. 이 중 깃털부채가 역사적으로 가장 오래고, 둥글부채가 그다음이며 쥘부채는 고려 때 와서야 등장합니다.

　　깃털부채는 주재료가 공작새 날개면 공작선이고, 부엉이 깃이면 광의선, 수꿩 꼬리의 치미선, 하얀 깃털로만 엮은 백우선, 검정 새 날개의 흑우선 등등 종류가 많습니다. 그러나 깃털부채는 만들기가 어려워서 신분이 높은 관료나 상류층에서 주로 사용했으며 일반 서민과는 다소 거리가 먼 부채였습니다.

　　둥글부채는 부챗살의 모양과 바탕의 꾸밈에 따라 다양한 형태로 나뉩니다. 부챗살 끝을 휘어 오동나무 잎사귀처럼 만든 오엽선^{梧葉扇}은 풍요를 바라는 의미의 둥글부채이며, 부처님의 자비를 비는 연잎 모양의 연엽선^{蓮葉扇}도 흔했고, 자연의 조화를 의미하는 태극 모양의 태극선^{太極扇}은 지금도 길에서 흔히 봅니다. 또한, 둥글부채 중에 빼놓을 수 없는 것으로 팔덕선이란 부채가 있습니다. 이 부채는 여덟 가지의 편리한 기능이 있다 하여 팔덕선이라 불렀는데, 19세기 이유원이 쓴 《임하필기》에 '왕골이나 등 넝쿨을 사용하여 팔각의 부채꼴을 만든 팔덕선은 맑은 바람을 일으켜 주는 덕, 습기를 없애주는 덕, 깔고 자게 해주는 덕, 값이 싼 덕, 짜기 쉬운 덕, 비를 피하게 해주는 덕, 볕을 가려주는 덕, 옹기를 덮어주는 덕'이라 기술합니다. 이처럼 둥글부채는 만들기가 어렵지 않고 손쉽게 구할 수 있으며, 종류도 다양하여 서민들이 가장 선호하였습니다.

쥘부채는 합죽선 또는 접부채라고도 하는데 이 부채를 세계 최초로 우리가 발명했음을 아는 사람은 그리 많지 않습니다. 양면 겉대를 단단한 대나무 뿌리로 고정하고 그 사이에 얇고 매끈한 대나무 껍질을 촘촘하게 덧댄 후, 은은한 한지로 곱게 단장하여 접었다 폈다 할 수 있게끔 만든 부채입니다. 이 부채를 정확히 언제 누가 만들었는지 확인할 길은 없습니다. 하지만 중국의 문헌 《도화견문지》에 "중국을 찾아오는 고려 사신들은 쥘부채를 지니고 있었는데, 이 부채를 펴면 그 안에 산수, 화조, 인물이 담겨 매우 아름답고 신기했으며, 이를 선물 받은 중국 관료들은 이를 매우 귀히 여겼다."라고 소개하고 있습니다. 또한, 1123년 송나라 사신 서긍徐兢의 고려 체험담에도 "고려인들은 한겨울에도 부채를 들고 다니는데 그 부채는 우리가 본 적 없는 접고 펼 수 있는 신기한 부채였다."라고 서술하고 있습니다.

기능상 쥘부채 역시 더위를 식히는 데 사용했지만, 풍류의 도구로 더 많이 활용했습니다. 한지에 멋진 시를 담으면 서선書扇이고, 매화나 난초를 치면 사군자四君子가 되었으며, 꽃문양을 새기면 우아한 화문선花文扇으로 피어났습니다.

한편 무당들은 부채로 '못된 기운을 바람에 날려버린다.'는 의미의 오방색 무당 선을 들고 굿을 하는 데 이용하였고, 전통춤의 아름다움을 한껏 살린 무용선 비단부채와 구성진 전통 가락에 추임새를 넣으며 분위기를 한층 고조시키는 추임새 쥘부채도 있었습니다.

쥘부채는 품질 좋은 대나무와 한지가 필수였기 때문에 조선 시대에 선자청扇子廳이라는 별도 관아를 세우고 이곳에서 합죽선, 태극선, 둥글부채를 생산했습니다. 이곳에서 매년 단오에 임금님께 부채를 진상하고, 임금은 다시 신하들에게 이를 하사하였다 하여 이러한 부채를 특별히 단오 사선이라 하였습니다. 단오에 부채를 주고받는 것은 벽사辟邪,요사스러운 귀신을 물리침의 의미를 지니고 있기 때문에 민간에서도 세시 풍속으로 이어집니다.

한편, 이런 풍습과는 별도로 부채를 전혀 다른 의미로 사용하기도 했습니다. 남자가 여자에게 부채를 보내거나, 여자가 남자에게 부채를 보내는 경우입니다. 전자는 부채를 받는 여인에게 헤어지자는 남자의 뜻을 전하는 것이고, 후자는 부채를 받는 남자에게 여자가 자신이 싫어진 것이냐고 묻는 완곡한 물음의 도구로 사용되었습니다. 이는 부채가 여름에는 필요하고 가을이면 쓸모가 적어지는 속성을 빗대 남녀 간 이별의 확인 수단이 된 셈입니다. 이런 용도의 부채는 계절과 상관없이 가을 부채라 하였으며, 가을 부채는 남자로부터 버림받는 여인의 다른 말이었습니다.

이처럼 부채는 더위도 씻겨내지만 참으로 다양한 정서를 담고 있는 우리네 멋과 풍류의 생활 도구입니다.

• 보고 싶은 사람은 그림내

'그리다'하면 어떤 사물을 묘사하는 그림을 먼저 떠 올리게 마련이지만, "그녀는 헤어진 남자친구를 그리며 밤새도록 잠을 이루지 못했다."라는 예문처럼 사랑하는 사람을 그리워하는 것도 그리다입니다. 같은 어원으로 소설가 김성동의 산문집《먼 곳의 그림내에게》에서 '그림내' 역시 보고픈 사람을 지칭하며, '그림비'란 어휘도 그리워하는 남자를 특별히 가리키는 순우리말입니다.

"정동 길 회화나무는 몇 년을 지나도 온새미로 고고하다."
이 문장에서는 온새미로가 돋보입니다. 온새미로는 자연 그대로 또는 언제나 변함없음을 뜻합니다.

"넌 여전히 온새미로 보기 좋구나."
이렇게 써먹어 보면 좋을 듯합니다.

"호수에 은 조각 같은 물비늘이 일더니, 차가운 바람이 창턱을 넘어왔다."
바람이 불어 일렁이는 잔물결에, 물비늘이란 예쁜 이름을 만든 조상님께 감사할 뿐입니다. 아울러 물비늘과 같은 의미이면서, "아침 녘 강가에는 햇살을 받아 퍼지는 윤슬이 부드럽게 반짝이고 있었다."는 예문에서 물결보다 햇빛의 모습을 강조한 윤슬도 정말 곱지 않습니까.

"어머니를 흐놀다 잠이 들었다. 예살비 늘솔길 옆 어머니 묘가 보였다. 그런데 묘는 반쯤 무너져 몹시 흉했다. 상수는 놀라 눈을 떴다. 꿈이었다. 손을 더듬거려 자리끼를 찾아 벌컥벌컥 들이켜며 그루잠은 틀렸다고 생각하며 몸을 일으켰다."

여기서 흐놀다는 그리워함의 다른 말이고 예살비는 살던 고향, 늘솔길은 산 중턱 소나무가 울창한 좁은 길입니다. 자리끼는 잠들기 전 머리맡에 두던 냉수고, 그루잠은 깨었다 다시 자는 잠을 말합니다. 그러나 예살비와 늘솔길은 본래 우리말이 아닌 누군가에 의해서 인위적으로 만들어진 말이라는군요.

"하룻강아지 범 무서운 줄 모른다."라는 속담에서 하룻강아지는 태어난 지 하루가 지난 강아지가 아닙니다. 정확히 말하면 일 년 된 강아지입니다. 하룻은 하릅의 변형된 우리말이지요. 우리 조상들은 사람과 짐승의 나이를 셀 때 구분해서 말했습니다. 짐승의 한 살은 하릅이고 두 살은 두습, 사릅은 세 살, 나릅은 네 살, 다습은 다섯 살, 여습은 여섯 살, 이릅은 일곱 살, 여듭은 여덟 살, 구릅아습은 아홉 살, 담불열릅은 열 살이라 했습니다. 따라서 하룻강아지, 즉 생후 일 년 된 강아지라면 천방지축 까불고 겁 없이 짖어댈 때이니 범호랑이 무서운 줄 모를 게 당연하다 하겠습니다.

'유아들의 대통령'으로 오랫동안 군림하고 있는 '뽀로로'가 순우리말인지 처음 알았습니다. 뽀로로는 어린아이들의 종종걸음을 묘사한 의태어라 하는데, 캐릭터에 이처럼 근사한 이름을 붙이다니 참으로 멋집니다. 드라마 〈육룡이 나르샤〉에서의 '나르샤'도 《용비어천가》에 나오는 우리말로 그 뿌리는 '날아오르다'에 있습니다.

06.
육십만 번 손놀림의 자리

봄철 모내기라 하면 대부분 사람은 벼농사를 연상하지만, 강화도의 양오리 마을 사람들에게 있어서는 경우가 다릅니다. 이곳 사람들은 두 종류의 모내기를 하는데, 하나는 벼를 위한 것이고 다른 하나는 왕골을 재배하기 위한 것입니다. 둘 다 같은 시기에 모내기하지만, 수확 시기는 왕골이 벼보다 이 개월 정도 빠릅니다.

예로부터 벼농사를 하여 쌀 한 톨을 얻기까지 무려 여든여덟 번의 농부의 손길이 간다고 합니다. 한자로 쌀 미米를 파자하면 八 十 八팔십팔이 되는 것도 같은 맥락입니다. 이는 그만큼 쌀농사가 힘들다는 말이겠지요. 그러나 쌀농사는 왕골을 재배하여 한 장의 화문석을 얻는 작업에 비하면 별것 아닙니다. 화문석은 무려 육십만 번의 손길이 가기 때문입니다. 엮는 작업은 하루 열 시간씩 꼬박 칠 일을 해야 한 장의 화문석이 완성됩니다.

왕골은 한자로 완초莞草라고 부르기도 하며 방동사니 과에 속하는 한해살이 초본 식물입니다. 왕골이란 명칭은 고려 태조 왕건이 장군이던 시절, 한 우물가에서 물을 떠주던 처녀에게 반하여 돗자리를 펴고 사랑을 나누었는데, 처녀는 임신하여 아이를 낳습니다. 그런데 아이의 얼굴에 돗자리의 골 자국이 새겨져 있었답니다. 이 아이는 훗날 고려 2대 혜종 왕이 되었고, '돗자리가 왕의 얼굴에 골 지게 하였다' 하여 왕골 돗자리라 부르기 시작했다는 이야기가 전해지지만 믿음은 가지 않습니다.

왕골은 일본, 중국에서도 자생하지만 우리나라는 특유의 공예 작물로 여겨 강화와 중부 이남 논에서 재배를 합니다. 줄기, 잎, 속에 따라 쓰임새가 구분되는데 줄기는 화문석·화방석·삼합의 공예품 재료로 쓰이고 잎은 신발·바구니로, 속은 비교적 질겨서 누에 자리·깔개로 쓰이는 그야말로 어느 것 하나 버릴 것 없는 전통 생활용품을 만드는 소중한 재료입니다. 그러나 세월이 흐르며 바구니나 신발 등 다른 용품들은 사라졌지만, 그래도 화문석만은 여전히 왕골 공예의 백미로 그 가치를 더해갑니다.

화문석은 한자 표현으로 꽃 화花, 문양 문紋, 자리 석席입니다. 순우리말로 꽃자리, 꽃돗자리라고 부릅니다. 문양이 없는 옛날 돗자리는 그냥 왕골 돗자리라고 합니다. 수확한 왕골을 하나씩 쪼개고 그늘에 말린 후 일부는 고운 색깔을 입혀 서로 엮으면서부터 한 장의 화문석 작업이 시작됩니다.

화문석의 너비는 여섯 자, 길이는 여덟 자가 비교적 표준형이고 맞춤으로도 짤 수 있습니다. 짜는 틀은 가로 열 자 정도의 나무에 나일론 실예전에는 칡 속껍질을 감은 고드래고드랫돌, 발이나 돗자리 따위를 엮을 때 날을 감아 매어 늘어뜨리는 조그마한 돌-편집자 주를 날로 삼고, 왕골을 하나씩 엮어가는데 왕골은 씨가 되는 셈입니다. 작업은 주로 여자 세 명이 한 틀에 나란히 앉아 공동으로 합니다. 그래서 딸 셋이 없는 집은 서로서로 품앗이를 해 주었습니다. 한 장의 화문석에 들이는 시간과 노동이 많이 들어가는 만큼 가격도 크게 호가하여 가내 수공업으로서 제법 쏠쏠한 수익을 낼 수 있습니다. 그래서 강화에서는 딸이 세 명이 되면 효율적으로 화문석을 짤 수 있는 구성원을 이루었다며 그날로 큰 잔치를 벌였다고 합니다.

완성된 화문석은 왕골의 특징인 질기고 윤기가 강하며 통풍 효과가 탁월하여 여름철 땀 흡수는 물론 피부를 보송보송하게 해주며 겨울에도 외부 냉기 방지에 더없이 좋습니다. 고려 시대 때 중국 송나라와 원나라에 수출하는 품목 중 고려 인삼과 더불어 최고의 상품으로 인기를 끌었으며 조선 시대에 들어와서도 청나라와 일본에 보내는 조정 선사품의 우선으로 선정되었다고 하니 화문석의 우수함은 예로부터 증명되었습니다. 조선 실학자 유득공의 《경도잡지京都雜誌》에 "웬만큼 사는 양반집에는 화문석을 자리로 쓴다."라는 내용이 있는 것을 보면 화문석은 국내외 최고급 상품으로 그 인기가 어느 정도인지 가늠해 볼 수 있는 대목입니다.

수년 전, 강화군 송해면 양오리에 화문석 문화관이 개관하여 다양한 왕골공예의 화문석 디자인을 볼 수가 있게 되었습니다. 조선 중기까지만 해도 화문석 문양은 용의 그림을 넣은 용문龍紋, 호랑이의 호문虎紋, 십장생문十長生紋, 한자의 수壽, 복福, 강康, 령寧, 만萬, 무無, 강疆 등이 주류를 이루었는데, 조선 후기에 왕실로부터 양오리에 살던 한충교 선생에게 좀 더 다양한 문양을 내줄 것을 의뢰받아 거듭된 연구로 원앙, 산수山水, 완자, 민화 등 갖가지 소재를 자유자재로 선택할 수 있습니다.

현대에 와서는 염색과 채색 기술이 더욱 발달하여 전통적 디자인 뿐만 아니라 서양의 디자인까지 접목하여 만듭니다. 그래서 다양한 형태의 화문석을 사고 싶은 사람들의 기대에 부응합니다. 최근에는 효도상품으로 중국에 많이 팔린다고 합니다. 요즘은 화문석 이외에도 방석, 모자, 가방, 화병, 보석함, 목걸이 팔찌 등 다양한 상품이 시선을 끌고 있습니다.

07.

자연을 벗삼아 먹는 밥

외식이란 집에서의 일상식이 아닌 밖에서 먹는 음식을 말합니다. 그래서 뭔가 특별하거나 고급스러운 이미지를 풍기고 있는데 나아가 각종 외국 요리에 퓨전 음식, 즉석식품까지 가세하여 옛날 외식 문화와 많이 달라졌습니다.

불과 한 세기 전만 해도 우리 선조들의 외식은 주로 찬거리가 거의 없는 단품이었습니다. 지금도 우리가 즐겨 먹는 국밥이나 곰탕, 설렁탕이 주요리였고, 이러한 음식들은 사람들이 많아 오가는 저잣거리에서 주로 먹던 외식이었습니다. 그러나 같은 외식이라 해도 농촌의 경우는 전혀 다른 의미로 사용되었습니다. 시골에서는 외식을 '들 밥'이라 부르거나, 우리가 잘 들어보지 못한 '두레 밥'으로도 부릅니다.

두레는 보를 새로 막거나 모내기나 김매기처럼 짧은 기간에 마쳐야 하는 일에 마을의 여러 사람이 나서서 협동하는 조직입니다. 이처럼 두레를 할 때 집에서 아낙들이 밥을 지어 일하는 사람들에게 제공하던 음식이라 두레 밥이라 한 것이지요. 두레 밥은 한창 바쁠 때는 하루에 네댓 번씩 해 나갔으며 새참으로는 칼국수와 막걸리가 보통이었습니다. 이처럼 두레 밥 풍속은 농사를 많이 짓는 우리 선조들 특유의 야외 풍습으로 서로가 도와가며 살았던 미풍입니다.

18세기 풍속화가 단원 김홍도가 그린 〈들밥 먹는 사람들〉을 보면 전형적인 시골 들밥 풍경이 보입니다. 광주리로 내 온 들밥을 여섯 명의 남정네들이 먹습니다. 큼직한 밥사발에 반찬은 고작 하나 정도인 것 같고, 떠꺼머리총각이 들고 있는 병은 막걸리 통 같습니다. 검둥이 개가 젖을 물리는 아낙을 지켜보는 가운데 엄마를 따라서 온 어린이도 들밥이 마냥 맛있어 보입니다. 비록 단출한 들밥이긴 하나 장정들의 표정도 매우 흡족해 보입니다.

한편, 들밥 외에도 자연을 벗 삼아 야외로 나갈 때 음식을 장만하여 갔는데, 이때는 주로 술과 안주가 보통이고, 안주는 파전이나 두부 또는 김치전 등 전 종류가 많았다고 합니다. 한 예로 서울에 살던 유생들은 음력 6월이면 북악산이나 남산 계곡에서 탁족 놀이를 즐겼습니다. 이는 양반들의 피서 방법의 하나였는데 이 모임에 갈 때 꼭 술을 가지고 갔으며 이들의 외식 그릇은 구절판이나 삼층 찬합으로 평민보다 반찬의 종류가 많았음을 짐작할 수 있습니다.

밥과 술이 남자들의 주된 외식이었다면 여자들의 대표적인 외식으로는 화전花煎이 있습니다. 봄에 진달래가 만발해지면 여자들은 찹쌀가루와 기름을 준비하여 진달래 동산에 오릅니다. 지천에 만개한 진달래를 따다가 찹쌀가루에 반죽하여 둥근 떡을 만들어 지져 먹습니다. 이 음식이 진달래 화전입니다. 같은 방법으로 여름에는 장미 화전과 노란 장미 화채를, 음력 9월 9일 중양절에는 국화전을 야외에서 즐겨 먹었습니다.

외식과 다르지만 밖에서 먹는 행찬行饌이 있습니다. 행찬은 주로 양반들이 먼 여행을 떠날 때 가지고 가는 식자재로, 동행하는 노복들이 찬거리를 짊어졌습니다. 행찬의 주재료는 쌀과 보리이고 반찬은 된장떡, 절여 말린 생선, 젓갈 등 오랫동안 보존이 쉬운 장과 젓갈류가 많았다고 합니다. 그리고 곡식을 쪄서 볶아 가루로 만들어서 다니던 미숫가루가 있는데, 이것은 불을 사용하지 않아도 되고 물에 타기만 하면 어디서나 쉽게 배를 채울 수 있는 휴대식이어서 행찬의 필수 음식이었습니다.

그러나 하루 정도 다녀올 여행지일 때는 밥에 깨소금을 넣어 만든 주먹밥이 썩 괜찮은 외식이었다고 전해집니다. "중국 사람들은 먼 여행을 떠날 때 은전과 가벼운 물건만 가지고 다니다가 길에서 돈으로 먹을거리와 여물을 마련하는데, 조선 사람들은 그러하지 않다."라는 기록이 전해지는 것을 보면 우리나라 양반은 여행 시에 외식을 위한 짐 보따리가 꽤 많았음을 알 수가 있습니다.

• 인절미와 도루묵 말 뿌리

민속 축제가 열리는 곳이면 으레 떡메치기 놀이가 빠지지 않습니다. 곱게 찐 찹쌀을 떡판에 올려놓고 방망이로 열심히 메질하면 찰진 떡 반죽이 되고, 이 반죽을 직사각형 형태로 잘게 썰어 깨나 콩고물을 묻히면 맛있는 인절미가 완성됩니다. 우리나라 사람들은 예로부터 떡을 좋아해서 종류도 많고 이름도 다양합니다. 이 중 인절미란 명칭은 충남 공주에서 유래되었다고 합니다.

광해군을 내치고 인조가 새롭게 왕에 오른 사건을 인조반정仁祖反正이라 하는데, 이 반정에 가담했던 신하 이괄이 자신의 공로를 덜 인정해 줬다고 불만을 품고 반란을 일으킵니다. 역사서에서는 이를 '이괄의 난'이라 기록합니다. 당시 이괄은 많은 군사를 이끌고 삽시간에 한양으로 쳐들어왔는데, 미처 방어태세를 갖추지 못한 인조는 급히 공주의 공산성으로 피신을 했습니다. 그곳에서 인조는 근심의 나날을 보내며 입맛까지 잃어 식사도 제대로 못 했습니다. 소문을 듣고 공주에 사는 임 아무개가 정성스레 떡을 만들어서 임금에게 바칩니다. 임금은 감격해서 떡을 먹는데 기막히게 맛이 좋아 주변 신하에게 떡을 보내온 백성이 누구냐고 묻자 임 씨라고 대답하니, "임 씨네 떡이 절미로구나!"하며 감탄하였다고 합니다.

절미絶味는 절대적인 맛, 최고의 맛이라는 뜻이지요. 우리가 멋진 경치를 절경이라 하는 것과 같은 맥락입니다. 어느덧 반란이 진압되고 임금도 한양으로 돌아갔는데, 임절미는 공주의 떡으로 남았습니다. 임절미는 이후에 사람들의 입소문을 타고 전국으로 퍼졌다가 어느 순간부터 인절미로 바뀌어 오늘날에 이른 것이랍니다.

인절미처럼 전국으로 퍼진 말에 '도루묵'도 있습니다. 흔히 말짱 도루묵이란 말로 많이 사용되는 도루묵의 본래 이름은 목어木魚로 당시 사람들은 묵어라 발음하였습니다. 이 묵어가 도루묵이라는 이름이었던 연유는 선조 임금으로부터 비롯되었답니다. 임진왜란을 당한 선조는 개성을 거쳐 의주까지 피난을 떠나야 했지요. 피난길이다 보니 모든 것이 부족했고 특히 먹거리가 변변할 리 없었습니다. 그런데 어느 날 한 어부가 임금에게 묵어를 바쳤습니다. 오랫만에 싱싱하고 담백한 생선을 본 임금은 식욕이 당겼고, 먹어보니 정말 맛있었습니다. 그래서 선조는 신하에게 말하기를 "이렇게 맛있는 생선 이름을 '묵'이라 하는 것은 어울리지 않는다. '은어'라고 하여라."라고 명합니다. 이렇게 하여 묵어라는 이름을 가진 생선은 그때부터 은어라 불리게 됩니다.

전쟁이 끝나고 궁궐로 돌아온 선조는 어느 날 문득 피난 중에 먹었던 은어의 맛이 떠올라 그 생선을 다시 수라상에 올리라고 하였습니다. 그런데 고기를 맛본 임금은 이맛살을 찌푸리면서 "그전에는 굉장히 맛있더니 지금 다시 먹어보니 맛이 아주 형편없구나. 이 정도의 맛이라면 이 고기의 이름을 도로 묵이라고 하는 것이 좋겠다."라고 하였습니다. 그렇게 해서 은어로 불리던 생선의 이름은 도로묵이라 부르게 되었고 이 말이 나중에는 도로란 단어까지 합쳐져 도로목이 되었다가 차츰 도루묵으로 발음하게 되었습니다.

도루묵 이야기가 입에 자주 오르내리면서, 하던 일이 제대로 되지 않아서 원래대로 돌아간 것이나 허사가 되었을 때 '말짱 도루묵'이라는 속담을 만들었습니다. 하지만 생선 도루묵은 제철에 잡아서 굵은소금을 치고 연탄에 구워 먹으면 '절미'라 아니할 수 없을 것입니다.

08.
전통 혼례와 신식 결혼

　결혼식이란 부부의 연을 맺는 사회적 의식입니다. 조선 시대에는 이를 혼례라 하였고 우리가 흔히 말하는 전통 혼례는 대개 조선 시대 풍습을 따릅니다. 남녀유별이 심했던 조선의 혼례는 결혼 당사자보다 가문을 더 중요시했고 절차도 복잡합니다.

　먼저 의혼이라 하여 중매인^{매파}이 양쪽 집을 오가며 의사 타진을 합니다. 그리고 양가가 만나는 혼담 또는 선보기에서 이야기가 잘 되면 남자 집에서는 일명 납채^{納采}라고 하는 사주단자를 보내지요. 단자 속에는 예비신랑의 이름, 주소, 생년월일, 관직을 적고 혼인을 할 수 있게 되어 기쁘다는 서식이 들어가게 됩니다. 사주단자를 받은 여자 측에서는 속칭 '날받이'라 하는 혼인날을 정해서 남자 측에 전달하는데 이를 택일단자 보낸다고 합니다.

　혼인날이 임박할 때쯤 신랑 집에서는 함지기를 통해 신부 측에 함을 전달하며 함 속에는 신부에게 줄 상·하의 두 벌, 폐물, 혼서지^{혼인문서} 등을 넣고 형편에 따라 다른 예물도 보냈습니다. 이것을 납폐라고 합니다. 그리고 이 과정을 거쳐야 비로소 혼례식을 치를 수가 있었습니다.

혼례식 역시 상당히 복잡한 절차를 거치는데 지면상 생략하겠습니다. 다만 잠깐 살펴본 대로 전통 혼례는 과정도 많고 시일도 오래 걸리며 무엇보다도 혼례비용이 만만치 않아서 자식을 결혼시킨 뒤 빚더미에 앉는 집이 많았습니다. 따라서 돈 꿀 형편조차 안 되는 빈민층은 아예 전통 혼례식을 포기하고 장독대에 정화수井華水를 떠놓고 사모관대와 혼례복 차림만으로 치르는 이른바 정화수 혼례를 올렸습니다. 정화수 혼례는 전통 혼례에서 꼭 필요한 몇몇 절차는 그나마 따랐지만, 조선 후기에 들어서면서부터 생겨난 복수 결혼幅手 結婚은 더욱 파격적입니다.

복수 결혼에서 복수란 원래 집안의 어른이 결혼 당사자의 상투를 틀어주거나 댕기 머리를 쪽지게 해주는 전통 혼례 의식의 한 과정입니다. 하지만 정작 복수 결혼에서는 혼례복도 없이 약간의 음식만 장만하여 주변 사람들과 나누어 먹은 후, 신랑이 신부의 복수 역할을 하고 신부가 신랑의 복수가 되어서 상투와 쪽을 진 후 신방에 드는 것으로 혼인을 끝냅니다.

복수 결혼은 그야말로 돈 한 푼 없는 사람들의 결혼 수단이었는데, 이 혼례가 당시 천주교 신자들에게도 암암리에 퍼집니다. 신자 중에는 경제 여건이 넉넉한 양반과 중인도 있었지만, 정부가 천주교도를 탄압했기 때문에 혼기에 이른 신자는 드러내놓고 하는 혼례식보다는 은밀한 복수 결혼이 훨씬 안전했던 것이지요. 양반 가문으로서 복수 결혼의 대표적 사례로 자주 언급되는 사람으로 권 테레지아라는 여성이 있습니다. 그녀는 1795년, 주문모周文謨 신부에게 세례를 받고 복수 결혼을 했다 하며, 이 여성은 복수결혼 후 얼마 안 되어 잡혀서 효수梟首형에 처했다고 합니다.

1890년대에 들어서며 종교의 자유가 어느 정도 허용되자 다수의 개신교가 조선에 들어옵니다. 그리고 극빈자나 천주교 신자가 비밀리에 하던 복수결혼이 차츰 사라지고 개신교 예배당 결혼이 늘어납니다. 개신 교회에서는 신도를 늘리기 위해 가난해서 결혼을 못 한 처녀와 총각을 대상으로 무료로 약식 결혼식을 올려 주었는데, 이것이 의외의 호응을 얻고 신도 수도 늘자 예배당 결혼을 선교의 한 방편으로 삼습니다. 돈과 시간이 별로 들지 않는 예배당 결혼은 결혼식을 교회에서 교회의 방식에 따라 진행한다는 점이 복수 결혼과 다릅니다.

신랑 · 신부 앞에서 목사는 마태복음 십구 장 일 절에서 육 절까지, 에베소서 오 장 이십이 절부터 삼십삼 절까지 읽은 후 '오늘 두 사람은 하느님의 뜻대로 사람들 앞에서 확실한 증거를 보이고 결혼을 하였습니다. 이제 두 사람은 하나가 되었으니 하나님이 짝지어 주신 것을 갈라서지 못할 것입니다. 그러므로 이것을 증명합니다.'라고 말하면 결혼식이 끝났습니다.

우리나라 최초의 예배당 결혼식은 1890년 2월, 서울 정동 예배당에서 거행된 박 세실리아와 강 신성 신도의 결혼이라고 합니다. 이 결혼식에서 기도와 식순은 교회식이고 혼례복은 전통 의상을 입었다는 군요. 1892년 가을 정동 예배당에서 또 한 번의 결혼식이 있었는데, 이때의 신부는 이화학당 황 메례와 신랑은 배재학당 박 아무개성명 미상였답니다. 이 결혼식 때 신부가 서양 드레스를 하고 면사포를 썼으며, 남자도 코트 차림에 예모를 썼습니다. 예물 교환까지 한 이날의 결혼식은 완전한 서양식 예배당 결혼이었고 우리나라 최초의 신식 결혼식으로 남습니다.

예배당 결혼이 인기를 끌자 불교와 천도교에서도 나름의 혼례식을 만듭니다. 불교에서는 불식 화혼 법佛式花婚法이란 개량 혼례가 만들어져서 주례 법사가 신랑 · 신부를 부처님 앞에 세우고 향을 오 분 동안 피운 후 삼귀례三歸禮를 외치게 합니다. 그런 후 법사가 화엄경의 구경句經에 따라 신부의 순종과 신랑의 사랑을 맹세하는 언약을 물으면 신랑 · 신부는 합장하고 대답하면 혼례식이 끝납니다. 천도교는 예배당 결혼과 방식이 비슷하지만 단지 축복 문에서 하나님이 아닌 상천上天에게 고告하는 내용이 다릅니다.

삼가 상천께 아립니다. 신랑 아무개와 신부 아무개는 백 년의 약約을 맺으니, 상천은 굽어 살피 사 크게 권우친절히 보살펴 도와줌를 드리우셔서 길이 홍복洪福을 받게 하소서.

이러한 신식 결혼은 신문에 종종 보도되었으며 현재까지 알려진 가장 이른 기사는 〈독립신문〉 1899년 7월 14일 자입니다. 서양 혼례라는 제목으로 내용은 이렇습니다.

오늘 오전 열 시 반에 배재학당 문경호, 민찬호 양 씨가 이화학당 신 규수, 김 규수 양 씨와 더불어 정동 새 예배당에서 혼인하는데 서양 예법으로 행한다는 지라 혹 구경하려 하는 이가 있거든 임시하야 다 그리로 가서 볼지어다.

통칭 사회 결혼이라 불렀던 이러한 신식 결혼은 1920년대에 들어와서 수요가 더욱 급증하여 교회나 불당으로는 다 충족할 수 없게 되자 예식장이라는 새로운 개념의 기업형 결혼식장이 등장합니다. 서울에서 가장 먼저 생긴 예식장은 〈금구〉, 〈만화당〉이며 이런 예식장이 생기면서 그 주변으로는 서양 혼례복을 임대하거나, 서양식 머리를 꾸미고 화장을 해주는 이른바 신부 미용업소가 들어서며 호황을 누렸답니다.

근대 이후 백 년이 지난 지금, 우리의 결혼식은 거의 전부라 할 정도로 서양의 신식 결혼으로 바뀌었고, 결혼 식순 끝에 폐백실에서 양가 부모와 조촐히 치르는 폐백에서나 겨우 전통 혼례의 흔적이 있습니다.

09.
고종 아명은 개똥이

텔레비전 다큐멘터리 프로그램 〈동물의 왕국〉에 암사자와 새끼들이 자주 등장합니다. 어미 암사자는 사냥하여 새끼에게 먹이고, 여타 동물의 접근으로부터 새끼를 보호합니다. 이런 모습은 아주 오래전 원시 수렵 시기에 인간에게도 있었습니다. 흔히 말하는 모계사회입니다. 모계사회에서의 여성은 생명을 잉태하는 존엄한 부류였습니다. 그래서 〈빌렌도르프의 비너스〉나 〈크레타의 여신〉 조각상을 보면 젖가슴과 성기를 드러내며 다산을 기원하고 있습니다. 당시 남성은 사냥과 임신의 조력자이고 가족의 중심은 여성으로서, 자식들은 독립하기 전까지 엄마의 뜻에 따라야 했습니다.

같은 엄마에게서 나온 자식들은 단일 공동체를 형성하는데, 동질성을 상징하는 것이 바로 성姓입니다. 쉽게 말해 낳아준 엄마를 부르는 그 무엇이 성입니다. 한자 성姓을 파자해 보면 계집 녀女와 태어날 생生이 됩니다. 즉, 여자가 낳은 것이란 의미이지요. 따라서 엄마 성이 김이면 자식은 모두 김의 자식이 됩니다. 아울러 자식 구별을 위해 엄마는 자식 각자에게 이름을 주어 언제든지 주변으로 모이게 하였습니다. 참고로 이름 명名은 저녁 석夕과 입 구口가 합쳐진 한자로 어두워져서 안 보일 때 부르는 소리란 의미를 내포하고 있습니다.

엄마 중심의 모계사회가 농업이 자리 잡고 남아도는 산물이 발생하는 시기가 되자 싸움이 빈번한 남자 중심의 부계사회로 바뀌며 자연스럽게 가족 구성원도 아버지의 성을 이어받습니다. 한 가지 간과해서는 안 되는 것은 모계사회나 원시 부계사회는 한자 문명 훨씬 이전이라 지금의 성처럼 한자의 김 씨金氏, 이 씨李氏가 아니고, 태양이나 땅 혹은 군셈, 부자 등등의 개념이 있는 그 어떤 말이었을 거라는 점입니다.

씨족사회를 거쳐 부족국가에 이르면 성姓은 국가권력의 상징으로 나타납니다. 특히 한자 문명의 직간접 영향을 받는 지역에서는 이러한 현상이 두드러집니다. 우리의 경우 만주 지역의 부여扶餘국을 세운 해모수의 해 씨解氏, 고구려의 고주몽 고 씨, 위만 조선의 위 씨, 신라의 박·석·김, 발해 대조영의 대 씨 등을 꼽을 수 있습니다. 이러한 성들은 왕족 혈통의 표시이며 왕족 이외에는 그 누구도 차용할 수 없었고 나아가 일반인들이 이름씨 자체를 갖는 것도 불손하게 여깁니다. 다만 왕이 내려주는 성은 인정되었습니다.

왕이 신하에게 내려주는 성을 사성賜姓이라 하는데, 왕은 성을 부여함으로써 신하들의 가문에 명예와 지위를 보장해주고, 성을 받은 신하들이 절대적인 충성을 다짐하였습니다. 실례로 고구려 왕 주몽은 극克 씨·중실仲室 씨·소실小室 씨를, 신라 유리왕은 이李·정鄭·손孫·최崔·배裵·설薛 씨 등을 내렸다고 합니다. 백제는 근초고왕 시대에 사沙·연燕·해解·진眞·국國·목木·묘苗 여덟 부족의 이름과 왕

王 · 장張 · 사마司馬 · 수미首彌 · 흑치黑齒 등이 전해집니다.

오늘날 우리는 성을 말할 때 습관적으로 본관本貫을 밝힙니다. 본관이란 보통 시조의 출신지를 말하며, 친족의 범주를 나타냅니다. 본관 제도는 중국 당나라에서 시행되었으며 고려 초기에 우리나라에 유입되는데, 이는 사회 통합과 왕권 강화, 세수 확보의 수단으로 활용됩니다.

후삼국을 통합한 왕건은 창업에 기여한 신하들에게 일정한 땅과 성을 하사합니다. 예를 들어 안동 김 씨의 시조는 김선평으로 고창전투에 힘쓴 공로로 안동 땅 일부와 김 씨 성을 받아 안동 김 씨의 조상이 되었으며, 이천 서 씨 시조 서목은 군사들이 이천 남한강을 무사히 건널 수 있게 하는 데 역할을 하여 왕이 이천의 땅과 서 씨를 하사합니다.

이처럼 왕이 땅과 성을 주는 정책을 토성분정土姓分定이라 하는데, 여기서 말하는 토土 즉, 땅이 바로 본관을 뜻하는 것입니다. 태조 왕건은 고려 통합의 의미로 전국의 군현 명칭을 개정하여 지역의 유력 층에게도 토성분정을 확대해 시행함으로써 본관이 폭발적으로 늘어나는 계기가 되었습니다. 하지만 본관은 구역에 따라 격차가 있었고, 신분과 직역職役에 따라 본관이 갖는 의미가 달랐습니다. 본관을 통해 지역별 · 계층별로 편성함으로써 신분질서를 유지하고 징세 조역을 효과적으로 수행할 수 있었습니다.

토성분정은 조선 왕조에도 그대로 이어져 천민과 노비를 제외한 모두가 성과 본관을 갖게 되었고, 일반 평민을 뜻하는 백성百姓이란 말이 생겼습니다. 참고로 노비나 천민이 성을 갖게 된 시기는 1886년, 고종이 노비 세습제 폐지를 명한 이후입니다.

한편, 외국인이 귀화하여 성을 받은 경우도 많았는데 그중 몇을 살펴보면 다음과 같습니다. 우선 화산 이 씨를 들 수 있습니다. 이 성의 시조는 지금의 베트남 리롱뜨엉Lý Long Tường 왕자입니다. 리롱뜨엉은 1226년, 가족과 신하를 데리고 고려에 망명합니다. 귀화 당시 베트남은 리 왕조시대이었는데, 반란이 일어나 왕자의 신분으로 고려에 피신을 왔습니다. 이들이 오고 나서 얼마 안 있어 몽골과 전쟁이 났고, 왕자와 남자들은 전투에 함께 참가하여 힘껏 싸웁니다. 이에 고종은 보답의 의미로 옹진의 화산지금의 황해도 금천에 살게 하였고, 화산 이 씨와 함께 용상龍祥이라는 이름도 내렸습니다. 이용상의 후손은 남한에만 현재 천칠백여 명 있으며 매년 베트남에 있는 리 왕조 사당에 참배한다고 합니다.

통두란은 여진족 장군 아라부카阿羅不花의 아들로, 용맹을 떨치며 조선 변방 사람들의 간담을 서늘케 했는데, 태조 이성계의 무술과 인간 됨됨이에 감동하여 휘하 백호를 거느리고 이성계 군진에 투항한 사람입니다. 많은 전장에서 이성계를 보필한 공로로 이지란李之蘭이란 조선의 성과 이름을 얻고 개국공신의 반열에 오릅니다. 오늘날 청해 이 씨李氏의 시조로 전해 옵니다.

반면, 성을 바꿔야 했던 슬픈 사연도 있습니다. 고려가 망하면서 왕 씨王氏 성을 가진 사람들은 갖은 핍박을 당합니다. 이에 조선 정부는 제사를 받드는 고려 왕실 사람을 제외한 왕 씨에게 어머니의 성으로 바꾸라는 교서를 내립니다. 그러나 많은 왕 씨들은 부계의 성을 버리기 싫어, 왕王 자를 변형한 옥玉, 전全, 전田, 금琴, 마馬, 김金 등으로 고치고 사회 속으로 숨었습니다. 이들 중 전흥田興은 본래 왕 씨였는데, 성을 버리고 바우라는 이름으로 태종 이방원의 잠저나라를 세우거나 임금의 친족에 들어와 임금이 된 사람의 임금이 되기 전의 시기, 또는 그 시기에 살던 집-편집자 주 노

57
고종 아명은 개똥이

비로 숨어 있다가 어느 날 글에 능통한 것이 발각되어 신분이 드러납니다. 하지만 이방원은 이를 탓하지 않고 오히려 남양 전田의 성과 홍이란 이름을 주고 측근으로 중용重用합니다. 전홍은 훗날 의금부 제조와 한성 판윤을 거치며 남양 전 씨의 시조로 기록됩니다. 고대소설《전우치전》실제 주인공 전우치의 증조할아버지가 바로 전홍田興입니다.

이름은 자식에 대한 부모의 염원이 담겨 있습니다. 그러나 이름처럼 살다간 사람은 몇이나 있겠습니까. 오늘날과는 달리 옛날에는 어릴 적 이름아명과 성인이 된 후의 이름을 달리하는 경우가 많았습니다. 이유인즉슨, 어릴 적 이름을 좋게 지으면 귀신이 시기하여 일찍 저승으로 잡아간다고 믿어서 아명을 천하게 지었습니다. 대표적으로 개똥이, 쇠똥이, 말똥이, 막둥이 등이 있습니다. 황희 정승의 아명은 도야지돼지의 방언-편집자 주였고, 고종 아명은 개똥이였습니다.

한편 조선 시대에는 남존여비 사상으로 여성 이름이 없다고 믿는 분이 많습니다만, 전혀 그렇지 않고 오히려 지금 봐도 멋진 이름이 수두룩합니다.《조선왕조실록》에 등장하는 이름만 살펴보면 구슬이·방울이·보배라는 이름이 나오고, 장미·매화·국화란 꽃 이름도 등장합니다. 장희빈의 이름은 장옥정이며, 연산군의 사랑을 받던 장녹수, 여류시인 허난설헌, 명기 황진이, 성삼문의 딸은 성효옥, 명성 황후 이름은 민자영이었습니다. 얼마나 멋지고 예쁜 딸들의 이름입니까. 오늘날 빛나리와 같이 한자 이름은 잘 쓰지 않지만, 예전에는 한자 우선이라 개똥이나 구슬이를 한자로 介同개똥, 仇瑟구슬로 표기하였답니다.

성姓과 이름도 분명 우리 삶의 한 부분이라 상식선에서 살펴본 성명 유래였습니다.

• 알쏭달쏭한 호칭

　나이 좀 드신 분의 말다툼 속에 종종 '이 양반 나이를 거꾸로 드셨
나.'라는 고함이 섞입니다. 여기서 언급되는 양반이란 조선 시대에 무
반군인과 문반관료을 통칭하는 높은 벼슬아치를 말하는데, 싸움할 때 상
대를 비하하는 호칭으로 쓰이고 있어 웃음이 절로 나옵니다.

　할망구도 그렇습니다. 할머니를 낮춰 부르는 말처럼 인식되지만,
본래는 여든 살에 이른 노인에게 '아흔 살까지 사시기를 희망한다.'는
뜻의 망구望九에서 비롯되었습니다. 따라서 할망구의 어원대로 보면 여
든 살의 나이에 있는 노인남녀 포함들은 모두 할망구가 되는 셈이지요.

　영감은 오늘날 나이 지긋한 남자를 가리키는 호칭으로 쓰이고 있는
한편, 할머니가 '우리 집 영감'처럼 제삼자에게 자기 남편을 언급할 때
도 사용됩니다. 그렇지만 영감의 시초도 양반처럼 조선 시대 관직에서
나왔습니다. 조선 시대 품계에서 정삼품과 종이품을 당상관이라 하는
데 별칭으로 영감이라고도 불렀습니다. 이들은 지금의 차관급에 해당
하며, 그 이상의 계급에 있는 영의정, 좌의정, 우의정 등 장관급 사람들
은 특별히 대감이라는 호칭을 두었습니다. 또한, 당시 연로한 퇴직 문
신文臣들을 예우하기 위해 기로소를 설치하고, 일흔 살 이상의 퇴역 관
료들에게 수직이라는 명예 벼슬을 주면서 이들도 영감으로 불렸습니
다. 언제부터인가 사법고시에 합격한 젊은 판검사들을 영감이라 부르
고 있는데 듣기가 매우 거북합니다.

　마누라 호칭도 쓰임새가 많이 달라졌습니다. 마누라는 마노라라는
궁중 용어가 변한 말입니다. 마노라라는 말을 풀이하면 만+오라입니
다. 만은 최고의 우두머리를 뜻하며, 오라는 오늘날 사용하는 우리의

옛말로서 집 혹은 가문을 의미합니다. 따라서 마누라의 어원은 '한 가문의 우두머리'가 됩니다. 이 말은 궁궐에서 임금이나 왕비를 지칭하는 극존칭 언어로서 민가에서는 함부로 쓸 수 없었습니다. 시간이 흐르면서 남자에게는 쓰지 않고 대비 마노라, 왕비 마노라처럼 궁중 내 여성에게 국한되었습니다. 지금은 마누라 호칭을 남편이 아내에게 허물없이 부를 때 쓰거나, 남에게 자신의 아내를 낮춰 말할 때 사용합니다.

서방이란 사전에서는 아내가 부르는 남편의 별칭 또는 사위나 매제, 손아래 동서를 가리키는 말이며, 다른 뜻으로는 아직 관직이 없는 사람을 지칭한다고 설명합니다. 이 중에서 유래는 아무래도 관직 없는 사람에게서 찾는 것이 좋을 것 같습니다. 조선 사회 양반가에서는 자식이 관직에 들기를 원했습니다. 그러기 위해서는 과거 시험인 초시서부터 성균관에 들어가서 대과를 치르기까지 오랜 기간이 필요했는데, 그 사이에 대개 결혼을 하게 됩니다. 결혼해도 과거 준비를 해야 하므로 별도의 공부방에 주로 있게 되면서 글방도련님이 글방 남편으로 그리고 한자 서방書房으로 변한 것이 아닌가 합니다.

형제지간에 나이 많은 사람을 형이라 부르고, 동생을 아우라 부릅니다. 여기에서 형은 고구려의 주요 관직인 태대형, 대형, 제형, 소형 등에서 비롯되었다고 하며, 본뜻은 연장자 또는 가부장적 족장을 나타냅니다. 아우는 작은 것, 어린 것을 의미하는 옛말 아으에서 변형되어 오늘에 이릅니다.

10.
사후 세계 안녕

    죽음에 대한 인간의 감정은 매우 복잡할 뿐만 아니라 그 감정은 고스란히 산 자의 몫이 됩니다. 그중에 가장 보편적인 감정은 헤어짐에 대한 슬픔과 망자의 사후 안녕을 비는 마음일 것입니다. 한반도에서 이런 감정을 표출한 최초 증거로 충북 청주시 상당구 두루봉 동굴에서 발견된 주검을 듭니다.

    1983년 1월, 광맥을 찾아다니던 김홍수 씨가 우연히 두루봉 동굴에서 키가 백십에서 백이십 센티미터가량 되는 어린아이의 뼈를 발견합니다. 발견 당시 뼈는 석회암 바위 위에 반듯하게 누워 있는 모습이었는데, 김홍수 씨는 직감적으로 이 뼈가 범상치 않음을 느꼈다고 합니다. 소식을 듣고 달려온 학자가 아이의 뼈가 사만 년 전 구석기 시대의 것이라고 밝혔고, 최초 발견자 김홍수 씨의 이름을 따서 뼈의 주인공을 흥수 아이라고 명명하였습니다. 관련 학계는 술렁거렸고, 본격적으로 흥수 아이에 대한 조사와 연구가 거듭된 끝에 참으로 흥미로운 사실을 얻어냅니다. 흥수 아이가 살았던 그 시대에 시신을 어떻게 처리하였는지를 눈으로 직접 알게 해준 것이지요. 연구 결과 홍수 아이의 장례葬禮는 이러했습니다.

동굴에 불을 밝히고 바닥에 고운 흙을 깔아 그 위에 털가죽 새 옷을 입힌 홍수 아이의 시신을 눕힙니다. 둘러선 가족은 눈시울을 적시며 생전에 아이가 가지고 놀던 장난감을 머리맡에 놓고 시신에 국화를 비롯한 다양한 꽃송이를 뿌렸습니다. 얼마 후 가족은 짐을 챙겨 동굴 밖으로 나오고 출입구를 돌로 단단히 막은 다음 미리 봐둔 새 동굴로 떠나갑니다.

동굴 생활을 하며 수렵과 채집으로 연명하던 구석기 사람은 시신을 땅에 묻을 수가 없었습니다. 짐승들이 파헤쳐 시신을 훼손시켰기 때문이지요. 따라서 그들의 거주 공간인 동굴에 안치하는 방법을 택한 것입니다. 동굴에 시신을 안치하는 것을 굴장窟葬이라 하며, 이는 구석기 시대의 대표적인 장례풍습입니다.

신석기 시대 사람은 이동 생활 대신 밭을 일구는 정착 생활을 합니다. 주로 강가나 바닷가 근처에 살았는데 여전히 채집 수렵은 병행했습니다. 이러한 정착 환경으로 인해 시신 처리에도 변화가 생겼습니다. 그것은 오늘날까지도 이어지는 매장埋葬 풍습입니다. 시신 안치 장소무덤를 고를 때 마을 주변에서 가까운 언덕을 우선하였습니다. 땅이 정해지면 돌 도구로 시신이 들어갈 만큼 흙을 파고, 그 속에 시신과 각종 부장품 및 음식을 넣고 흙으로 덮은 다음 그 위에 돌 더미를 수북이 쌓습니다. 이런 무덤 형태를 돌무지무덤이라 합니다만, 시신의 머리를 해 뜨는 동쪽으로 둔다던가, 음식이나 짐승 모양의 토우를 넣어 둠으로써 신이 지배하는 사후 세계를 믿었다는 증거입니다.

초기 국가형태가 나타나는 청동기 시대에도 시신을 땅에 묻는 풍습이 있었지만, 시신을 직접 흙으로 덮지 않았다는 데서 차이가 있습니다. 다시 말해 시신이 놓여 있는 공간을 돌로 막아 외부와 차단한 뒤 그 주변을 흙으로 덮어서 시신을 온전하게 보존하려 하였습니다. 이러한 방식으로 만든 무덤을 돌널무덤 또는 한자로 석관石棺 묘라 합니다. 이는 아마도 청동기 시대 사람들은 삶과 죽음을 생生의 같은 연장선 상으로 보고, 비록 죽어서 영혼이 분리되었다 해도 다시 같은 사람으로 태어나기 위해서는 망자의 모습을 기억해야 한다는 생각이었나 봅니다. 이러한 관념은 초기 철기 시대에도 나타나는데, 다만 지역에 따라 관의 형태는 달라서 석관 외에도 항아리를 이어붙인 옹관이라든가 나무로 만든 목관이 있습니다.

한편, 청동기 시기임에도 아주 특이한 장례풍습을 가진 나라가 있었습니다. 옥저라는 연맹체로 이곳 사람들은 가족이 죽으면 일단 임시로 매장한 후, 뼈만 남게 되면 추슬러 커다란 나무 갑 속에 담습니다. 이 갑 속에 먼저 죽은 가족의 뼈를 순서대로 보관하는데, 이는 자신의 가문을 중시하는 가족 공동 묘의 전신이며 특별히 이를 세골장이라 하였습니다. 흥미로운 점은 굳이 가문 중시는 아니더라도 세골 풍습이 이천 년을 뛰어넘어 현대에까지 남아 있다는 사실입니다. 불과 수십 년 전만 해도 우리나라 남해 섬 등지에 초분草墳이라 하여, 주검을 볏짚이나 풀로 덮어서 일정 기간 탈육脫肉 시킨 후, 뼈만 모아 일정한 공간에 묻는 문화가 존재하였습니다. 혹자는 이런 행위에 대해서 최종으로 시신의 죽음을 확인하기 위한 것이라 하지만 그보다는 묘를 만들 땅이 턱없이 부족한 섬 환경에서 그 원인을 찾는 편이 합리적입니다.

아울러 같은 섬일지라도 탈육 방법을 초분이 아닌 풍장風葬으로 처리한 섬도 있습니다. 풍장은 시신을 비바람에 쐬어서 살과 뼈 모두가 자연히 사라지게 하는 장례로, 전북 고군산도에 이런 풍습이 있었다고 전해집니다. 시인 황동규의 〈풍장〉이란 시의 후반부에 나오는, '바람을 이불처럼 덮고, 화장化粧도 해탈解脫도 없이, 이불 여미듯 바람을 여미고, 마지막으로 몸의 피가 다 마를 때까지, 바람과 놀게 해다오.' 라는 시구를 통해 풍장의 모습이 어떠한지를 이해할 수 있습니다.

우리나라 화장火葬 문화는 불교의 유입과 때를 같이 한다고 볼 수 있습니다. 마당에 장작을 쌓고 시신을 그 위에 올려놓고 태우는 불교의 화장은 윤회 사상에서 비롯되었으며, 이승에서 모든 것을 없애야 다음 생명을 기약할 수 있다는 믿음의 결과입니다. 최초로 화장한 인물은 6세기 신라 고승 자장慈藏입니다. "강원도 정암사淨巖寺 근처에서 문수보살을 기다리다 그 자리에 쓰러져 입적하자, 다비茶毘하여 그 유골을 석실石室에 안치하였다."라는 기록으로 전해집니다. 화장한 후에는 뼈를 돌 상자나 항아리에 담아 탑 등 일정한 장소에 보관하는데, 문무대왕의 경우에는 화장한 후에 뼈를 수습하여 바다의 대왕암에 안치하여 수장水葬하였습니다. 고려 시대까지 이어 온 화장은 일반 서민 입장에서는 엄청난 비용이 들기 때문에 감당하기 어려워서 특권층의 전유물로써 인식되었습니다.

조선 시대에 성리학이 국가 이념의 중심이 되면서, 의례와 관련된 사항을 대부분 주자朱子의 가례에 따라 시행하였습니다. 이에 따라 장례도 합리성을 따져 절차가 복잡하고 돈이 많이 드는 화장이나 수장을 금지하였습니다. 비록 망인의 유언이 있었다 하더라도 화장을 할

시에는 장* 백 대로 다스렸으며 스님들도 일반인과 똑같이 적용하였습니다.

　세월을 훌쩍 뛰어넘어 일제 식민지 시대에 총독부는 우리 국토를 효율적 이용한다는 구실을 들어 공동묘지 방안과 화장을 권고하는 시책을 발표하였다가 크게 곤욕을 치릅니다. 당시 사람들에게 묘는 조상 대대로 내려오는 효의 실천대상이라 함부로 터를 잡는다든가, 조상을 화장시킨다는 것은 상상도 할 수 없는 일이었습니다. 더구나 토지의 자유 매매를 허가하는 토지령을 내세워 국내 땅을 야금야금 먹어가는 일본의 행태에 분노를 느끼던 터라 총독부 시책은 흐지부지되었습니다. 하지만 광복이 되고 근대화에 발맞춘 경제개발에 편승하여 도로정비와 함께 공동묘지가 하나둘씩 생겼습니다. 공동묘지는 기존의 장례문화에 변화를 주었습니다. 풍수지리가 희박해지고, 화장을 자연스럽게 받아들였기 때문입니다.

　인구가 늘어나면서 공동묘지 내 무연고 묘지가 방치되고 야산에 범람하는 무덤으로 인한 생태계 파괴가 사회 문제로 떠올랐습니다. 따라서 역설적으로 수 천 년 내려온 우리의 매장 풍습이 거의 화장으로 바뀌어 갑니다.

11.

숭례문 나들이

숭례문을 견학하려면 미리 김정호의 〈수선 전도首善 全圖〉를 살펴보는 것이 좋습니다. 수선 전도는 1820년대 초, 서울한양을 묘사한 지도입니다. 거기에는 서울을 둘러싼 도성과 주요 도로, 궁궐 · 종묘 · 사직 · 문묘 · 학교 · 교량 · 산천 · 봉수 · 역원 · 명승 등과, 성城 밖의 동리와 산, 사찰까지도 자세히 있습니다. 이 중 숭례문 답사를 위해서는 특히 도성의 성곽 모습을 눈여겨봅시다. 그 이유는 숭례문이 지금처럼 혼자의 모습이 아닌 도성의 일부였음을 알 수 있기 때문입니다. 참고로 수선 전도를 사전에 못 보고 답사 왔다 하더라도 숭례문 입구의 위쪽 언덕 지면에 모사되어 있으니 그걸 보아도 도움이 됩니다.

조선을 세운 태조 이성계는 왕조를 이끌 새로운 수도를 원했습니다. 그래서 도평의사사인 정도전에게 수도의 터를 알아보라 명합니다. 후보지로는 지금의 서울이 된 고려 시대 남경과 계룡산 자락이 물망에 올랐으나, 산세 · 지세 · 풍수지리상 남경이 적합하다고 보고하자 태조도 이에 동의하여 남경을 조선의 수도, 즉 한양으로 확정하였습니다.

한양 자리가 결정되자 곧바로 공사에 착수하였는데 제일 먼저 시작한 공사는 종묘와 사직단을 세우는 일이었습니다. 유교 사상에 따라 조상신과 곡식신이 머물 수 있는 사당을 먼저 세웁니다. 그러고 나서 경복궁을 지었고 궁궐이 대체적인 완성을 보던 1395년 9월부터 비로소 도성 건설 작업을 시작했습니다.

축성의 시작점은 북쪽 백악산이고 시계 방향 순으로 쌓아야 했습니다. 이것 역시 남북을 기준선으로 하였을 때 동쪽은 시작을 나타내고 서쪽은 완성을 나타내는 음양오행 사상에 따른 것입니다. 도성의 성곽에는 바탕을 이루는 주요 산들이 있는데, 북으로 백악산·동쪽의 낙산·남쪽의 목멱산남산·서쪽의 인왕산입니다. 산을 이으며 도성을 완성하는데 중간에 도성의 안과 밖을 왕래할 수 있는 문도 만들었습니다. 문은 총 여덟 개로 대문과 소문으로 나뉩니다. 대문은 각각 숭례문·흥인지문·돈의문·숙정문이라 정했지만, 그냥 부르기 쉽게 남대문, 동대문, 서대문, 북대문이라고 하였습니다. 소문小門으로는 북서쪽의 창의문, 북동쪽의 혜화문, 남동쪽의 광희문, 남서쪽의 소덕문으로 대문 사이사이에 있었습니다. 이 문 중에 현재 완전히 사라진 문은 돈의문서대문과 소덕문서소문입니다.

성곽과 문을 합친 전체 길이는 오만 구천오백 척尺, 약 십팔 킬로미터에 이르렀으며, 지세가 높고 험한 곳은 돌로 쌓고 [석성] 지세가 낮은 곳은 흙으로 쌓았으나 [토성], 토성은 비로 인해 자꾸 무너져 내려 세종 대에 모두 돌로 성벽을 교체했습니다. 성벽의 재료가 되는 돌은 쌓은 시기에 따라 재질과 크기, 다듬은 모양이 서로 다릅니다. 아직도 숭례문 좌우로 성벽의 흔적이 남아있습니다만, 맨 처음 태조 연간에 쌓은 돌들은 거의 다듬지 않은 자연석을 쌓아서 돌의 크기가 제각각이고 거칩니다. 그리고 세종 때 성을 고치면서 새로 쌓은 돌은 한변이 십오에서 이십 센티미터 정도로 작으며, 모서리는 둥글게 하여 그 틈새를 작은 돌로 메웠습니다. 숙종 시기에도 도성을 크게 고쳐야했는데 이때 쌓은 돌들은 네 명이 들어야 할 정도로 크며, 면은 평면하고 변은 직선으로 다듬었습니다. 성벽을 쌓는데 동원된 인원은 무려 십일만 팔천칠십 명에 달해 당시 한양 인구를 오만 정도로 추산할때 실로 엄청난 공사였음을 알 수 있습니다.

숭례문은 도성의 문 중 규모가 가장 큰 조선의 정문입니다. 지어진 순서를 보면 맨 밑바닥에 흙을 단단하게 다진 후, 그 위로 얇고 넓은 돌조각^{박석}이 깔립니다. 그러고 나서 직사각형의 화강암을 층층이 쌓아 올리는데, 그 부분 전체를 석축이라 합니다. 석축 중앙에는 홍예_{무지개 모양} 형태의 문을 냈으며 문 바로 위, 검은 벽돌을 쌓아 올린 담장 같은 것은 외부 침입을 막는 일종의 가림 막으로 여장이라 합니다. 여장과 석축의 경계선에는 혀 모양을 한 네 개의 석조물, 즉 토수구^{吐水口}가 여장 안에 고인 물들을 밖으로 흘려보냅니다.

육축^{陸築} 위로는 웅장한 이 층 목조 누각이 마름모꼴의 우진각 지붕과 함께 금방이라도 비상할 것 같습니다. 용마루는 하얗게 석회를 바른 것처럼 보이지만 이것은 석회가 아니라 태양열과 혹한에 견딜 수 있게 모래, 흙, 석회를 섞어 만든 삼화토라는 혼합물로서 용마루와 처마 마루에 두릅니다. 용마루 양 끝에는 마치 새가 앉아 있는 듯이 보이는데 이를 취두라고 합니다. 이것들은 하늘에서 내려오는 불기운을 물리쳐 준다는 전설 속의 짐승이지요. 취두에서 밑으로 이어지는 내림마루에는 마치 사람이 앉아 있는 것처럼 보이는데, 잡상^{雜像}이랍니다. 도교 사상에서 유래했다고 하는데 명확하지 않고 다만 맨 앞에 앉아 있는 것은 삼장법사이고 뒤를 이어 손오공, 저팔계, 사오정입니다. 이것들 역시 하늘의 나쁜 기운을 감시하는 역할을 한다고 합니다. 그 뒤의 짐승들은 의견이 분분하여 생략하겠습니다.

중층 문루 중앙에 崇禮門숭례문이라 적힌 현판이 걸려 있습니다. 예禮를 숭상한다는 뜻의 숭례문은 삼봉 정도전이 다른 문들의 이름과 함께 지은 것으로, 조선의 통치 철학인 유교의 인·의·예·지·신의 사상 중, 예를 숭례문에 넣었다는군요. 글씨를 위에서 밑으로 내려썼는데 그 까닭은 경복궁을 마주 보는 관악산의 화기火氣를 누르기 위한 것이라고 전해져 옵니다만 확실한 근거는 모릅니다. 필체도 양녕대군 것이라지만 이 역시도 학자마다 다른 견해를 내놓고 있답니다.

한 몸으로 있었던 성곽과 숭례문은, 임진왜란에도 손상을 입지 않고 오백여 년을 잘 견뎌 왔으나 1899년, 전차가 숭례문을 통과하게 되면서 분리되기 시작하였습니다. 그러나 입때까지만 해도 성곽을 두른 문의 기능은 여전히 있었습니다. 그러던 것을 치욕스레 정미 7조약을 맺는 1907년, 일본의 왕세자가 한양을 오려 할 즈음 숭례문 주변이 지저분하다고 숭례문 성곽을 헐고 새 길을 냅니다.

그 길이 지금의 태평로입니다. 이때부터 숭례문은 팔이 잘린 채 섬처럼 도로 한복판에 갇힙니다. 이처럼 불구의 몸을 지탱하다 또다시 6·25 전쟁으로 심한 파손을 당하여 1962년, 대대적인 해체 수리 작업을 하지요. 그러다가 2008년 2월, 어느 노인의 어처구니없는 방화로 숭례문은 전소되고 맙니다. 다행히 도면이 잘 보관되어 오 년 후 다시 우리 앞에 나타나 고마울 따름입니다.

12.
왕릉 답사 선행 학습

조선 왕릉은 세계문화유산에 등재되어 외국인도 부러워하는 자랑스러운 우리 문화재입니다. 왕릉은 말 그대로 왕족의 무덤입니다. 그러나 왕족의 무덤이며 같은 경내에 있다 할지라도 왕실의 위계에 따라 능, 원, 묘로 구분되지요. 능陵은 왕과 왕비의 무덤입니다. 그리고 원園은 왕세자와 왕세자빈의 무덤을 말합니다. 서오릉 경내에 있는 명종 세자의 순창원이 여기에 해당합니다. 마지막으로 묘墓는 나머지 왕족들과 왕의 첩인 후궁, 귀인 등의 무덤을 지칭하는데, 연산군 묘나 광해군 묘처럼 왕에서 강등당한 경우도 같습니다. 현재 온전하게 남아 있는 서울 근교의 왕릉은 마흔 기, 원은 열세 기, 묘는 예순네 기입니다. 따라서 어느 능, 원, 묘를 가고자 할 때는 그 무덤의 주인이 누구인지를 미리 알아보고 가면 답사의 격이 달라질 것입니다.

다음은 능의 형식입니다. 능이 어떤 형태인가에 따라 단릉 · 쌍릉 · 삼연릉 · 동원이강릉 · 합장릉으로 나뉩니다. 단릉은 한 분만을 매장하여 봉분이 하나인 능을 말하고, 쌍릉은 같은 영역 안에 왕과 왕비의 각각의 봉분을 나타내며, 삼연릉은 왕과 왕비 그리고 계비 등 봉분 세 기가 있는 곳을 의미합니다. 동구릉 경내에 있는 경릉이 이런 경우인데, 여기에는 헌종과 효현왕후, 계비 효정왕후의 봉분이 나란히 놓여있습니다. 동원이강릉은 제례를 올리는 정자각을 가운데 두고 좌우로 두 개의 언덕을 조성하여 왕과 왕비의 능을 각기 한 기씩 조성했으며, 합장릉은 서울 서초에 있는 헌인릉이 대표 형태로, 순조와 순헌왕후를 합장하였습니다.

궁궐이 살아생전 왕의 집이라면, 능은 사후 왕의 집입니다. 그러므로 철저하게 예법에 따라 조성되었습니다. 왕릉 터를 잡는 것을 택지라 하는데, 풍수지리적 요소를 고려하여 능의 위치를 결정하는 것이 무엇보다 중요하였습니다. 즉 바람, 물, 불, 나무 및 흙에 의해 생기는 나쁜 기운을 차단해야 하고, 뒤쪽에는 산이 있고 앞에 물이 흐르는 배산임수背山臨水의 지형을 갖추어야 했습니다. 아울러 주산이 펼쳐지는 가운데 산허리에 봉분이 위치해야 했으며 청룡과 백호로 일컬어지는 산맥이 좌우를 감싸면서 봉분 맞은편에 마주하는 산안산이 있어야 훌륭한 자리라고 여겼습니다. 거기다가 한양으로부터의 거리, 주변 능과의 간격, 방위, 도로와의 관계, 주변 산세 등과의 관계를 신중히 고려하여 될 수 있는 대로 본래의 지형 조건을 훼손하지 않고 지형이 허용하는 범위 내에서 인공 시설을 최소로 설치하려 하였습니다.

건원릉은 능의 주인이 태조 이성계입니다. 이곳에서 가장 먼저 눈에 띄는 것은 홍살문입니다. 이 문은 신성한 지역을 알리는 동시에 붉은 칠을 한 기둥과 살을 박아놓음으로써 나쁜 기운이 못 들어오게 하는 역할도 합니다. 한편 지금은 거의 볼 수 없지만, 대개 홍살문 밖에는 능을 지키는 사람능참봉이 머무는 재실이 있었고, 재실과 홍살문 사이에 금천교가 있어서 그 밑으로 물이 흘렀습니다.

홍살문을 지나면 오른쪽 바닥에 한 평 정도의 돌 판을 깔아 놓았는데 이를 배위 또는 판위라 하며, 왕이 제사를 지내러 왔을 때 이곳에서 절을 하며 왔음을 알렸습니다. 홍살문 앞에 길게 이어진 돌길이 있습니다. 이 길은 참도라 합니다. 자세히 보면 왼쪽이 약간 높은데 이 길은 혼이 다니는 신도이고, 낮은 쪽은 임금이 다니는 어도입니다. 참도를 걷다 오른편으로 보이는 건물은 수복방守僕房이라 합니다. 이곳은 능을 지키는 보초守僕의 초소로 이해하시면 됩니다. 수복방 위로는 비각이 보입니다. 비석이나 신도비를 안치하는 곳이지요. 신도비는 능 주인의 생전 업적을 기록하여 세운 비석입니다.

참도가 끝나는 지점에는 정자각 건물이 있습니다. 건물 모양이 한자 丁정을 닮았다 하여 정자각입니다. 왕은 정자 모양으로 지어야 했고 중국 황제는 일자 모양으로 지었습니다. 참고로 홍유릉은 고종이 황제였기 때문에 目목자 형입니다. 여하튼 정자각은 능 주인의 침전이며 동시에 제향을 올리던 곳입니다. 왕이 정자각을 오를 때는 동쪽으로 올라갔다 내려올 때는 서쪽으로 내려오는데 이를 동입서출東入西出이라 합니다.

정자각 뒤의 서쪽에는 제향 후에 축문을 태워 묻는 네모 형태의 돌함이 있습니다. 이것의 명칭은 예감입니다. 그리고 예감과 마주 보이는 동쪽에는 장방형의 돌단이 놓여 있는데, 여기서는 장사 후 삼 년간 땅을 관장하는 지신에게 능을 잘 보살펴달라는 제사를 올렸습니다. 이 돌단의 이름은 산신석山神石입니다.

정자각 위로는 사초지라 하여 경사가 매우 가파릅니다. 이는 제례 지내는 사람들의 시야를 가리게 하여 능의 위엄성과 경외심을 높이는 역할을 합니다. 고개를 푹 숙여 힘들게 사초지에 오르면^{지금은 사초지} ^{통행 불가} 비로소 능이 나타납니다.

능 주위를 능원이라 하는데, 보통 세 개 영역으로 구분되어 있습니다. 영역 표시는 돌을 길게 이어 놓은 일명 장대석으로 하며, 제일 윗부분부터 상계, 중계, 하계로 나눕니다. 하계下階 영역 좌우로 무인석과 석마가 놓여 있습니다. 왕을 호위하며 유사시 신속하게 대처한다는 뜻에서 장검을 짚고 위엄 있는 자세를 취하고 있지요. 중계 내 문인석은 양손으로 홀을 쥐고 왕명에 절대복종한다는 자세를 취하고 있습니다. 중계 영역에서 가운데에 있는 것은 능원을 상징적으로 밝혀주는 장명등입니다.

능은 상계 내에 있으며 능 바로 앞에 제단이 있는데, 이곳에서 혼령이 논다고 하여 혼유석이라 부릅니다. 혼유석은 일반인 묘에서는 제물을 차려 놓는 상석이지만, 능에서는 정자각에서 제례를 지내기 때문에 기능이 달라졌습니다. 혼유석 좌우로는 망주석이라 부르는 기둥도 세워 둡니다. 혼이 멀리 가서 놀다가 망주석을 보고 잘 돌아오라는 등대 같은 구실을 한답니다. 봉분을 능에서는 능침 또는 능상이라 합니다. 능침 하단부에는 십이지상이 새겨진 병풍석이 둘러 있는데, 봉분의 흙이 흘러내리는 것을 방지하고, 외부로부터 침범하는 잡귀도 쫓아내는 역할을 합니다. 능 주위도 돌난간난간석을 설치하여 이중으로 능의 접근을 차단했습니다.

능침의 외벽은 곡장으로, 남쪽만 트여있고 삼면이 막혀있는 담장입니다. 그리고 곡장 안벽을 향하여 양의 형상을 한 석양石羊과 호랑이 모습의 석호石虎가 서 있는데 먼저 양은 죽은 이의 명복을 빌어주는 짐승으로, 호랑이는 용맹하므로 능침을 수호하는 의미로 설치한 것입니다.

능침 뒤로는 소나무가 빼곡히 들어차 있습니다. 능을 조성할 때 소나무를 심어서 바람을 막는 효과가 있고 소나무가 잡균을 빨아들인다는 믿음까지 있어서 능 주변에는 유독 소나무가 많습니다.

13.

쌀가마 지고 담장 넘어야 내시

"사내놈이 고자질하면 못 쓰는 거야."

중장년의 남성이라면 어릴 때 많이 들어 본 말 일 겁니다. 남의 잘 못이나 비밀을 일러바치는 행동을 고자질이라고 하는데, 사내 즉 남 자가 그런 행동을 해서는 안 된다는 말이겠죠.

고자질이란 한자漢字 고자鼓子와 행위를 나타내는 순우리말인 질 을 합친 말입니다. 고자란 북 고鼓에 놈 자子, 직역하면 속이 텅 빈 북 과 같은 놈이지만 실제로는 남성의 생식기가 아예 없거나 고환이 없 어 생식이 안 되는 불완전한 남자를 가리킵니다. 이런 부류의 사람들 이 몰래 일러바치는 짓을 바로 고자질이라 했습니다. 따라서 정상적 인 남자라면 고자의 전유물인 고자질을 해서는 안 된다는 의미였던 것이지요.

우리는 사극 드라마에서 이따금 고자를 만납니다. 이들은 대개 검 정의 우중충한 옷을 입고 임금 옆에 구부정한 자세로 서 있거나 종종 걸음으로 임금 뒤를 따릅니다. 이들이 내는 말소리는 남잔지 여잔지 구분이 어렵고, 뽀얀 얼굴에 수염이라고는 찾아볼 수 없습니다. 이들 고자를 궁궐에서는 내시內侍라 불렀습니다. 하지만 엄밀하게 따지면 내시부에 소속된 환관이라 하는 것이 옳겠습니다. 궁궐 조직의 하나인 내시부는 고려 때부터 시작되었지요. 이곳에는 궁궐에서 시중드는 사람들로서, 환관 외에도 궁녀와 특별 임무를 지닌 궐내 사람들이 있었습니다.

그러다가 조선 시기에 들어서면서 내시부 대다수가 환관으로 채워져, 환관을 그냥 내시라 부르게 된 것이지요. 몸은 비록 비정상이긴 해도 이들은 최고 권력기관인 궁궐에서 근무하며 일정한 직급도 가지고 있어서 함부로 홀대하지 못했습니다. 그러나 궐 밖의 대다수 서민은 불알 까서 빌어먹는 놈이라며 천대하였습니다. 그런 수군거림을 내시라고 모를 리 없어 자연스럽게 내시들끼리 모여 마을을 만들었습니다.

지금도 서울 경복궁 근처에 가면 효자동이라는 동네가 있습니다. 이곳은 조선 시대까지만 해도 화자 촌이라 불리던 곳입니다. 화자는 내시를 비하하는 말로, 한자로 불 화火를 씁니다. 불 화火를 파자破字하면 사람 인人 자 양옆으로 두 개의 점이 떨어져 있습니다. 즉 사람에게서 불알 두 쪽이 떨어져 나갔다고 하여 화자火者라 했으니 뜨거운 불과는 전혀 상관없는 화자가 되겠습니다. 이런 화자들이 모여 살던 곳이라 화자 촌이라 불렀다가 일제 강점기에 효자동으로 바뀌게 된 것이지요. 종합해 보면 고자의 다른 이름으로 환관, 내시, 화자가 있었고 이 밖에도 엄환 등 몇 개가 더 있지만, 설명을 생략하겠습니다.

내시는 왕조시대에 없어서는 안 될 존재였습니다. 왕과 왕의 많은 여인, 그 가족이 머무는 궁궐을 지탱하자면 무수리나 상궁만으로는 한계가 있고, 그렇다고 사지 멀쩡한 남자가 여자만 있는 궁궐 깊숙한 곳을 지킬 수도 없기 때문에 자연스럽게 내시가 필요했습니다. 따라서 내시는 왕조제국이었던 로마를 비롯하여 인도·이집트·유럽의 각 제국에서도 존재하였고 우리나라는 중국으로부터 신라 때 전래한 것으로 알려져 있습니다.

내시의 보편적인 임무는 왕과 그 가족의 뒤치다꺼리와 호위였습니다. 이들은 왕명을 전달하는 일에서부터 궐내에 반입되는 각종 물품을 관리·감독하고 궁궐 보수 공사, 주요 건물의 호위병 역할을 하였습니다. 물론 임금의 후궁을 보호하고 수발드는 것도 이들의 몫이었지요. 이처럼 허드렛일을 할망정 권력이 가까이에 있었기에 가장 확실하고 많은 정보를 모을 수 있었습니다. 역모나 국가 변란의 중심에 이들이 무게 있게 등장하는 것도 같은 맥락입니다. 직책으로는 별 볼 일 없지만, 업무 성격상 매우 중요한 역할을 했기 때문에 정기적인 훈련과 시험을 거쳐 내시로서 최고 관직인 종이품 상선에 오를 수 있었습니다.

조선 시대에 내시에게 주어지는 벼슬자리는 종구품에서 종이품까지 총 예순 석입니다. 시험을 통해 관직에 오른 내시들을 특별히 환관이라 불렀고, 직급에 따라서는 상선, 상온, 상다, 상책, 상호 등 별칭이 있었습니다. 예순 명을 제외한 나머지 내시는 예비 관원으로서 관직이 빌 때까지 대기해야 했으며, 대기하는 동안 환관들의 업무를 보조하고 시험공부도 준비해야 했습니다. 이들의 시험 과목 중에 실기 시험도 있었는데, 쌀가마를 지고 담장 넘기와 왕명 전달입니다. 쌀가마의 무게는 보통 팔십 킬로그램으로 웬만큼 건강한 남자도 지기 어려울 텐데 그걸 지고 담장을 신속히 넘어야 했던 까닭은, 궁궐에 변란이 생길 경우 왕을 업고 담장을 넘어 안전하게 피신시키기 위함이었다고 합니다. 또 한 가지 왕명 전달 실기시험은, 주어진 내용을 본 후 토씨 하나 빠뜨리지 않고 말로 혹은 글로 다른 사람에게 전달하는 것이었습니다. 이는 왕명을 어찌 전달해야 하는지를 시험을 통해 상기시켜주는 필수 과제이기도 했습니다.

이처럼 궁궐 생활이 천직이었던 내시들은 과연 어떻게 났을까요. 가까운 중국의 예를 살펴보면 세 부류의 내시가 있습니다. 첫째는 전쟁 포로입니다. 사로잡힌 포로 중에 허약한 사람은 현장에서 죽이고, 나머지는 공사 부역 및 노예로 넘겼으며, 그중 건장하고 다소 온순한 포로들은 거세시켜 내시로 만들었습니다. 둘째 부류는 부모의 요청으로 어려서 고환을 자르고 내시의 길로 들어선 사람입니다. 셋째는 죄를 지어 궁형을 당한 자이지요. 궁형이란 남자 생식기를 절단하는 형벌로, 궁형 후 살아날 확률은 반도 되지 못했습니다. 사마천은 자기 뜻을 관철하기 위해 사형 대신 궁형을 당하고 살아 있는 동안 《사기》를 완성한 장본인입니다. 아무튼 세 부류의 내시 중에 관직에 오를 확률이 많은 쪽은 역시 어려서 고환을 제거한 내시였습니다.

하지만 우리나라의 경우는 고려 때 궁형이 시행되어 타의에 의한 내시가 양산되기도 했지만, 조선 시대에는 자발적으로 내시가 된 사람들을 먼저 궁궐에 들였습니다. 이는 대를 이어 내시가 되는 것을 의미합니다. 우리나라 내시는 중국과 달리 여자를 얻어 정식으로 혼인을 할 수 있었습니다. 혼인 후에는 대개 양자를 들였으며, 양자는 주로 가난한 집안의 어린아이였습니다. 양자로 들어오면 어린아이의 고환과 성기 사이를 명주실이나 머리카락으로 단단하게 묶어 점점 자라면서 고통 없이 자연스럽게 고환을 뗄 수 있었습니다. 이 아이는 일찍이 내시 아버지에게 궁궐의 법도나 생활을 배우게 되어 순조로운 내시의 길을 갈 수 있었습니다. 그러나 일부 내시들은 양자를 들여도 내시로 만들지 않고, 그 자식이 출세하여 원만한 가정을 꾸미기를 희망하였습니다. 대표적으로 《삼국지》에 나오는 조조가 있습니다.

한편, 관직을 가진 내시의 아내들은 한결같이 아름답고 지적 수준이 높았다고 합니다. 그 이유는 국가에 죄를 지어 집안이 망하면, 여자와 아이들은 관노가 되거나 양반집 몸종으로 들어가야 했는데, 차라리 몸도 덜 더럽혀지고 사는 것도 크게 걱정하지 않아도 되는 내시에게 재취하는 경우가 많았다는 것이지요. 내시는 일찍 늙고, 빨리 죽는 편입니다. 유아기에 거세당한 경우는 적응기를 거쳐 별문제 없지만, 청소년기나 성인이 되어 거세를 당하면 호르몬의 비정상 분비로 몸집은 급격히 비대해집니다. 예전 당나귀나 말을 거세시킨 것도 같은 이유겠습니다. 또한, 얼굴에 털은 사라지고 목소리도 바뀌며 몸짓이 여성스럽게 되면서 종종걸음을 걷습니다.

• 흥청망청이 나온 뿌리

　조선왕조 십 대 왕 연산군. 자신을 낳아준 어머니 윤 씨가 폐비가
되어 사약을 받고 죽은 사실을 왕이 된 후에 알게 되면서, 많은 신하를
죽이고 갑자사화 폭군으로 돌변합니다. 결국 이복동생인 중종에게 쫓겨나
서 강화도에서 죽음을 맞게 되는데, 사연 많은 왕이어서 그랬는지 몰라
도 연산군 시절에 많은 말이 생겼습니다.

　연산군 옆에는 늘 바른말을 하는 내시 김처선이 있었지요. 세조 때
부터 역대 왕을 보필해 온 깐깐한 김처선을 연산군이 좋아할 리 없었습
니다. 그래서 '입 다물고 혀는 깊이 간직하라.'라는 글이 적힌 신언패愼
言牌를 만들어 김처선 이하 모든 내시 목에 걸게 하였습니다. 그러던 어
느 날, 궐 밖 여인을 탐하다 못해 신하들의 첩까지 범하자 참다못한 김
처선이 끝내 충언을 합니다. 이에 화가 난 연산군은 그 자리에서 김처
선의 팔과 다리를 자르고, 처선의 '처'자가 들어있는 사람이나 사물 이
름은 모두 바꾸라 명합니다. 그 대표적인 것이 궁궐 연회에 자주 선보
이던 〈처용무〉였는데, 연산은 이를 〈풍두무〉로 즉시 고쳐 버렸습니다.

　갑자사화 이후 연산군의 여탐은 가히 광기 수준에 이릅니다. 채홍
사라는 관리직을 만들어서 채홍사가 신분 고하를 막론하고 얼굴이 예
쁜 처녀를 협박과 돈으로 회유한 후 연산군의 전속 기생으로 삼았습니
다. 채홍사가 데려온 여자는 장악원이란 곳에서 교육을 받는데, 제일
먼저 궁중 예법을 익히게 되며 이런 여인을 운평이라고 불렀습니다. 운
평 중에서 왕을 모실 수준에 이른 여자를 선발하여 흥청이라 했으며 흥
청도 두 부류로 나누었습니다. 즉, 가까이에서 단지 연산군의 수발을
드는 여인은 지과 흥청이라 하고, 동침한 흥청을 천과 흥청이라 불렀습

니다. 연산군은 틈만 나면 이들 흥청과 경복궁에 있는 경회루에서 배를 띄워 놓고 음주·가무를 자주 즐겼다 합니다. 흥청이 많을 때는 이천 명이 넘었다고 하니, 조금 과장된 듯해도 연산군의 방탕이 어느 수준이었는지 가늠할 수 있겠습니다.

어찌 되었든 나랏일은 돌보지 않고 흥청과 놀아나다가 반정으로 쫓겨나자 당시 사람은 연산군이 흥청과 흥청거리다 망했다고 하여 흥청망청이라는 말을 만듭니다. 오늘날에 와서는 흥청망청하다 혹은 흥청거리다는 의미는 돈이나 물건을 헤프게 쓴다거나 기분에 취해 함부로 행동하는 모습을 빗대서 하는 말로 다소 변형시켜 사용합니다.

폭군 연산이 많은 신조어를 만들어내는 바탕에는 그의 남다른 서정적 감각도 한몫합니다. 《연산군일기》에 남아있는 백여 편 넘는 시와 절구가 이를 잘 말해 주지요.

'인생여초로 회합부다시人生如草露 會合不多時, 인생은 풀잎의 이슬 같아서, 만남의 시간도 많지 않구나' 연산군이 폐위되기 전에 쓴 시인데, 마치 자신의 운명을 예감한 듯해서 짠한 느낌마저 듭니다.

14.
구중궁궐에 열여덟 품계

조선 숙종 때 인현왕후·장희빈·숙빈 최 씨, 세 여인을 둘러싼 이야기는 가끔 사극으로 텔레비전에서 방영합니다. 치열한 사랑과 증오, 처절한 권력 다툼, 세도의 무상함 등 몇 번의 반전이 거듭되며 보는 이의 마음이 요동치지요. 그뿐만 아니라 인현왕후를 제외한 두 여인은 왕비의 꿈조차 꿀 수 없는 궁녀 신분임에도 불구하고, 신데렐라처럼 왕의 곁에 앉게 된다는 줄거리는 여성의 대리만족에 더할 나위없이 좋은 소재입니다. 사극에서는 세 주인공 말고도 많은 여인이 등장하는데, 누구이고 어떤 역할을 하는지 살펴봅시다.

궁궐에 살거나 일하는 여자들을 통칭하여 궁녀宮女라 합니다. 그러나 인현왕후처럼 가례 절차를 거쳐 정식 왕비가 되거나, 궁궐에서 임금의 눈에 들어 잠자리를 같이한 여자후궁는 궁녀의 범주에 들어가지 않습니다. 조선왕조 때 궁궐 여자 지위를 나타내는 내명부를 살펴보면, 정일품에서 종구품까지 열여덟 계급으로 나뉩니다. 정일품 빈嬪에서 종사품 숙원淑媛까지는 후궁들의 품계이고, 정오품에서 종육품까지는 상궁尚官, 나머지 칠 품 이하는 나인으로 불리었습니다. 내명부에 나오는 여자들은 품계가 주어지는 후궁-상궁-나인이고, 이 외에도 품계는 없지만, 천비로 불리는 비자·방자·무수리 등이 있습니다. 여기서 상궁 이하 천비까지의 여성들을 일반적으로 궁녀라 합니다. 희빈 장 씨와 숙빈 최 씨는 후궁으로서 최고 관직인 빈嬪을 받지만, 그녀들이 왕의 승은을 입기 전까지는 낮은 품계의 나인에 불과했습니다.

궁녀들의 업무는 크게 일곱 가지로, 지밀·침방·수방·세수간·생과방·소주방·세답방입니다. 지밀은 왕과 왕비, 세자와 세자빈의 일거수일투족을 거드는 요직으로, 의식주는 물론 성생활과 대소변을 받아내는 일도 담당합니다. 한 예로 경복궁에 가면 왕비의 전각인 교태전이 있는데, 이곳의 방 구조는 특이하게 여러 칸으로 나누어져 있습니다.

왕과 왕비가 합방하는 날이면 가운데 넓은 공간에 왕과 왕비가 눕고, 나머지 칸에는 지밀상궁이 들어가 성행위 중 혹시 모를 일에 대비합니다. 이처럼 지밀은 왕실 곁에 있기 때문에 왕의 눈에 들어 후궁이 되는 경우가 많았습니다. 장희빈도 궁에서 처음에 숙종의 할머니 장렬왕후를 보필하는 지밀 궁녀였습니다. 숙종이 문안차 장렬왕후를 만나러 왔다가 장희빈을 보고 첫눈에 반하여 후궁으로 삼았지요.

침방은 궁궐에서 사용하는 의상이나 소품을 만드는 곳이고, 수방은 옷에 수를 놓거나 장식물을 다는 곳입니다. 세수간은 세숫물이나 목욕물을 데우고 궐내 청소와 변기 세척을 담당하였습니다. 소주방은 수라간이라고도 부르는데, 밥과 반찬은 물론 각종 제사와 잔칫상 음식을 만들었고, 생과방은 식혜, 떡, 과일, 죽 등 식사 이외의 음료나 다과를 준비했습니다. 세답방은 세탁소 같은 곳으로 빨래, 다듬이질, 다리미질, 염색을 맡았습니다.

직급이 없는 비자, 방자, 무수리 중 일부는 열거한 일곱 가지 업무를 돕기도 했지만, 별도의 역할이 있었습니다. 비자는 궁녀들의 잔심부름을 하는 하녀로서, 가끔 궁녀들의 편지나 전할 말을 사가에 전달해주는 역할을 하였습니다. 비자는 관비 중에서 주로 차출되었는데, 한 번 궁에 들어오면 결혼할 수도, 궁 밖에서 살 수도 없었습니다. 반면 방자는 상궁들의 살림을 담당하는 가정부입니다.

이들은 평민 신분으로 상궁의 사가에서 데려오거나, 궁녀가 추천하여 들어온 사람입니다. 이른바 준공무원으로 월급도 있고, 상궁 집 붙박이로 살거나 파출부처럼 필요할 때만 궁에 들어와 일을 거드는 시간제 방자도 있었습니다. 우리에게 잘 알려진 무수리는 물을 길어 나르고 아궁이에 불 때는 일 등 궁궐 내 잡다한 일을 하는 최하층으로, 출·퇴근했으며 결혼도 자유였습니다. 드라마에서 영조의 어머니 숙빈 최 씨가 무수리였다고 하여 극적이지만, 사실 숙빈 최 씨는 일곱 살 어린 나이에 궁궐에 들어와 침방 나인으로 있다가 숙종의 눈에 띄어 후궁이 되었습니다.

궁녀 중에서 직급이 있는 여자를 특별히 여관이라고도 합니다. 여관은 보통 어릴 때 수습 나인으로 입궁하는데, 지밀나인은 너덧 살, 침방과 수방은 일고여덟 살, 나머지는 열서너 살에 선발되었습니다. 생각시는 지밀과 침방, 수방의 수습 나인의 별칭으로 생머리를 하고 있어 생각시라 했습니다. 이들은 어린 나이에 들어오기 때문에 나이 많은 상궁들에게 한 명씩 맡겨져, 대략 십오 년간 궁중 예절과 글, 말을 업무의 기초교육을 받습니다.

수습이 끝나면 정식 나인이 되는데, 그에 앞서 관례를 먼저 올립니다. 관례는 일종의 혼례와 같은 의미로, 상대 남자가 없더라도 상징적인 결혼을 통해 성인이 되었음을 주변에 알리는 의식입니다. 이날은 본가 친척이 보내온 잔치 음식을 동료, 선후배 궁녀와 나누며 축하의 자리를 마련합니다.

관례를 치르고 정식 나인이 되면 내명부의 하급 품계를 받는 동시에 월봉도 주어집니다. 방도 따로 정해지는데 반드시 동료 나인 한 명과 같이 써야 했습니다. 그러다가 두 여인이 사랑을 나누는 동성애 관계로 번지는 경우가 많았습니다. 참고로 여관들은 궁에 들어오면 죽어서나 출궁할 수 있는데, 예외적으로 나갈 때가 있었습니다. 가뭄이 심하거나 재해가 발생하면 시집가지 못한 궁녀들의 한을 풀어 준다고 궐 밖으로 내보냈는데, 그런데도 출궁한 궁녀가 나가서 결혼하면 벌을 받아야 했다 합니다.

정식 나인에서 십오 년 정도 지나면 상궁이 됩니다. 상궁은 여관들의 대표 급으로 월봉도 많고, 별도의 단독 집과 여러 하녀를 둘 수 있습니다. 상궁 중에서 직책을 갖는 상궁들은 정오품으로, 우두머리는 칠백여 명의 궁녀 총책임자인 제조상궁입니다. 제조상궁 밑에 부제조상궁이 자리하는데, 왕실의 사유재산을 관리하는 막중한 업무를 맡습니다. 셋째 서열은 지밀상궁으로 왕실 가족을 가까운 거리에서 모셔야 했기에 대령상궁이란 별칭도 붙습니다. 그다음 서열의 감찰상궁은 궁녀들의 불법을 감시하고 체벌이나 유배의 형벌도 직접 내릴 수 무서운 상궁이었습니다. 보모상궁은 세자를 포함하여 왕자들의 보모 노릇을 하는 상궁이고, 시녀상궁은 서적이나 문서에 관련된 업무와 종실이나 외척의 뒤치다꺼리를 담당하는 낮은 직책의 상궁이었습니다.

　한편, 사극 〈대장금〉으로 유명해진 주인공의 역할은 내의원 소속 의녀이었습니다. 의녀는 전문 여자 의사지만 품계가 없는 관비 출신이며, 내의원 외에도 궁궐 밖 제생원·혜민국·전의감·활인서 등에서 주로 여자 환자를 돌봤습니다. 이들은 의술 활동에 그치는 것이 아니라 여성을 대상으로 경찰 업무도 보았고, 왕비나 후궁의 호위도 맡았습니다. 참으로 많은 일을 하는 이런 의녀들에게 치명적인 멍에를 씌운 사람은 연산군입니다. 의녀를 약방 기생이라고 비하하기도 했는데, 연산군이 혜민서 소속 의녀에게 술을 따르게 하고 춤도 강요하고 나아가 겁탈까지 한 뒤, 다른 관리도 이를 따라 의녀를 성적 노리개로 삼아서 붙은 별칭입니다. 의녀나 홍청은 궁궐 출입이 잦긴 해도 결혼도 자유롭고, 퇴직도 수월하여 궁녀라 하지는 않았습니다.

• 사극에서 자주 듣는 말

사극을 보다 보면 궁궐에서 쓰는 말들이 많아 다소 혼란스러울 때가 있습니다. 임금을 나타내는 호칭만 해도 왕 · 전하 · 상감 · 짐 등 참으로 다양합니다. 이런 호칭들은 고조선에서 조선왕조에 이르는 동안 추가되고 혼용되었는데, 그중 가장 오래된 호칭은 임금입니다. 임금은 순우리말로, 하늘을 뜻하는 니마와 땅을 의미하는 고마가 합쳐진 것으로, 하늘과 땅의 신에게 제사를 지내는 제사장을 일컫는 말이었습니다. 오늘날 존칭으로 쓰는 ~님은 니마에서 변형되었고, 고맙습니다의 원류는 고마로부터 출발했습니다.

중국 한자 문명이 도입되고 제정도 분리되던 시기부터 정치의 수장을 왕王으로 불렀습니다. 왕王은 삼三 자 중심을 세로로 그은 형태로, 하늘과 땅과 백성 셋을 관장한다는 뜻이 담겨 있습니다. 그리고 상감上監은 왕의 극존칭으로, 의역하면 위에서 모든 것을 내려다보는 임금이 됩니다. "짐이 부덕해서"의 짐朕은 왕이 신하에게 사용하는 일인칭의 나입니다.

철저한 신분제 사회인 조선에서는 건물도 신분에 따라 격과 명칭을 달리했습니다. 근정전, 사정전 등 건물 이름 끝에 전殿은 왕이나 왕에 버금가는 신분의 집에만 붙였고, 그 밑으로 당堂 · 합閤 · 각閣 · 제齊 · 헌軒 · 루樓 · 정亭 등의 서열을 매겨놓았습니다. 따라서 전하殿下는 전殿에서 머무는 사람 즉 왕을 가리키며, 당상관급은 당하堂下, 대원군은 합하閤下 등으로 차등하여 불렀습니다. 유사한 맥락으로 중전 · 후궁 · 동궁은 본래 건물의 위치를 나타내지만, 동시에 그 건물에 사는 신분의 명칭이 되어 각각 왕비, 왕의 소실, 세자를 달리 부른 말이 된 것입니다.

오 품 이상의 높은 신분 뒤에 따라붙는 마마는 마리, 마노라, 마눌, 마니 등 지극히 높다는 옛말에서 파생된 존칭 어미입니다. 강화도에 가면 마니산마리산이 있는데, 가장 높은 산임을 알리는 지명으로 단군에게 제사 올리는 참성단이 이곳에 있습니다. 한편, "조정들은 들라."에서 조정朝庭은 왕의 집무실 앞 넓은 공터를 가리키는 말이지만, 훈시가 있을 때 신하들이 조정에 늘어서기 때문에, 조정을 신하의 다른 말로 쓰곤 했습니다.

"전하 윤허하여 주시옵소서."라는 대사도 드라마나 영화에서 들립니다. 여기서 윤허允許는 무언가의 허락을 말합니다. 신하들이 공문서를 올리면 왕은 그것을 읽어 보고 합당할 때 공문 하단에 한자 윤允을, 다시 검토를 바랄 때 비非를 적었습니다. 신하가 왕에게 간절히 호소할 때는 통촉洞燭이란 말도 사용하는데, 이는 어떤 사안에 대해 깊이 헤아려 살펴달라는 뜻입니다.

황송惶悚은 분에 넘쳐 매우 고맙고 한편으로 송구하다는 의미이며, 황공惶恐이나 황공무지惶恐無地는 왕을 대하니 두렵고 몸 둘 곳을 모르다는 의미로, "황공무지하오나 이 말씀을 올려야 하겠습니다."와 같은 예문에 걸맞습니다.

"종사를 보존하소서!"에서 종사宗祠란 종묘와 사직을 합친 단어입니다. 종묘는 선왕들의 위패를 모신 사당이고 사직은 땅 신과 곡식 신을 모신 장소로, 한 왕조의 정통성을 상징하는 말입니다. 따라서 종사를 보존한다는 것은 곧 나라를 지키고 백성을 살핀다는 의미입니다.

왕을 용龍에 비유하여 용안왕의 얼굴, 용좌왕의 의자, 용포왕의 옷, 용루왕의 눈물, 용수왕의 수염 등의 명칭도 종종 들립니다. 우리 선조들은 용을 비·구름·강·바다를 다스리는 영물이자, 사람의 먹을거리를 관장하는 전설의 수호신으로 여겼습니다. 따라서 백성들은 살아있는 왕에게 최고의 권력을 부여함과 동시에 용처럼 풍요로운 삶을 만들어 주길 염원했습니다.

15.
'카더라 통신'

미디어가 엄청나게 발달했음에도 불구하고 여전히 사회는 카더라 통신_{유언비어}에 몸살을 앓고 있습니다. 사전적으로 카더라 통신은 '근거가 부족한 소문이나 추측을 사실처럼 전달하거나 그런 소문을 의도적으로 퍼트리는 행위'를 말합니다. 이것의 진위는 시간이 지나면 대개 밝혀지지만, 퍼트릴 당시의 파장은 커서 끊임없이 생겨납니다. 더욱이 내용 자체만 전달되는 게 아니라, '아니 땐 굴뚝에 연기 날까.' 라는 심리적 설득을 곁들이기 때문에 강한 생명력을 지닙니다.

통신수단이 빈약했던 과거에는 사람들의 입소문 즉, 구전口傳을 통해 이런 행위를 벌이곤 하였습니다. 옛날 사람들은 이를 참요 혹은 아이들의 입으로 전파한다고 하여 예언 동요라 했습니다. 주로 나라 환경이 어수선할 때 많이 등장하는데, 삼국시대 말엽 〈서동요〉를 한 예로 꼽을 수 있겠습니다. 요샛말로 풀어보면, '선화공주는 남몰래 사귀어 둔 서동을 밤마다 찾아간다.'입니다. 백제 무왕이 소년 시절에 약초 장사 서동으로 변장한 후, 신라 서라벌에 들어가 선화공주를 얻으려고 일부러 지어서 아이들에게 부르게 하였답니다. 사실 여부를 떠나 사랑의 노래로 전승되는 오래전 동요입니다.

하지만 이런 종류와 달리 정치적 징후를 예언한 참요는 의외로 많이 전해옵니다.

百濟同月輪 新羅如新月
백제동월윤 신라여신월, 백제는 달이 차서 기울고, 신라는 초승달 같아 번성할 것이다.

의자왕 20년660년에 유행한 참요로 노랫말처럼 백제는 얼마 후 나당 연합군에 의해 멸망합니다. 공교롭게도 백제를 이은 후백제 말기에도 망조의 참요가 나타납니다. "可憐完山兒 失父涕가련완산아 실부체"를 직역하면, '불쌍한 완산의 아이야 아버지를 잃고 눈물만 흘리는구나.'입니다. 여기서 완산은 후백제를 나타내고 아이는 신검을 가리킵니다. 후백제를 세운 견훤은 네 아들신검, 양검, 용검, 금강 중에 금강을 왕위 계승자로 지목하자, 나머지 형제들이 불만을 품고 견훤을 금산사에 유폐시키고 동생 금강을 죽입니다. 그러자 곧바로 참요가 떠돌고 천신만고 끝에 견훤 일행은 탈출하여 고려 왕건에게 의지합니다. 이 사건 이후 후백제는 운명을 다하게 됩니다.

그런가 하면 신라왕조의 몰락을 예언한 참요도 있습니다.

智理多都波都波지리다도파도파

신라 말기 헌강왕憲康王 때 전해지는 구전으로 《삼국유사》에 실려 있습니다. 그 뜻은 '지식과 지혜智로 나라를 다스리는 사람은 이미 알고 다 도망하였으니 장차 도읍이 깨어진다.'입니다. 주술 같은 소문이 통했는지는 몰라도 얼마 후 신라도 고려에 흡수되었습니다.

참요와 결이 좀 다르긴 해도 신라가 붕괴할 것이라는 소문은 괘서 卦書로도 극성을 부렸는데, 괘서란 지은이를 밝히지 않은 일종의 벽보로 그 진원은 알려지지 않습니다. 정치가 문란했던 진성여왕 시절, 경주 민가를 중심으로 괘서가 퍼졌습니다. 내용은 "鷄林黃葉계림황엽, 鵠嶺靑松곡령청송"이었지요. 계림은 경주지역 이름이므로 신라를 의미하고, 곡령은 송악산을 말해서 고려를 지칭합니다. 헌강왕 때의 참요와 비슷한 맥락으로, '신라는 누런 이파리 즉 시들어가는 국가고, 고려는 푸른 소나무 즉 번성하는 나라'임을 암시하고 있습니다.

괘서에 의한 여론몰이는 한참 시간이 흐른 1388년 고려 말에도 나타납니다. 이성계가 위화도에서 회군하여 최영과 대치할 때, 개성의 권문세족 집들 담벼락에 이른바 〈이원수요〉가 등장합니다. 한자 내용을 풀어보면, '서경 밖에는 불빛이요 안주성 밖에는 연기로세. 그 사이를 왕래하는 이원수李元帥여 원하건대 백성들을 구제하소서.'입니다. 이원수는 이성계 장군을 말하며, 고려가 이미 혼탁한 나라가 되었으니 이성계 장군이 나라를 바로 세워 달라는 일종의 탄원입니다.

위화도 회군이 성공하여 이성계가 우왕을 폐위시키고 새로이 창왕을 옹립하자, 민가의 어린이들 사이에서 〈木子得國목자득국〉이란 동요가 유행했습니다. 목자木子란 이성계의 성, 이李를 파자한 것으로, 이씨 즉 이성계가 나라를 다스린다는 뜻입니다. 아마도 새로운 나라를 지향하는 신진사대부가 퍼뜨렸을 거라 짐작됩니다만, 어쨌든 이 동요와 아울러 이성계는 고려 마지막 국왕인 공양왕을 폐위시키고 조선이라는 새 나라의 권좌에 앉습니다.

시간이 흘러 1506년, 중종반정으로 연산군이 쫓겨나자 골목에서 아이는 사연도 모른 채 노래합니다.

"충성이 사모냐 거동이 교동이냐 홍청운평 어데 두고 가시밭길로 돌아가느냐."

이는 참요라기보다 연산군의 말로를 비꼬는 동요라 하겠습니다. 노래의 의미를 따져보면 이렇습니다. 겉으로만 충성하던 신하들과 밤낮 끼고 놀던 홍청, 운평 기생은 다 어디로 가고, 강화 교동의 탱자 가시나무 담장에 갇히게 되었냐는 빈정거림입니다. 사실 십삼 년간의 폭정으로 연산군은 강화 교동에 위리안치되어 생을 마감하지요.

또 다른 사례로 숙종 때 장희빈과 인현왕후의 처절한 다툼을 풍자한 참요가 있습니다. 오늘날에도 사극에 자주 등장할 정도로, 당시 누구나 할 것 없이 입에 올렸던 그 사건 중심에 일명 〈미나리요〉가 자리하고 있습니다. '미나리는 사철이고 장다리는 한철이다.' 장희빈이 권세를 잡고 있던 때에 널리 불렸는데, 장희빈은 장다리무·배추 따위의 꽃줄기처럼 꽃이 시들면 사라지지만, 인현왕후 민 씨는 미나리처럼 사철 푸르러 결국 왕비로 복귀할 것이라는 암시입니다. 이 참요는 정확히 들어맞아 얼마 후 장희빈은 사사賜死, 죽일 죄인을 대우하여 임금이 독약을 내려 스스로 죽게 함-편집자 주되고 인현왕후는 다시 복권됩니다.

한편, 참요에 도참 요소가 가미되면 소문은 한층 더 사실처럼 굳혀집니다. 도참이란 앞날의 길흉을 예언하는 것으로 불가사의한 신비성을 띠고 있습니다. 예를 들어 금성대군에 관한 〈순흥요〉를 꼽을 수 있겠습니다. 지금도 경북 영주시 순흥면에 가면 압각수라 부르는 오랜 은행나무가 있습니다. 단종이 노산군으로 강등되어 영월로 유폐되고 그것에 반발한 금성대군도 순흥부^{府}에 위리안치 당하는데, 집 근처에 있던 은행나무가 바로 그 압각수 은행나무입니다. 아무튼 금성대군은 순흥부에서도 단종 복위를 꾀하다가 적발되어 세조에게 결국 목숨을 잃고 맙니다. 그가 죽자 순흥은 부^{府}가 폐지되고, 즈음해서 이상하게 은행나무도 시들어 고목으로 변했습니다.

이어서 항간에 이런 노래가 퍼졌습니다. '은행나무 다시 살아 순흥이 다시 나고 순흥 다음에 노산이 복위한다.' 이때가 1458년쯤으로 알려져 있습니다. 그로부터 노랫말이 계속 사람들의 입에 오르내렸고, 마침내 숙종 9년^{1683년}에 단종이 복위됩니다. 그리고 순흥이 부^{府}로 다시 승격하고 금성대군의 원한을 풀어 줄 사당도 들어서자 거짓말처럼 은행나무에 새순이 돋으며 다시 자라기 시작했다 합니다. 도참의 믿음이 결국 성과를 낸 것이겠습니다. 〈순흥요〉 같은 도참이 만들어낸 희대의 참요 중 대표급은 조광조의 '走肖爲王^{주초위왕}'입니다. 후에 거짓으로 판명되지만, 이 참요로 결국 조광조는 사약을 받게 됩니다.

사연은 이렇습니다. 중종의 신임이 두터웠던 조광조는 개혁의 선결로 부패한 기득권 세력들을 없애려 합니다. 이에 불안을 느낀 훈구 세력들이 오히려 조광조를 제거할 음모를 꾸밉니다. 명분은 조광조 무리가 반역을 꾀한다는 것이었습니다. 그들은 궁궐 내 나뭇잎에다 주초위왕이란 글을 써두고는 글자에 꿀을 발라 놓습니다. 벌레들이 꿀 바른 글씨를 파먹자 走肖爲王 글자가 나뭇잎이 궁 안 사람들의 눈에 선명했습니다. 주초走肖는 조광조 성 조趙 자의 파자로, 이는 곧 조광조가 다음 왕이 된다는 반역을 암시하도록 한 것입니다. 지금으로 보면 말도 안 되는 일이지만, 어찌 되었건 이 참요로 조광조와 주변인들은 처형되었고 기묘사화己卯士禍란 기묘奇妙한 역사를 기록하고 있습니다.

둘째
마당

도둑놈의 수작질

01.

사진을 남길 수 없었던 명성황후

1826년, 프랑스의 조제프 니세포르 니엡스^{Joseph Nicéphore Niepce}가 〈지붕 위의 풍경〉으로 처음 사진을 선보인 이래, 한국인으로 가장 먼저 사진기 앞에 선 사람은 오경석입니다. 역관인 그는 북경을 열세 번이나 다녀오며 일찍이 개화에 눈을 떴고, 1872년 북경에서 프랑스 공사관 필립^{매휘립(梅輝立)}이 찍어준 사진을 가지고 와 조선 사람들에게 보여준 최초의 장본인입니다. 현존하는 이 사진을 보고 처음으로 가장 감명을 받은 사람들은 초상화를 그리던 화원이었습니다. 이들은 왕을 위시해서 고관대작들의 초상화를 많이 그려 냈지만, 사진처럼 똑같이 그릴 수 없었기 때문에 그 충격은 이루 말할 수 없었답니다.

한편, 철종의 어진을 그린 도화서 화원 김용원은 1876년, 김기수가 이끄는 수신사의 수행 화원으로 일본을 다녀오게 됩니다. 그는 일본에서 사진기와 사진을 직접 보고는 본인 스스로 사진술을 배워야겠다고 결심합니다. 귀국 후, 일본 하나부사^{花房義質} 공사에게 기술 연수를 자문 받고 다시 일본으로 건너가 일본인 혼다 슈노스케^{本多收之助}

에게 사진술을 익힙니다.

1883년 서울 저동, 마침내 김용원은 우리나라 최초로 촬영국사진관을 개설하지요. 아울러 서화가 황철과 이듬해에는 고종의 어진을 촬영한 지운영도 개관식을 합니다. 이런 사실을 입증하기 위해 가장 많이 인용되는 것은 1884년 2월 14일, 〈한성순보〉 잡보 란에 나온 다음과 같은 기사입니다.

지난여름 저동에 사는 김용원이 일본의 사진사 혼다 슈노스케를 초빙해서 촬영국을 설립했다. 금년 봄에는 마동에 사는 외무아문 주사를 지낸 지운영 또한, 촬영국을 개국했는데, 그도 일본에 가서 사진술을 배워왔으며 그 기술이 정교하다 하더라.

사진관이 생기자 사진을 찍으려는 사람들이 나날이 늘어갔습니다. 궁중은 물론 고관대작과 돈 많은 중인도 남보다 먼저 찍으려고 사진관에 줄을 섰습니다. 이들의 목적은 초상사진이었습니다. 손으로 그려내는 종래 초상화보다 품도 거의 들지 않고, 더욱이 자신을 쏙 빼닮은 모습의 사진이야말로 진정한 초상화라고 여겼습니다.

그러나 예외도 있었지요. 바로 명성황후입니다. 명성황후는 초상화든지 사진이든지 자신을 드러내는 어떤 것도 달가워하지 않았습니다. 그 연유는 이렇습니다. 1882년 7월, 임오군란이 일어나자 명성황후는 궁녀 복장을 하고 홍계훈의 등에 업혀 궁을 빠져나옵니다. 충주로 피신하는 도중 수차례 군인들에게 검문당하지만, 누구도 그녀가 왕비인지 몰랐던 탓에 위기를 모면합니다. 난이 진압되고 다시 환궁한 명성황후는 이후 자신의 모습이 다른 사람에게 노출되는 것을 거의 병적으로 꺼립니다.

1884년 3월, 고종과 세자^{훗날 순종}가 지운영을 통해 사진을 찍지만 명성황후는 끝내 찍지 않았고, 1895년 시해당할 때까지 어떤 사진이나 초상도 남기지 않았습니다. 시해 당일 일본 낭인들이 건청궁에 난입했지만 누가 왕비인지를 몰라서, 전해들은 모습과 비슷한 여자를 칼로 베어서 궁녀들이 왕비와 함께 많이 죽습니다. 여하튼 목숨을 잃을 때까지 명성황후는 자신의 모습을 남기지 않아서 지금까지 그녀일 거라는 한 장의 사진을 두고 논란이 되고 있습니다.

한편 사진 좋은 것은 다 안다고 할지라도 돈 없는 서민에게는 그저 그림의 떡에 불과했습니다. 그러다 보니 사진을 가진 사람이 부럽기도 하였지만, 능력이 안 되어 찍을 수 없다는 현실에 시기심도 생겨서 차츰 위화감이 조성되었고 급기야 일은 터지고 말았습니다.

1888년 6월, 당시 서울에 있던 외국인들에게는 하루하루가 지옥이었습니다. 불과 몇 주 전 한양에서 아동 유괴 살인사건이 발생하며 동시에 괴이한 소문이 퍼졌기 때문입니다.

"서양인들이 조선 어린아이를 몰래 데려다가 삶아 먹기도 하고, 간은 약으로 쓰고, 눈알은 사진 자료로 쓴다고 하더라."

허무맹랑한 이 유언비어로 외국인이 이유 없이 폭행을 당하고, 어린아이와 길을 나섰던 한 행인은 유괴범으로 몰려 살해당하는 일도 벌어졌습니다. 생명의 위협을 느낀 선교사나 외국 공관원은 아예 문밖출입을 삼갔고, 제중원·시병원·보구여관 등 외국인이 운영하던 서양 병원도 한시적으로 문을 닫았습니다. 사진관을 운영하거나 사진기를 가지고 다니던 사람들이 유독 큰 피해를 보았는데, 그 까닭은 유괴되어 팔다리가 잘린 채 발견된 아이가 유괴되기 얼마 전에 사진을 찍었다는 사실 때문이었습니다.

사태가 더 나빠지자 미국, 프랑스, 러시아 등 서방국가들은 인천에 군인을 집결시켰고, 위기를 느낀 정부도 부랴부랴 유언비어 단속 포고령을 내렸습니다. 7월 초에 겨우 진정 국면에 들어갔지만, 여전히 사람들은 사진 찍기를 거부했고 오히려 "사진기를 나무에 비추면 나무가 말라 죽는다, 셋이서 사진을 찍으면 가운데 사람은 죽는다, 사진을 찍으면 혼이 빠져 미쳐 버린다, 부부가 함께 촬영하면 반드시 헤어진다."라는 끔찍한 말이 더욱 기승을 부렸습니다.

서민들이 사진에 대한 저항감을 가라앉히고 오히려 호감을 느끼게 된 계기가 외국 선교사의 교회에서 있었습니다. 교회는 멀어진 신도를 불러 모으는 일환으로 일명 예배당 결혼식을 치러주고 결혼사진도 무료로 찍어 주었습니다. 이는 당시 서민들에게 큰 화제가 되었으며, 결혼을 위해서라도 교회에 나간다고 할 정도로 인기가 높았습니다. 특히 가족과 함께 찍은 사진은 집안의 보물로 이웃들에게 보여 줄 기분 좋은 자랑거리였습니다. 예배당 결혼식이 결혼사진과 함께 큰 인기를 끌자 불교의 불당과 천도교회에서도 유사한 방식의 결혼식을 올려 주었으며 사진사의 주가도 덩달아 올랐습니다.

1895년 가을, 울분에 찬 사회 분위기와는 무관하게 곳곳의 사진관은 뜻하지 않은 호황을 누립니다. 주된 요인은 단발령이었습니다. 당시 일본은 낭인들을 시켜 국모를 시해하고, 친일 내각을 세워 왕을 허수아비로 만들어 버립니다. 그리고는 왕에게 단발령을 선포케 하고,

왕부터 머리를 깎아서 백성들에게 모범을 보이라 압력을 넣습니다. 마지못해 왕이 단발령을 내리자, 몇백 년 이어온 '신체발부 수지부모身體髮膚 受之父母 불감훼상 효지시야不敢毁傷 孝之始也, 즉 몸과 살갗, 터럭은 부모에게 받은 것이니 어느 것 하나 훼손하지 않는 것이 효의 시작이다.'라는 생각을 지닌 사람들이 자살하거나, 항일의병으로 나서고 아예 산속으로 숨어 버렸습니다. 그런대도 대다수 사람은 임금님의 명은 따라야 한다는 또 다른 신념으로 상투를 잘랐지요. 그런데 이들은 단발하기 전에 먼저 사진관을 찾았습니다. 이유인즉, 상투가 잘려 신체를 망치기 전에 부모님이 물려준 모습 그대로를 사진으로 영구히 보존해 두기 위해서였지요. 사진에 대한 추억이 참으로 서글픕니다.

• 막무가내와 망나니짓 말 뿌리

　길에서 징징거리며 엄마한테 떼쓰는 아이를 가끔 보는데 이럴 때 엄마는 아이를 어르고 달래지만 아이는 전혀 고집을 꺾질 않습니다. 난처해하는 엄마와 눈이라도 마주치게 되면, 슬그머니 시선을 피하지만 속으로는 '그놈 참 막무가내 군.'하며 혀를 찹니다. 막무가내는 이런 상황처럼 고집을 부리거나 버티어서 도저히 어떻게 해 볼 도리가 없을 때 사용하는 말이지요.

　중국 한나라 무제 때, 흉노족과 잦은 전쟁으로 백성들의 생활은 궁핍해졌고, 터전을 잃은 일부 농민들은 산적으로 변해서 약탈을 일삼습니다. 나라에서 군대를 보내어 산적들을 없애려고 회유도 하고 창칼로 공격도 했지만, 산적들은 험한 지형에 요새를 두고 끝끝내 버팁니다. 시간이 흐를수록 관군의 피해만 커가고 산적들을 무찌를 방법이 없게 되자, 관군의 대장이 조정에 "반란군은 험한 산세를 끼고 진지를 쌓아서 아군의 공격은 물론, 기세 또한 하늘을 찌를 듯하여 어찌해 볼 도리가 없습니다."라는 보고서를 올립니다. 이 보고서는 물론 한자로 쓴 것이고, 내용 중에 어찌해 볼 도리가 없다가 바로 막무가내莫無可奈라는 한자입니다. 이 한자는 이후 우리나라에서도 고사성어로 사용됩니다.

　막무가내와 비슷한 의미로 무대뽀라는 말을 간혹 쓰는 사람이 있습니다. 일본 말 무댓보우에서 변했으며, 직역하면 총 없이 싸우려는 군인이고, 뜻은 '생각 없이 제멋대로 행동하는 사람'입니다. 그러나 무대뽀는 일본 말인 데다가 느낌상으로도 그다지 좋아 보이지 않으니까 사용하지 않는 것이 좋겠습니다.

　막무가내와 궁합이 잘 맞는 말로 망나니짓이 있습니다. 제멋대로

거칠게 행동하는 것을 망나니짓이라 하지요. '하는 짓이 꼭 망나니 같
네.'라는 말로 가장 많이 쓰이며 유래도 그럴듯합니다.

조선 숙종 때, 칼을 잘 쓰며 도둑질을 일삼던 마적 두목이 결국 잡
혀서 처형될 날만 기다리고 있었습니다. 오늘인지 내일인지 불안해하
던 어느 날, 감옥의 관리가 두목에게 와서 "네 목숨은 내일까지다. 그
런데 죽지 않는 방법이 딱 한 가지 있는데, 할 수 있겠느냐?"라고 말하
자, 두목은 "무슨 일이라도 할 테니 목숨만 살려 주십쇼."라며 애걸합
니다. 관리는 두목에게 망나니가 되면 살려 주겠노라고 했습니다. 망나
니는 죄인의 목을 자르는 일을 하는 사람으로 두목 자신도 목이 잘릴
사형수였지만 칼을 잘 쓰는 마적이었기 때문에 망나니로 있으라 한 것
입니다.

별생각 없이 두목은 허락하고 자신이 죽어야 하는 날 다른 죄인의
목을 잘랐습니다. 이후 몇 번의 망나니짓을 더 했는데 어느 날부터 꿈
에 자신이 죽인 사람들이 나타나서 괴롭혔습니다. 이후 두목 망나니는
반미치광이가 되어 난폭해지고 행동도 점점 거칠어졌습니다. 사실 사
람의 목을 베야 하는 망나니 생활을 누구라도 제정신으로는 감당하기
힘들었을 것입니다. 그러던 어느 날 두목 망나니는 또다시 사람을 죽여
야 하는 날이 임박해 오자 산으로 도망하여 스스로 목을 매었습니다.

망나니는 사전에 '말과 행동을 함부로 하는 사람'으로 나옵니다. 망
나니의 말 풀이는 막+난+이 즉, 막돼먹은 사람이라 하는데, 이런 근
거로 하면 죄인을 죽이던 사람만이 망나니가 아니고, 사전에 설명한 것
처럼 함부로 행동이나 말을 하는 사람 모두를 포함해야겠습니다. 어원
이란 대개 고증하기도 힘들고 갈래도 많으니까 그것에 집착할 필요는
없고, 다만 어느 상황에서 적합하게 사용되는가만 알면 좋겠습니다.

02.

근대화의 산물 – 활동사진

　예전 어느 학자가 동물원에 대형 스크린을 설치하고 사자 무리가 달려오는 영상을 내보내자, 이를 본 동물들이 이리저리 날뛰면서 그 야말로 아비규환이 따로 없었다고 합니다. 1895년 12월, 프랑스의 한 카페에서 이와 비슷한 상황이 벌어졌습니다. 이날 많은 사람이 카페에 모여 호기심 어린 눈으로 스크린을 바라보고 있었습니다.

　이윽고 실내 불이 꺼지자 스크린에는 멈춰 있는 열차와 분주하게 움직이는 사람들 모습이 나타났습니다. 그리고 몇 초 사이 열차가 움직이다 점차 속도를 내어 사람들 앞으로 다가오자, 카페 안은 순간적으로 괴성이 터지고 바닥에 엎디는 사람, 황급히 몸을 피하는 사람, 고함과 함께 밖으로 뛰쳐나가는 사람 등 일대 소란이 벌어졌습니다. 이것이 처음 활동사진을 접한 사람들의 모습이었습니다. 그리고 카페에서 상영된 세계 최초의 그 영상은 뤼미에르Lumière 형제가 만든 오십 초짜리 〈열차의 도착〉이라는 활동사진이었습니다.

　우리나라 최초로 활동사진을 접한 사람들은, 1896년 5월 러시아

황제 대관식에 참석한 민영환, 윤치호 등 다섯 명의 사절단입니다. 민영환은 사절 기간 중 여러 나라를 들르는데, 그때의 소감을《해천 추범海天秋帆》에 기록으로 남겼습니다. 그 책의 내용 중 러시아의 페테르부르크 극장에서 본 활동사진의 느낌이 생생합니다.

페테르부르크의 어떤 집에 들어가니 캄캄하여 아무것도 보이지 않았다. 그런데 별안간 벽에서 광선이 비치면서 사람이 가고 말이 가는 것이 천태만상으로 활동을 하여 꼭 실제와 같았다. 화첩을 유리에 비춰서 전기로 요동시킨 것이라 하나 그 이치는 알 수가 없다.

적힌 내용을 보면 민영환은 일 년 전 프랑스 사람들처럼 매우 놀란 것 같지는 않습니다.

국내에 활동사진을 소개한 때는 1901년으로 짐작됩니다. 당시 인천에는 담배 회사인〈영미연초〉,〈제물포연초〉,〈동양연초〉가 사활 건 경쟁을 하고 있었습니다.〈영미연초〉는 영국인과 미국인의 합자회사로,〈제물포연초〉는 그리스인이,〈동양연초〉는 일본인이 설립한 회사였습니다. 이들 회사는 나름의 판촉 활동을 전개하였는데,〈제물포연초〉는 자사 담배 빈 갑을 모아오면 추첨을 하여 일 등은 백미 한 가마, 이 등은 광목 한 필, 삼 등은 약주 한 되를 경품으로 주었습니다.

그러나 최고 인기의 판촉행사는〈영미연초〉의 활동사진 보여주기이었습니다. 이 회사는 자사 제품의 빈 담뱃갑 열 장을 가져오면 활동사진을 보여줌으로써 큰 수익을 올렸습니다. 활동사진이 경품보다 더 인기가 좋았나 봅니다. 비록 유럽에서 망가진 필름 일부를 끊어서 환등기 사진과 합성하여 보여 준 것이었음에도 불구하고 당시 사람들은 사진이 나와 논다고 마냥 신기해했습니다.

〈영미연초〉의 판촉행사가 성공하자 이를 모방한 회사는 서울 시내에서 전차를 운행하던 〈한성전기회사〉였습니다. 이 회사는 전차 종점인 광무대의 기계창에 활동사진 시설을 마련해 놓고 정기적으로 상영을 하였습니다. 1903년 6월 23일 자 〈황성신문〉에 게재된 광고 문안을 지금에 맞게 풀어 보겠습니다.

동대문 내에 있는 당사는 기계창에 활동사진 시설을 갖추고, 일요일과 비 오는 날을 제외하고는 매일 저녁 8시부터 10시까지 활동사진을 상영합니다. 대한제국 및 구미유럽 주와 아메리카 주-편집자 주 각국의 도시 모습과 자연경관을 준비하였으니 많은 참관 바랍니다. 요금은 십 전입니다.

이 광고를 통해 알 수 있는 것은 활동사진의 상설 상영 공간이 마련되었다는 점과 적은 돈일지라도 요금을 받았다는 것입니다. 하지만 〈영미연초〉 회사나 〈한성전기회사〉의 활동사진 상영은 자사 수익을 위한 판촉의 수단으로만 활용된 것이고, 활동사진 자체가 상업화되어 전용 영화관이 들어선 때는 1910년 이후로 추정됩니다.

〈매일신보〉 1913년 3월 6일 자, 지금으로 말하면 유머 코너에 다음과 같은 대화가 적혀 있다고 합니다.

교사: 애, 네 나이 몇 살이냐?

아이: 무슨 나이 말씀이 오니까?

교사: 나이도 여러 가지 종류가 있느냐?

아이: 네, 내 나이는 세 가지 야요. 학교에서는 여덟 살, 집에서는 일곱
살이오, 전차를 타거나 활동사진 구경을 갈 때에는 네 살 이야요.

이 대화에서 주목할 대목은 "활동사진 구경을 갈 때에는 네 살 이야
요."입니다. 아마도 네 살 이하 어린이는 공짜로 구경할 수 있었나 봅니
다. 또한, 1913년에는 이미 어린이도 알 정도로 전용 영화관이 곳곳에
있음을 알 수 있습니다. 기록상으로도 이 당시 서울에는 경성고등연예
관1910년, 대정관1910년, 황금관1913년, 우미관1913년, 단성사1910년 등의 영화
관이 유명했고 특히 우미관과 단성사는 한국인 전용 극장이었습니다.

활동사진의 구성도 이 시기에 많이 변합니다. 그동안에는 있는 그
대로의 모습을 영상화한 일종의 기록물이었지만, 이때부터 대본을 만
들고 인위적인 연출과 각색을 한 순수 영화가 등장합니다. 그러나 대
부분 서양 영화를 그대로 가져와 상영하였으며, 무성영화인 까닭에
줄거리를 풀어나가는 이야기꾼 즉, 변사에 따라 영화의 흥행이 판가
름 났습니다.

우리나라 최초의 영화는 〈의리적 구투〉로 1919년, 단성사에서 개
봉됩니다. 줄거리는 재산을 노리는 계모가 주인공송산을 흉계에 빠뜨
려 온갖 역경을 겪게 되지만 끝내 계모 일당을 물리치고 다시 가문을
일으킨다는 내용입니다. 그러나 이 영화는 연쇄극으로, 기본 줄거리
는 연극으로 이어 가면서 무대에서 해결할 수 없는 장면만 영화로 찍
어 삽입하였기 때문에 완성도는 많이 떨어진다고 하겠습니다.

1935년에 비로소 우리 손으로 발성영화 〈춘향전〉을 선보이게 되
며 영화사에 새로운 전기가 마련됩니다. 발성영화는 한국 영화의 수

준을 향상하면서 우리 정서에 맞는 훌륭한 줄거리를 창작해 냅니다. 그러자 민족의식 고취가 못마땅했던 일본이 1940년, 이른바 〈조선영화령〉을 내세워 한국 영화계에 탄압을 가해 해방 전까지 또다시 깊은 침체기를 맞습니다.

1950년대 후반에 와서야 한국 영화계는 다시 기지개를 켭니다. 아울러 과거의 영세한 수준을 탈피하고 어느 정도 현대적인 스튜디오와 기자재를 마련하는 한편, 새로운 영화 인력을 갖추어 활력 있는 모습으로 성장합니다. 이 당시 우리 영화사에 한 가지 빼놓을 수 없는 이야기가 있습니다. 지금은 아무것도 아니지만, 최초의 키스 장면을 보았을 때의 관객들 반응이 격렬하여 소송까지 휘말렸습니다.

서양에서는 이미 1886년 영화 속에 두 남녀가 끌어안고 뒹굴고 있었는데 한국은 1954년 〈운명의 손〉이란 영화에 처음으로 남녀가 입을 맞추는 장면이 들어 있었지요. 그러나 지금처럼 낯 뜨겁게 입맞춤한 것도 아니고 죽어가는 여주인공에게 가볍게 이별의 입맞춤한 것을 가지고 여배우 남편이 감독과 극장을 상대로 고소하였던 겁니다. 어쨌든 이 영화는 상영하는 극장마다 한쪽에서는 환호를, 또 한쪽에서는 야유의 휘파람 소리가 난무하였다고 합니다.

이것이 근대화의 산물로 활동사진에서 영화로 한 세기를 풍미하며 백이십 년 이 땅에 굳건히 뿌리내린 우리의 영상문화입니다. 비록 서양으로부터 시작되었지만 우리는 어느새 세계 IT 강국으로서, 영화뿐만 아니라 드라마, 디엠비DMB, Digital Multimedia Broadcasting, 이동 멀티미디어 방송 소프트웨어에 이르기까지 한류를 전파하며 세계의 영상 산업을 주도하는 나라가 되었습니다.

03.
돼지 오줌보로 축구하던 시절

우리나라에 축구가 처음 선보인 때는 1882년입니다. 불평등 강화도 조약으로 나라가 문호를 개방해야 하는 어수선한 시기에, 영국도 조선과 거래를 트고 이익을 챙기려고 슬그머니 인천 앞바다에 플라잉피시호를 정박시킵니다. 당시 영국과는 외교 관계를 맺기 전이었기 때문에 조선 정부의 눈치만 보면서 지루한 시간을 뱃전에서 보내고 있었습니다. 그러나 가끔 부둣가에 내려 무료함을 달래면서 본국에서 가지고 온 축구공으로 부둣가 한편에서 축구를 하였습니다.

이것이 우리 땅에서 축구를 시작한 최초입니다. 이 당시 이미 영국에서는 풋볼 협회가 창립된 지 십구 년이 지난 후라 영국 선원이 한국에서 보여준 축구는 오늘날과 거의 같은 방식이었습니다. 이때부터 한 달 뒤 조선 정부는 영국과 수교협상을 위해 공식적으로 상륙할 것을 허락합니다. 협상단을 이끈 영국은 서울로 입성하였으며 협상이 진행 중인 틈틈이 영국 병사들은 군인 훈련원_{구 동대문운동장} 터에서 편을 갈라 축구 경기를 했습니다. 이때 서울 사람들은 꽤 신기한 눈으로 경기를 지켜보았는데, 경기가 끝난 후 영국인은 수십 개의 축구공을 구경나온 조선인들에게 나누어 주면서 호의를 보였습니다.

한편 한 달 전에 이미 인천 부둣가 어린이들에게도 서울처럼 축구공을 나누어 주었답니다. 아이들은 둥그런 축구공으로 영국인을 흉내내며 현재 제물포 고등학교 자리인 웃터골에서 축구를 하였다고 합니다. 그러니까 한국인이 축구를 처음 한 곳은 인천의 웃터골입니다. 축구에 재미들인 아이들은 입으로 전국 도시에 축구 이야기를 전했습니다. 그러나 축구공이 절대적으로 부족하여 아이들은 새끼줄을 둘둘 뭉쳐 차기도 하고, 털이나 솜을 가죽 띠로 둥글게 말아 축구 시늉을 하였습니다. 그리고 무엇보다도 압권은 소나 돼지의 오줌보에 바람을 불어넣어 축구공을 대신한 일입니다. 특히 돼지 오줌보 공은 탄성이 좋아서 인기가 좋았고 1960년대까지도 여전히 축구에 사용하였습니다.

축구를 하려면 넓은 공터가 있어야 했기에 동네 시장터가 좋은 장소였고, 절 앞 큰 마당이나 벼를 벤 논바닥도 아이들에겐 더할 나위 없는 훌륭한 경기장이었습니다. 그러나 축구에 대한 용어가 정립되지 않은 때라 처음엔 축구를 척구蹠球라 부르거나 그냥 공차기라 하였습니다. 골키퍼는 문지기라 했고 공격수는 공을 문에 넣는 사람이라 해서 널포라 불렀습니다. 규격에 맞는 장소가 흔치 않았기 때문에 골대는 상황에 맞게 돌 더미나 대나무로 간격을 조절했고, 골대 높이는 정해져 있지 않아서 그냥 골키퍼 머리 위로 공이 넘어가면 골로 인정하였습니다. 팀의 인원은 제한 없이 그저 양쪽 선수의 숫자만 같으면 되었는데, 보통 한쪽에 열다섯 명을 넘지 않았다고 합니다. 경기 시간도 시계가 없던 시절이라 그때의 상황에 따라 종료했으며, 특히 어느 팀이든지 기진맥진해서 백기를 들면 끝났다고 합니다. 득점이 없거나 같은 경우, 지금처럼 승부차기 하는 것이 아니라 경기 중에 반칙한 숫자로 승부를 갈랐습니다.

아이들 축구야 그렇다 해도 상투 차림의 어른 축구 모습은 그야말로 가관이었습니다. 비록 개화사상을 빠르게 도입하여 의식주를 많이 바꾸었지만, 여전히 헐렁한 바지와 저고리 차림의 한복을 입었습니다. 머리카락만큼은 자를 수 없다 하여 상투를 틀고 갓을 쓴 채 아주 독특한 축구 차림새로 등장했습니다. 선수들은 입장할 때는 모두 갓을 벗어야 했습니다. 그러나 상투 머리가 흐트러지므로 머리를 죄는 망건은 허용되었습니다. 그러니 지금 같은 헤딩은 엄두조차 내지 못했습니다. 저고리 앞자락은 경기 중에 자주 풀려서 조끼나 배자를 입어 나풀거리는 것을 막았습니다. 그래서 팀 구별은 자연스럽게 조끼의 색깔로 구분하거나 한쪽은 조끼, 다른 팀은 배자로 유니폼을 구별하였습니다.

기술이랄 것도 없이 그저 공이 굴러가는 데로 서로 뺏고 뺏기며 시합을 즐겼으며 굳이 잘한 선수를 꼽자면 역시 골을 많이 넣은 선수였습니다. 앞서 이야기했듯이 골대 높이가 정해져 있지 않아서 골키퍼 머리 위로 공을 넘기면 골로 인정했기 때문에 멀리, 높이 차는 선수를 일류선수로 칭찬하였습니다. 선수가 공을 드리블하며 골대에 다가설 즈음에는 응원하던 사람들이 다 같이 들어 뻥을 외쳤는데, 들어 뻥은 말 그대로 골키퍼 머리 위로 높이 차기를 희망하는 함성이었습니다.

축구가 지금의 방식과 규정을 따르며 선수다운 모습을 갖추는 시기는 축구 도입 이십 년 만인 1902년으로 보아야 할 것입니다. 당시 서울 정동에 있던 관립 외국어 학교의 프랑스어 교사이던 마텔Emil Martel이 축구의 틀을 갖추고 선수를 배출하면서부터였습니다. 그러니까 우리나라 축구는 종주국 영국이 소개하고 프랑스인이 제대로 보급한 것이라 할 수 있겠지요. 마텔이 축구부를 창설하자 다른 학교에도 생겨 마침내 축구다운 경기를 개최합니다. 국내에서 처음으로 공인된 축구시합은 1906년 5월 4일이었습니다. 장소는 서울 동소문 밖에 있는 봉국사 아래 공터였습니다. 이 경기 이후에 지방에 많은 축구팀을 만들며 축구시합도 곳곳에서 왕성하게 펼쳤습니다.

축구시합이 있는 날, 특히 한일전의 성격을 띤 시합 날이면 시내의 상점은 철시하다시피 하고 축구의 축자도 모르는 사람까지 열병에 들뜬 것처럼 경기장에 모였습니다. 어른은 빈 석유통을 두드리며 응원하고, 아이는 째지는 목청으로 마음껏 소리쳐서 그 함성에 선수들 귀가 먹먹했지요. 지게에 생선과 조갯살을 가지고 다니며 장사를 하던 사람이 축구 구경에 열중한 나머지 한낮 더위에 조개와 생선을 다 썩혔다는 이야기도 전해옵니다.

04.
과세 안녕하십니까

해마다 정초에 우리는 주변 사람들과 새해 인사를 나눕니다. "복 많이 받으세요, 부자 되세요, 건강하길 바라요, 하시는 일 번성하세요." 등 다양한 덕담을 주고받지요. 이 중에 가장 흔히 쓰이는 인사는 단연코 "새해 복 많이 받으세요."일 것입니다.

복은 중국 한자 福으로, 풀어보면 示 - 一 - 口 - 田 입니다. 이 뜻은 '한 식구에게 충분히 먹을 밭이 생긴다.'이지요. 부자의 부富도 거의 같은 의미를 내포하고 있습니다. 따라서 복과 부는 '먹고사는 데 지장이 없음.'의 다른 말이며, 상대에게 그리되길 바라는 미담이라 하겠습니다.

그러나 "복 많이 받으세요."라는 새해 인사는 불과 몇십 년 전부터 사용되고, 그 말보다 지금은 거의 사용치 않는 "과세 잘하셨습니까?" 또는 "과세 안녕하셨는지요."라는 인사로 새해를 열었습니다. 과세過歲는 사전적 의미로 '설을 쇠다'입니다. 그래서 과세나 잘했나 하면 "설을 잘 보냈나?"또는 "설 제사상에 약주라도 올려놓았나?"라는 뉘

앙스가 있습니다. 설 인사치고는 뭔가 어색함이 묻어납니다. 그뿐만 아니라 이 과세 인사를 한 해 두 번 해야 하는 어정쩡함이 한 세기를 훌쩍 넘긴 지금도 이어집니다. 원인은 양력 1월 1일과 음력설이 상존하기 때문이지요.

설은 음력으로 한 해가 시작하는 첫날, 즉 정월 초하루 명절입니다. 그런데 양력이 도입된 1896년부터 설 명절의 개념이 모호해졌습니다. 정부 시책을 따르는 사람들은 이른바 양력설을 세고, 민간에서는 여전히 음력 명절을 즐겼습니다. 이렇다 보니 새해 인사를 두 번씩 해야 하는 상황도 생깁니다. 설에 대한 혼란은 신정新正·양력 1월 1일과 구정舊正·음력 1월 1일이란 말을 만들어, 설을 두 차례에 걸쳐 쉰다는 뜻에서 이중과세란 말도 생겼습니다. 이러한 사회 현상을 1959년, 모 일간지가 잘 담아내고 있습니다.

구정을 금한다, 치안국에서 떡방아를 못 찧게 한다 해도 설은 역시 음력설이라야 우리 설같이 느껴지는 풍습은 쉽사리 고쳐지지 않는 모양이다. 더구나 금년은 설이 일요일이라 학교도 쉬니 거리가 명절 냄새로 풍길 것이고 세뱃돈의 저금통도 불어날 것이다. 얼마 전만 해도 그믐날 저녁때 어둠이 깃들면 동네 청년들이 초롱을 해 들고 떼를 지어 어른들께 세배드리러 다녔다. 흰 두루마기에 갓을 쓴 청년들이 어두운 골목길을 쏘다니노라면, 새로 빳빳이 풀을 먹인 바지저고리 스치는 소리가 동네 처녀들의 가슴을 공연히 설레게도 했었는데, 양력설과 음력설의 두 갈래에 끼여서 이제는 이런 모습도 그럭저럭 없어지는 것 같다.

청마 유치환 시인도 1963년 내놓은 수필집《나는 고독하지 않다》

에서 "설 기분이 흐리멍덩한 이유는, 어쩌면 음력 과세와 양력 과세의 설날이 우리에게는 둘이나 있어 오히려 이것도 저것도 설 같지 않은 때문인지도 모른다."라고 꼬집었습니다.

사실 설은 일제에 나라를 빼앗긴 1910년부터 본격적으로 수난을 겪습니다. 일제는 우리의 전통문화를 말살하기 위하여 음력설을 구정이라 부르며 폄훼하였습니다. 신정은 신문명이고, 음력설은 조선의 낡은 풍습이기에 사라져야 한다는 논리였습니다. 일제 초기에는 공무원이나 행정 관료들에게 국한하여 정책으로 강요를 하였지만, 군국주의 치하 1930년대에는 일반 서민들에게까지 음력설을 금지하는 문화적 탄압을 시작하였습니다.

그 당시에는 양력 1월 1일에 누가 일본식 신정오쇼가쯔을 지내고 있는지 살폈고, 구정이 다가올 즈음에 일본 순사는 떡 방앗간 대문에 못을 박고, 예쁜 설빔에 먹물을 뿌려 설 분위기를 해쳤답니다. 이런저런 핑계를 대며 고향을 찾는 사람을 감시의 대상으로 보고, 설 차례는 허례허식이라며 금하였습니다. 이러다 보니 민간에서 설이 되면 마치 죄 짓는 양 은밀히 떡 가래를 뽑아야 했고, 만나는 사람끼리 귓속말처럼 "과세 잘 치렀습니까?"라며 속삭였습니다. 순사 눈을 잘 피했냐는 서글픈 반문이겠지요. 마침내 광복되고 이듬해인 1946년 2월, 우리는 모처럼 설다운 설을 만끽합니다. 당시 풍경 역시 신문기사로 확인해 볼 수 있습니다.

해방 후에 처음 맞는 구정, 이날은 시내에 있는 각 관청, 회사, 학교, 신문사도 전부 쉰다. 조선 사람은 과거 구정을 맞이하려고 애를 썼으나 일본 제정은 구정 폐지를 강요해서 한 번도 우리 설이라고 즐겨 본 적이 없었던 것이다. 없는 쌀을 절약해서 적으나마 떡도 하고 밥도 해서 조선 해방을 보지 못하고 돌아가신 선조의 제상 위에 받쳐 놓은 각 가정의 구정의 아침은 퍽 명랑하다.

그러나 이도 잠시, 1949년 이승만 대통령은 양력 1월 1일 신정만을 공휴일로 지정하고 음력설은 허용치 않는 종래 일제 강점기를 답습하지요. 그뿐만 아니라 당시 기독교인이 1퍼센트도 안 되었는데, 낯선 서양 풍습인 크리스마스를 휴일로 지정하자 민심은 부글부글 끓었습니다.

박정희 정권이 들어서며 또다시 설에 대해 은근한 기대를 하였지만, 정부는 한 발 더 나가 구정은 시간과 물자 낭비를 초래한다며 더욱 가혹하게 탄압하였습니다. 설을 전후에 관공서, 은행은 물론이고 일반 기업도 쉬지 못하게 압력을 가했지요. 그러나 50년의 탄압에도 굳건히 이어온 설 풍습을 막는다고 될 일도 아니었습니다. 오히려 1967년에 한 신문기사에서, "가게들은 문을 닫았고 관공서나 은행은 형식적으로만 문을 열었을 뿐 일이 손에 잡히지 않는 모습이었다. 법원에서도 재판이 열리지 않았고 경찰서에도 민원서류가 들어오지 않았다. 반면 서울역 등에는 귀성객이 몰려 혼잡했다."라며 '휴일은 아니지만 사실상 휴일의 모습'이라고 쓰고 있습니다. 그리고 여전히 눈칫밥 신세인 양 설 인사는 여전히 "과세 잘 보내셨습니까?"였습니다.

1985년, 전두환 정부는 음력 1월 1일 하루를 휴일로 정합니다. 그런데 설이라는 고유 이름을 엉뚱하게 '민속의 날'로 둔갑시킵니다. 아무튼 이 시기부터 새해 인사가 과세에서 차츰 복이나 건강으로 바뀌기 시작합니다.

1989년, 국민이 직접 투표하여 탄생시킨 노태우 정부에 비로소 설이라는 말이 등장하고, 대통령령으로 〈관공서 공휴일에 관한 규정〉이 개정되면서 설 연휴 기간을 사흘로 늘려 바야흐로 설다운 설이 정착됩니다. 개화기와 식민지, 산업화 시대를 지나는 백 년 동안 푸대접받아온 설이 부활한 것이지요. 이후 "과세 안녕하십니까?"라는 설 인사는 역사 속으로 사라지고, "새해 복 많이 받으세요."가 훈훈한 설 인사로 자리 잡습니다.

05.
도둑놈의 수작

최근 마이스MICE 산업이 국가 신성장 동력산업으로 주목받고 있습니다. 마이스란 회의Meeting · 포상관광Incentives · 컨벤션Convention · 전시회Exhibition의 영어 머리글자를 딴 용어로 여수 세계엑스포 같은 초대형 박람회를 개최하는 일부터 국가 정상회의와 각종 국제회의 개최, 상품 · 지식 · 정보 등의 교류 모임 유치, 각종 이벤트 및 전시회 개최 등이 모두 마이스MICE 산업입니다. 마이스 산업은 관련 방문객들의 규모가 크고, 방문객 일 인당 지출이 일반 관광객보다 훨씬 크기 때문에 새로운 산업 분야로 주목받고 있습니다. 방문객들에 의한 개최 도시 홍보 효과 등의 문화적 효과도 크기 때문에 세계 주요 도시들의 마케팅 수단으로 인식되기도 합니다. 그러나 이러한 마이스 산업을 예전 우리나라 관료들은 어떻게 바라보았을까요?

우리나라가 처음으로 참가한 엑스포는 1893년고종 30년, 미국 시카고 박람회입니다. 1882년, 미국과 수교 이후 미국 대통령의 권유로 참가하게 되었는데 고종은 참의 내무부사 정경원과 열 명의 궁중 악사들을 박람회에 보냅니다. 전시관은 기와를 얹어 한옥 스타일로 꾸몄으며 전시 품목은 농산물 가공식품, 인삼, 자개장, 도자기, 갑옷, 가마, 자수, 관복 등으로 서양인들의 호기심을 자극하였지만, 일본과 중국보다 규모가 너무 작아 큰 인기는 없었다고 합니다. 정경원 부사는 엑스포를 다녀온 후 기행문을 남겼는데 그 내용 중에 특히 흥미를 끄는 것은 다음과 같은 구절입니다.

> 박람회장에는 오페라 극장, 희마장경마장, 청인희원가수 연예인 등이 많아 각국에서 사람을 많이 오게 하여 돈을 쓰게 하는 도둑놈의 수작을 벌이고 있다. 시카고 인심은 고약하고 돈만 아는 수전노들이어서 하루 호텔 방값이 보통 이 불지금의 삼십만 원 정도이었다.

정경원 부사는 엑스포를 도둑놈의 수작으로 여겼는데 관광산업의 개념이 없던 당시의 조선을 생각해보면 어쩌면 당연한 일일 수도 있었겠지요. 그리고 시카고 인심을 향해 눈을 흘겼던 동방예의지국의 이 선비는 손님을 초대하여 돈이나 뜯어가는 박람회의 광경이 이치에 맞지 않는 무례로밖에 보이지 않았을 것입니다. 고종 실록에도 정경원의 결과 보고 기록이 남아 있습니다.

고종께서 지시하시기를 "미국 물품들이 어느 정도 희한하던가?" 하니 정경원이 답하기를 "매우 번창하였습니다."라고 하고 이어서 "모두 몇 나라가 모였던가?"하니 "마흔일곱 개 나라였습니다. 일본에서는 관리가 와 있었으나 중국에서는 그저 상인이 가겟방을 받았습니다.""우리나라에서도 한 채의 집을 지었는가?"하니 "박물 총원전시장 가운데에 우리 식으로 집을 짓고 구운 기와를 덮었습니다.""어떤

물건을 가장 좋아하던가?"하니 "자개장, 수놓은 병풍 등의 물건은 각
국 사람들이 애착하며 칭찬한 것으로서 상패^{감사패}도 준다고 하는데
미국 공사 앨런^{Horace Newton Allen}에게 부쳐 보내겠다고 합니다.""출품한
물품값이 미국 돈으로 얼마가 되는가?"하니 "천백 사십여 불^{지금 돈 일}
^{억 육천만 원}입니다."라고 정경원이 대답합니다.

시카고 박람회 이후 1900년 4월 파리 박람회에도 우리나라가 참
가하는데 당시 프랑스 신문 〈르 프디 주르날^{Le Petit Journal}〉이 코리아 관
관련 기사를 상세하게 묘사합니다. 당시 한국관은 프랑스 건축가 페
레^{Ferret}가 설계를 맡아서 한옥의 미를 한껏 살려낸 목재 건물이었습니
다. 전시품으로는 관복과 부채, 담뱃대, 머리띠 등 장신구, 나전칠기,
병풍, 가구, 생강 분쇄기, 농경 기구 등을 소개합니다.

신문은 특히 우리나라 출품작을 소개하면서 이를 통해 19세기 조
선의 풍습을 흥미롭게 전합니다. 우선 '몇 년 전^{1894년} 청일전쟁의 원
인이 되었던 한국은 면적 이십일만 팔천 제곱킬로미터인 반도이며,
인구는 천이백만에서 삼백만 명을 지닌 독립국'이라고 소개합니다.
또 '주식은 밥이지만 북쪽에서는 메밀 죽을 먹는다. 개고기는 환자들
의 보양식이다. 과일을 즐겨 먹으며 오이 · 사과 · 자두 · 귤 · 무 · 배
추 · 감자를 좋아한다. 조류와 야생 짐승은 거의 먹지 않고, 돼지고기
와 소고기를 구워 먹는다. 모든 음식은 맵게 먹으며 참기름, 채종유,
아주까리기름으로 요리한다.'라고 적습니다. 아울러 음료로 쌀 끓인
물과 일종의 쌀 맥주를 즐겨 마신다고 했는데, 이것은 숭늉과 막걸리
를 의미하는 것으로 보입니다. 신문은 '한국인은 동물의 젖은 절대 마
시지 않고, 소에서 우유를 짤 줄 모른다.'라고도 곁들였습니다.

머리띠, 보석, 목걸이, 부적, 브로치 등 장신구 가운데서도 참빗이

매우 신기했나 봅니다. 참빗을 가려움증용 빗으로 소개하면서 너무 긁으면 괴로울 게 분명하다는 재미있는 촌평을 했으니 말입니다. 다른 진열대에는 아름다운 도자기로 가득 채웠는데, 전통을 믿는다면 극동에서 도자기를 발명한 것은 조선인이라는 평을 살짝 얹어 놓았습니다.

담뱃대는 신분이 높을수록 길이가 긴데, 어찌 보면 아편을 피울 때 쓰는 아편대로 착각할 수 있지만, '한국에서는 이런 마약이 엄격히 금지돼 있다.'고 썼습니다. 신문은 또 의상에서 가장 독창적인 부분은 갓이라면서 '밖에서는 모자를 절대 벗지 않지만 다른 사람과 대화 때 벗지 않으면 실례'라는 점을 강조했습니다. 여자는 치마, 저고리, 가운 같은 긴 드레스를 입는데 외출 시에는 얼굴을 완전히 가린다며 신기해했습니다.

서적 진열대에는 《불경1361년》과 《팔만대장경1368년》, 《삼국사기1644년》 등 고서가 진열되었으며, 한국의 목판 인쇄술은 아주 오래전으로 거슬러 올라가며 9세기부터 서적이 널리 배포되었다고 적고 있습니다. 신문은 이어 '조선 언론이 프랑스보다 더 오래되어 1577년까지 거슬러 올라간다.'면서 '이것에는 왕의 명령과 발행 일자, 국가 제사의 종류도 실렸다.'고 기술했습니다. 이 신문이 말하는 조선 언론은 바로 1577년선조 10년, 민간업자들이 조정의 허가를 받아 정부가 발행한 〈조보朝報 · 조선 시대 승정원이 주요 소식을 필사해 관서에 배포한 관보〉를 매일 발간한 뒤 독자들에게 구독료를 받고 배포한 것을 지칭하는 듯합니다.

• 〈조보〉에서 나온 기별의 뜻

경복궁의 근정전에 가려면 세 개의 문을 통과합니다. 먼저 광화문을 거친 후 흥례문을 지나고 근정문을 넘어야 하지요. 그런데 흥례문과 근정문 사이의 좌측으로 지금의 청와대 부속실 역할을 하던 궐내 각사로 이어지는데, 잘 눈여겨보면 기별청奇別廳이라는 현판을 발견할 수 있습니다. 바로 이 장소에서 기별이라는 말이 생겨났습니다.

조선 시대에 국가에서 발행하던 신문은 〈조보〉입니다. 조보는 한자로 朝報 즉, 조정의 소식을 말합니다. 이 신문은 왕의 명령을 전달하는 승정원에서 관장하는데, 그 날의 주요 소식들을 묶어 서울 및 지방 관청에 배포합니다. 〈조보〉를 제작하던 곳이 기별청으로, 거의 필사에 의존하였으며 필사는 기별청 소속의 기별서리가 맡았습니다. 제작 업무를 기별청에서 맡다 보니 〈조보〉를 그냥 기별지라고도 불렀답니다.

완성된 〈조보〉를 서울 사람은 지금의 조간신문처럼 당일 아침에 볼 수가 있었지만, 지방의 경우는 닷새 내지 열흘 치 또는 한 달 분량을 묶어서 받아 봅니다. 사정이 이러하다 보니 지방에서 나랏일을 한눈에 알려면 기별청에서 발송하는 〈조보〉를 기다려야 했기에, 도착이 늦어지거나 하면 '기별청에서 왜 소식이 없지?'라는 말을 쓰다가 나중에는 '왜 기별이 없지?'로 축약되었습니다.

그래서 '왜 소식이 없지?'와 '왜 기별이 없지?'가 혼용되다가 어느 때부턴가 소식과 뜻이 같은 말로 기별이 굳어졌습니다. 대표적인 예가 '간에 기별도 안 간다.'입니다. 이 말은 먹을 음식의 양이 너무 적거나, 먹고 나도 포만감을 느끼지 못할 때 불만스럽게 뱉는 말인데, 여기에서 기별은 소식보다는 느낌 혹은 만족감에 가깝습니다.

한편, 기별지 〈조보〉는 순 한문체로 내용은 주로 왕의 명령과 지시, 조정의 주요 결정사항, 관리 임명이었습니다. 충효나 정절 등에 관한 사건도 비중 있게 다룸으로써 조선왕조의 지배이념이었던 유교 사상을 널리 전파하고 강화하는 기능도 담당했습니다. 그밖에 자연재해나 농사에 관한 정보도 알렸는데 이러한 점에서 보면 〈조보〉는 오늘날의 신문과 기능 면에서 비슷합니다. 다만 독자가 중앙 및 지방 관리로 한정되어 완벽한 언론지의 역할은 하지 못했습니다.

그런데도 정보에 대한 욕구는 시대 고금을 막론하고 있기 마련이어서 비밀리에 〈조보〉를 훔쳐서 복사하여 파는 일이 빈번했습니다. 급기야 선조 때 일은 터지고 맙니다. 불법으로 〈조보〉를 팔고 사는 행위를 국가기밀 누설로 간주하고 대대적인 단속에 들어가서 많은 이들이 처벌됩니다. 이 사건으로 한동안 판매가 주춤하였지만 그럴수록 〈조보〉의 가치는 높아져 완전히 근절하진 못했다고 전해집니다.

06.
다이아 찡은 만병통치약

1904년 2월 8일, 일본 해군이 러시아군의 뤼순旅順항을 공격하면서 러일전쟁이 시작됩니다. 이 전쟁을 위해 일본은 이미 이 년 전부터 준비를 철저히 해온 터라 큰 저항 없이 뤼순항을 빼앗고 여세를 몰아 만주까지 진격해 들어갑니다. 한편 전쟁 선포도 없이 쳐들어오는 일본군에 크게 당황한 러시아는 후퇴를 거듭하다가 만주에서 전열을 정비합니다.

러시아군이 만주에서 전선을 형성할 수 있었던 이유는 러시아의 주력부대가 합류했기 때문이었지만, 일본군 스스로 공격의 고삐를 늦추었습니다. 만주의 수질이 나빠서 병에 걸려 죽는 병사들이 속출했기 때문입니다. 일본 정부는 즉각 병사들의 병을 고칠 수 있는 신약개발을 본토 제약회사들에 의뢰하였고, 여러 제약사 중에 〈다이코 신약〉 제품이 가장 탁월한 효과를 보여 군인 한 사람당 육백 알씩 지급합니다.

그리고 전쟁이 일본의 승리로 끝나자 일본 천황은 기쁜 나머지 〈다이코 신약〉의 제품이 러시아를 정벌하는데 기여한 약이라며 '정征벌할 정로러시아 로露환약 환丸'이라는 제품명을 지어 줍니다. 이런 연유로 '정로환'이 유명해졌고 〈다이코 신약〉은 최고의 제약회사로 우뚝 섭니다. 이후 한국에서 일본산 '정로환征露丸'은 비상 상비약으로 인기를 누렸고 1972년, 〈다이코 신약〉이 한국의 〈동성제약〉에 기술을 전수하여 이름을 바를 정正으로 바꾼 '정로환正露丸'을 국내에 시판하며 오늘에 이릅니다.

백여 년 역사의 '정로환'은 지금도 약국에서 잘 팔리는 반면, 1960년대까지 한 시대를 풍미하며 우리 곁을 지켰다 사라진 서양 약이 하나 있습니다. 텔레비전 드라마 〈제중원〉에서 자주 소개하던 '금계랍또는 키니네'이 그것인데, 이 금계랍은 1884년, 독일 〈세창양행〉에서 수입된 약으로 말라리아학질 치료제였습니다.

그 당시는 여름철 모기 극성에 아이들이나 노약자들이 학질에 쉽게 걸렸고, 그럴 때마다 한방이나 전래하는 민속 처방에나 의존하여 꽤 고생하였습니다. '금계랍'이 나와서 당시로써는 혁명과도 같았습니다. 학질에 걸리면 아무리 더운 여름철이라도 사정없이 춥고 떨렸는데 이럴 때 '금계랍'의 노란 알약은 최고의 구세주였던 거지요. 그런데 이 금계랍은 그 맛이 너무 써서 다 큰 아이가 여전히 엄마 젖을 보채면, 어머니들은 이 '금계랍'을 빻아서 젖꼭지에 살짝 묻혀 놓아 아이가 젖을 멀리하게 하는 데에 효과를 보았고, 자기의 손가락을 입으로 빨고 다니는 아이에게도 '금계랍'만한 것이 없었습니다.

'금계랍'이 보급되던 당시 지금의 〈동화약품〉 창업자 민병호는 1897년, 달콤하고 약간 톡 쏘는 물약 소화제 '활명수'를 개발합니다. '활명수'는 지금도 명 소화제로 그 명성을 구가하고 있고 이를 처음 개발한 민병호는 당시 〈제중원〉에서 근무한 경험을 바탕으로 서양 의학에 한방을 접목하여 소화제 '활명수'를 탄생시킵니다. '은단'과

'용각산'도 이때부터 비롯되어 제조사나 상표는 달라도 지금도 그 위용을 떨칩니다.

해방 직후 미군은 '다이아 찡'이라는 약을 상비약으로 가져왔는데 이 약은 폐렴, 임질, 이질, 설사, 곪은 곳에 특효약이었습니다. 변변한 약이 없던 그 당시, 이 약은 말 그대로 만병통치약으로 통했습니다. 웬만한 병이면 '다이아 찡'을 먹었고 그 인기가 하늘을 찔러 길에서도 시장에서도 팔았으며 사탕 사 먹듯이 '다이아 찡'을 사 먹었습니다. '다이아 찡'은 사실 감염 질환에 사용되는 살균제였는데 당시의 사람들은 비교적 항생제에 내성이 없던 때라 여러 증상에 신통 맞게 잘 나을 만큼 효과가 있었습니다.

6.25 전쟁 이후 '다이아 찡'으로도 치료가 안 되는 내성 환자가 점점 늘어났는데 놀랍게도 이때 혜성처럼 등장한 약이 페니실린입니다. 페니실린은 항생제로 그동안 치료가 안 되는 여러 감염증을 단숨에 치료하며 사람들에게 무한한 신뢰를 받습니다. 그래서 상처가 나면 당연히 항생제 주사를 맞아야 했고 감기로 열이 나도 항생제 주사 한 방을 원했습니다.

이처럼 페니실린 항생제를 즐겨 찾는 동안 페니실린에 대항하는 내성 세균도 점점 증가하여 스트렙토마이신, 카나마이신이 페니실린을 대신합니다. 스트렙토마이신 같은 마이신 제품은 특히 폐결핵에 탁월한 효능이 있었습니다. 파스라는 약과 함께 마이신이 우리나라에 들어오기 전에는 사람들이 부족 병이라는 폐결핵으로 목숨을 많이 잃었습니다.

전쟁 후 1970년대 중반까지만 해도 우리 몸에는 회충과 이가 참 많았습니다. 인분을 준 채소를 먹던 시절이라 어른, 아이 가릴 것 없이 뱃속에 기다란 회충을 몇 마리씩 넣고 살았지요. 학교 교실에는 회충, 촌충, 십이지장충 등의 사진과 설명 판이 걸려있었고 양호실에는 실린더 병에 포르말린 속 실물이 전시되어 있었습니다.

보건소나 학교에서는 수시로 누런 회충약 수십 정씩 먹으라 하고 다음 날 대변을 본 다음 받아오라고도 했습니다. 회충이 많은 아이는 영양 결핍까지 있어서 얼굴은 누르스름하고 허옇게 각질이 생기는 버짐은 입 주위와 까까머리에 비듬 덩이 흔적을 만들어 놓기도 했습니다. 가을로 접어들면 목덜미나 소매로 이가 들락날락하는데 이럴 때면 학교에서는 운동장에 학생들을 모아놓고 하얀 분말 가루인 일명 디디티DDT, Dichloro Diphenyl Trichloroethane를 뒤집어쓰게 하였습니다.

두통이나 몸살이 날 때 '명랑'이나 '뇌신'을 찾은 것은 1960년대 초반입니다. 지금의 두통 · 치통 · 생리통약과 같은 효능이 있었습니다. 이 약은 국내에서 개발되었으며 치료제보다는 보조제였습니다.

건강 보조제의 또 다른 이름인 영양제도 이때 등장합니다. 〈서울약품〉에서 선보인 '원기소'가 영양제인데 역기를 든 우람한 남자가 용기에 그려 있습니다. 이 '원기소'는 고소하고 먹기 좋아 엄마 몰래 주머니에 잔뜩 넣어 다니며 심심풀이로 먹다가 때때로 하루 정량을 넘기곤 했습니다. 그러나 영양제도 대부분 그림의 떡이었고, 잘 먹질 못하다 보니 배가 나온 사람을 사장님이나 돈 많은 부자로 여겨 부러워했습니다. 그래서 살찌는 약도 등장했는데, 지금으로써는 너무도 황당한 이 약은 병원에서 중병 환자에게 쓰던 호르몬 제재였습니다. 그런데 부작용으로 얼굴이나 몸이 붓는 것을 살찌는 약으로 속여 팔아 큰 물의를 일으킨 적도 있습니다.

07.
담배가 의약 대체품?

담배를 처음 피우기 시작한 민족은 아메리카 대륙의 인디언이랍니다. 인디언은 담배를 타바코와 비슷한 발음으로 말했다 하는데, 유럽인들이 타바코Tabaco로 명기하여 세상에 퍼뜨렸습니다. 아시아에서는 일본이 16세기에 네덜란드를 비롯한 유럽 몇몇 국가들과 교역을 하면서 담배를 가장 먼저 접합니다. 당시 일본은 타바코를 단바고 또는 단바기로 불렀으며, 임진왜란을 전후로 하여 우리나라에 자연스럽게 들어옵니다. 처음 보급 당시에는 일본 발음과 유사하게 담바고, 담바귀로 불렀다가 훗날 담배라는 용어로 굳어지지요. 그리고 한자로 표기할 때는 남초南草, 왜초倭草, 연기를 피운다고 하여 연초煙草라고도 명시하였습니다.

담배가 이 땅에 처음 알려질 당시 사람들은 담배를 기호품이기보다는 의약 대체품으로 여겨 선호하였습니다. 즉, 가래나 천식에 효과가 있다고 믿었으며, 복통과 치통을 가라앉게 할 뿐만 아니라 상처의 지혈과 화농 방지제로 담배만 한 것이 없다고 여겼습니다. 이러한 믿음 때문에 남녀노소는 물론이고 상하 계급 차이 없이 전국으로 급속히 퍼졌습니다.

1630년경 당시 문장가로 알려진 장유란 사람이 담배에 대해서 '맛이 쓰고 독성분이 조금 있어 먹지는 못한다. 그러나 입으로 빨아 연기를 뿜어내는데 처음에는 어지러우나 자꾸 피면 인이 박여 어지럽지 않다. 요즘 피우지 않는 사람이 거의 없을 정도다.'라고 그의 저서《계곡만필》에 적었다고 합니다. 그뿐만 아니라 '담배를 즐기는 사람들은 피우면 배가 부르고, 배부름을 줄여주며, 추울 때는 몸을 따뜻이, 더울 때는 시원케 한다.'라며 애연가다운 예찬까지 하였습니다.

이런 상황이다 보니 담배 수요는 폭증하였고, 담배 농사가 돈이 된다고 하여 여러 농가에서 경쟁적으로 재배하여서 정작 먹을 작물인 보리, 콩 등의 식량 생산에 큰 차질을 빚었습니다. 급기야 조정에서는 '비옥한 땅에서는 담배를 재배치 마라.'라고 엄명을 내려 이후 기존 밭이 아닌 화전이나 산악지대에서 담배를 생산하였지만, 여전히 인기는 날로 더해 17세기 중엽에 한양의 시전 거리에서는 쌀, 면포, 어물 다음으로 담배 거래가 활발하였다 합니다.

이처럼 남녀노소 누구나 담배를 즐기다 보니, 유교사회답게 연례煙禮라 하여 나름대로 담배에 대한 예절이 갖춰졌습니다. 예를 들면 연장자 앞에서는 피우지 말아야 하며, 양반 앞에서 평민도 금연이었습니다. 장죽은 주로 양반이 사용했고, 곰방대는 평민이 많이 이용하였습니다. 또한, 기생이나 관기 등 특수 계층이 아니면 여자는 남자 앞에서 담배 피우는 모습을 보여서는 안 되었습니다. 그렇지만 1914년, 담배 광고를 보면 임신한 여성이 담배를 피우고 있습니다. 여전히 담배는 몸에 유익한 의약 대체품으로 여겼습니다.

수백 년간 이어온 잎담배권련 형태의 담배가 오늘날 흔히 피는 필터 담배로 바뀐 것은 1800년대 중엽 영국입니다. 그리고 우리나라는 개항1883년 이후 필터 담배가 밀려옵니다.

이때 주로 수입된 담배로는 미국 산 '올드골드, 히어로, 스타'가 있었고 영국제 '스리캣슬'이 주종을 이루었습니다. 그러다가 1901년, 그리스인 밴드러스P. Vandross가 인천에 〈동양연초회사〉를 설립하면서 우리나라 최초의 담배공장을 만듭니다. 그러나 이 회사는 수입 담배에 밀려 곧 문을 닫았고 1903년, 미국인 해밀턴Hamilton이 맥을 이어 다시 그 자리에 〈제물포 연초회사〉를 세웁니다. 주요 제품은 '홍도패, 산호, 뽀삐'였으며, 1921년 조선총독부가 〈연초전매법〉을 실시할 때까지 영업하였다고 합니다.

나라는 점점 일본인 손아귀에 들어가고 있는데 담배는 불타나게 팔려 나가자 당시 국채보상운동을 주도하였던 서상돈 선생이 대국민 참여 호소문에 다음과 같은 내용을 담습니다.

수년 동안 우리 정부가 일본에서 얻은 빚은 약 천삼백만 원에 달하고 있습니다. 그런데 이 빚을 갚지 못하면 장차 우리 국토가 일본의 담보가 되리라고 생각하지만, 우리 백성들의 입장에서는 속수무책일 수밖에 없습니다. 이에 궁리 끝에 전국 이천만 동포가 일제히 담배를 끊는다면 한 사람의 한 달 담뱃값을 이십 전으로 추산하여 삼 개월이면 국채 액에 도달하리라 봅니다. 부녀자들의 금가락지나 비녀도 크게 도움이 되지만 가장 좋은 것은 우리 백성이 석 달만 담배 끊으면 우리의 국토가 보전될 수 있습니다.

나랏빚 갚는데 금연하자고 역설한 내용을 보면 당시 사람들이 어느 정도 담배를 즐겼는지 알 수 있는 대목입니다.

광복 후 미 군정청에서는 해방을 기념하여 '승리'라는 담배를 제조 발매합니다. 이 담배는 흰 담배라는 별명을 가지고 있는데, 이 흰 담배를 피우는 사람들은 최상류층의 사람으로 대우받았다고 합니다. 한 갑에 삼 원으로 비싼 금액이었기 때문에 일반 서민에게는 그림의 떡이며 선망의 대상일 수밖에 없었습니다.

1958년에 발매된 '아리랑'은 우리나라가 생산한 최초의 필터 담배입니다. 발매 초기의 아리랑은 종이와 천을 말아서 필터로 사용하여 흡연 감이 자연스럽지 않아 애연가에게 많은 불평을 샀다고 합니다. 그러나 필터를 곧 수입하여 사용하고 국산 필터까지 개발하면서 무려 삼십 년간 사랑을 듬뿍 받다가 1988년 12월에 동납니다. 1965년 7월 7일에 발매된 '신탄진'도 우리 많은 사랑을 받은 담배였는데, 이 인기는 '청자'가 등장하여 가라앉습니다.

고급 알루미늄 은박지에 봉황이 청자를 좌우에서 감싸고 있는 고급스러운 분위기의 청자 담배는 출시 당시 단연 독보적인 존재였습니다. 그러나 화무십일홍花無十日紅이라고 이후 품질은 더욱 개선되고 디자인도 진화하였습니다. 국산 '거북선, 선, 솔, 88, 디스, 타임, 레종' 등과 외국 담배 수입 자유화와 더불어 쏟아져 들어온 수많은 종류로 담배 춘추 전국시대라고 하겠습니다.

08.

에케르트와 최초의 군악대

나팔^{트럼펫} 소리가 이 땅에 처음 울려 퍼진 시기는 1882년으로 짐작됩니다. 조선이 열강들과 불평등 조약을 맺으면서 가장 뼈저리게 느낀 것은 허약한 조선의 군사력이었지요. 그래서 고종은 군제 개혁의 일환으로 서양식 군인을 시급히 양성코자 했습니다. 이 서양식 군인을 별기군이라 불렀는데, 서양식 군복과 무기로 훈련하고 후한 대접도 받습니다. 이때가 1882년입니다. 당시 훈련관이 일본인 장교 출신 호리모토였으며, 이 사람은 일본인 나팔수를 훈련에 합류케 하여 근대식 군사훈련을 지휘하는 한편, 조선 정부에 조선이 서양식 군대로 바뀌자면 나팔수가 많이 필요하니 적당한 사람을 선발하여 유학시켜 달라고 건의합니다.

정부는 이를 받아들여 별기군 소속의 이은돌을 일본에 파견시켜 코넷과 신호 나팔 등 군악 교육을 받게 합니다. 이은돌은 피나는 노력으로 오 개월 만에 칠 개월 과정을 모두 마치고 귀국하여 나팔수 배출과 신식 군대 양성에 큰 힘을 보탰습니다. 그러나 이은돌의 역할은 오래가지 못했습니다. 일본 유학 때 알게 된 김옥균, 박영효의 영향을 받아 급진 개화 세력에 동참하면서 1884년, 갑신정변에 연루되어 의문의 죽음을 맞습니다. 이후 잠깐 반짝했던 나팔수와 군악대 육성은 흐지부지되어 수면 아래로 가라앉고 맙니다.

십오 년이 지난 1899년 6월 8일, 독일의 하인리히Heinrich 친왕이 조선을 공식 방문합니다. 명분은 조선 독일어 학교 창설을 기념하고자 하였으나 속내는 조선에서의 독일 위상을 높일 목적이었습니다. 여하튼 친왕의 방문으로 고종은 축하연을 성대히 베풉니다. 국빈을 맞이함에 걸맞게 최고의 음식과 궁중 악사의 연주 등 최고의 예우를 갖추었지요. 하인리히 친왕도 답례로 독일서 대동한 독일 군악대의 연주를 들려주었습니다. 이때 악대들의 절도 있고 세련된 용모와 현란한 악기에서 나오는 음악 소리에 고종은 깊은 감명을 받습니다. 독일 군악대는 예전에 이은돌이 보여줬던 군악대와는 여러 면에서 달랐습니다. 그 당시의 군악대는 군사 수행의 역할에 한정되어 있었는데, 독일 군악대는 국가의 의전, 의례 행사에도 잘 어울렸습니다.

고종은 독일 국왕에게 독일 군악대와 같은 군악대를 만들고 싶다고 전합니다. 아울러 독일 음악 교사도 요청하지요. 독일 왕은 이 제안을 즉각 환영하였고 이날 이후 대한제국 군악대 창설은 급물살을 탑니다.

1901년 2월 19일, 남달리 큰 풍채와 깊은 갈색 눈을 한 남자가 고종 앞에 섰습니다. 세련된 연미복을 입고 고종 황제에게 머리를 숙이고 있는 이 사람이 바로 다음 해1902년 한국 최초의 애국가를 작곡한 프란츠 에케르트였습니다. 독일제국 해군 군악대장이었던 프란츠 에케르트Franz Eckert는 이 년 전 고종의 요청으로 독일 정부에서 추천한 바로 그 사람이지요. 에케르트는 한국에 비록 삼 년 계약으로 들어왔지만, 한국에 대한 애정이 남달라 무려 십육 년간을 한국에 머물다가 운명하고, 본인의 희망대로 한국에 묻혔습니다.

훗날 사학자들로부터 한국 근대 서양악의 초석으로 칭송받는 에케르트는 1852년생으로 조선에 오기 전 이미 일본에서 이십 년간 일본 해군 군악대장, 서양음악 교사 등을 역임하며 아시아권 문화에 익숙해 있던 터라 대한제국의 요청을 흔쾌히 받아들입니다. 에케르트는 먼저 파고다 공원 북쪽 낙원상가 터에 음악학교를 설립하고 이곳에서 군악 및 서양음악을 가르칩니다. 초기 교육생은 서양 악보를 읽을 수 있는 기존 나팔수에서 쉰 명을 차출하였는데 이들이 한국 근대 군악대의 원조입니다. 그는 대원들에게 군악의 본래 목적인 군의 사기 앙양을 위한 교육뿐만 아니라, 황실이나 정부의 의전을 위한 연주도 가르쳤습니다.

같은 해 9월 9일, 마침내 군악대의 결실을 봅니다. 이날은 고종황제의 생일이어서 각국 공사와 영사, 내외 귀빈이 경하를 드리기 위해 경운궁에 운집한 날이었습니다. 이 자리에서 에케르트와 군악대 대원은 그동안 갈고닦은 실력을 유감없이 발휘합니다. 그리고 황제를 위시한 모든 이에게 최고의 찬사를 받습니다. 한편 이날 연주회에서 우리 근대사의 최초라는 수식어가 붙은 곡을 연주합니다. 바로 우리의 최초 애국가가 울려 퍼졌습니다. 영국풍의 감미로운 전주가 나올 때까지 식장의 모든 사람은 그 음악이 무엇인지 몰랐습니다. 그러나 이어서 음률에 맞춰 중창단의 노래가 시작되었지요.

상뎨는 우리 황뎨를 도으소서. 셩슈무강하사 해옥듀를 산 갓치 싸으시고 위권이 환영에 떨치샤 오천만세에 복록이 무궁케하소서. 상뎨는 우리 황뎨를 도으소서.

이 가사를 오늘날의 말로 옮기면, "하느님 우리 황제를 보호하소서. 해안에 높이 쌓인 모래알만큼 오래 사시옵소서. 멀리 온 세상에 명예가 빛나며, 황실의 행복을 오천만 년 누리게 하소서. 하느님 우리 황제를 보호하소서."입니다.

애국가 연주가 끝나자 연회장은 한동안 침묵이 이어졌습니다. 어떤 이는 눈을 감고, 어떤 이는 눈물을 흘렸습니다. 그리고 얼마 후 누군가의 첫 박수 소리에 맞춰 모두 일어서 끝없는 손뼉을 쳤습니다. 이날 축하연에 참석한 민영환은 며칠 후 의정부에 명하여 애국가를 전국에 알리도록 지시하였고 1902년 1월 27일 자 관보에 본 내용이 실렸습니다. 그러나 최초의 애국가는 일제 치하에서 사라졌으며 후에 안익태 선생이 작곡한 애국가가 오늘까지 이르게 됩니다. 그러나 이 애국가가 영원히 사라진 것이 아니라 당시 하와이에 이민 간 한국인들의 구전으로 이어져 최근 악보와 가사가 만들어졌다고 합니다.

애국가를 작곡한 에케르트는 고종황제로부터 대한제국 국가의 작곡과 음악교육을 위한 공로로 삼등 태극 훈장을 받고 이후에도 훈장을 두 번 더 받습니다. 한편 에케르트의 군악대는 대원을 더 모집하여 교육하는 한편 1903년 9월부터 서울 탑골공원에서 정기적인 공연을 선보여 서울 시민으로부터 인기가 많았습니다. 그러나 1907년 8월 1일, 대한제국 군대는 일본에 의해 강제로 무장 해제되고 정미 7조약 아울러 군악대도 해산됩니다. 대원 중 일부는 군악대가 아닌 이왕직 양악대로 순수 음악 활동만 하다가 이조차도 일제가 편성해 주던 예산이 사라지는 바람에 1915년 12월 12일을 기점으로 역사 속으로 사라집니다. 그리고 한국 근대 양악의 거목 프란츠 에케르트도 이듬해 회한에 눈을 감고 맙니다.

• 감쪽같다와 시치미 떼다 말 뿌리

무언가 꾸미거나 고친 것이 조금도 티가 나지 않을 때, 감쪽같다고
합니다. 유래어가 보통 그러하듯이 감쪽이란 말도 대략 두 갈래의 어원
을 지니고 있는데, 그중 그럴듯한 어원은 감나무와 고욤나무의 접붙이
기에서 찾을 수 있습니다.

원시 상태의 감은 산감 또는 돌감이라 해서 작고 그다지 맛도 없다
합니다. 그런데 돌감의 씨눈 가지를 고욤나무 가지에 붙이면, 우리가
흔히 과일 가게에서 보는 크고 맛있는 감으로 변신합니다. 이렇게 다른
나무에 가지를 대는 것을 '접붙이다'라고 하며, 고욤나무에 돌감나무를
접붙인 것을 감접이라고 했습니다. 처음에 감접을 하면 서로 다른 나뭇
가지이니까 표시가 났는데, 열매가 맺힐 즈음에는 접붙인 흔적을 전혀
찾을 수 없답니다. 이런 까닭에 어떤 흔적이 전혀 없을 때 '감접같다'고
말했으며 차츰 발음이 치환되어 '감쪽같다'로 변했다고 합니다.

또 다른 설은 감紺이라는 한자어와 쪽이라는 순우리말이 합쳐졌다
는 경우입니다. 한자어 감은 짙은 파란색을 의미하고, 순우리말 쪽도
파란색을 나타냅니다. 따라서 파란 감물에 파란 쪽물을 합쳐도 그냥 파
란 물일 뿐, 구별할 수가 없어서 감쪽같다는 설입니다.

'감쪽같다'와 뉘앙스는 다르지만 유사한 의미로 '시치미를 떼다'라
는 표현도 있습니다.

이 말은 알면서도 모른 체할 때 종종 사용합니다. 시치미를 떼다에
서 떼다는 어딘가 붙어 있던 사물을 뜯어낸다는 뜻이지요. 그렇다면 시
치미는 어디에 붙여 놓은 물건이었을까요.

시치미는 옛날 사냥용 매의 꽁지 털에 붙여 놓은 이름표입니다. 다

자란 수컷 소의 뿔을 얇게 조각내어, 앞뒷면에 매 주인의 이름과 주소를 적어서 매 꼬리에 달아둡니다. 사냥용 매는 훈련이 잘되어서 하늘을 날다가 주인이 부르면 곧장 돌아오지만, 짐승인지라 가끔 주인을 잃고 다른 사람에게 가는 경우가 있습니다. 이럴 때 시치미를 보고 본래 주인에게 돌려 달라는 의미로 사용하였습니다.

예로부터 우리나라는 매를 길들여 꿩이나 토끼 등 짐승을 사냥하는 기술이 뛰어났습니다. "꿩 잡는 것이 매"라는 우리 속담이 있듯이, 매 사냥을 생업으로 하는 사람수알치뿐만 아니라 왕족이나 귀족들의 여가로도 인기가 상당했습니다.

유명세를 치르느라 고려 때는 중국 원나라에서 해마다 공물로 우리나라 사냥매를 바치라 했습니다. 처음에는 수할치수알치, 매를 부리면서 매사냥을 지휘한 사람-편집자 주가 길들인 사냥매를 보냈지만, 수효가 모자라 응방應坊이라는 관청을 두고 공물로 바칠 매와 귀족용 매를 사육했습니다. 그리고 여기서 키운 매에도 어김없이 시치미를 달아 두었는데, 더러는 방울도 함께 매달아 매가 덮친 사냥감을 쉽게 찾으려고 했습니다.

사냥용 매에 시치미와 방울을 달아서 소유를 분명히 한 이유는, 매 한 마리를 사육하는데 비용도 만만치 않고 가격도 엄청나기 때문에 잃어버리면 손해가 이만저만이 아니었습니다. 이렇게 귀한 사냥 매가 어쩌다 다른 사람에게 날아가면, 대개는 주인에게 돌려주지만 어떤 이는 날아든 매의 시치미를 떼고 자신의 시치미를 붙여 놓았다 합니다. 이처럼 슬쩍 가로채고 원주인에게는 나 몰라라 해서, '시치미를 떼다'는 말이 유래된 것이지요.

09.

나 는 십 문 너 는 십 일 문

고무신은 개항 이후 한 세기에 걸쳐 우리 생활에 큰 영향을 끼친 근대화의 상징물입니다. 고무신이 등장하기 전까지 남자는 태사신·징신·미투리·나막신, 여자는 마른신·삼신 등을 신었습니다. 그러나 열거한 신들은 신분상 혹은 목적상의 신발이었으며, 대다수 사람은 볏짚으로 꼰 짚신을 신고 다녔습니다. 개항되면서 세계 곳곳에서 신문물이 쏟아져 들어와 우리네 눈이 휘둥그레 해졌는데, 그중 하나가 갈색 눈의 양복 차림과 가죽구두였습니다. 더구나 구두는 자갈밭을 걸어도 평평한 마루를 걷는 느낌과 비나 눈이 내려도 큰 불편을 주지 않는다고 하여 선망의 대상이었습니다.

1895년, 당시 외압에 의해 고종이 단발을 하고 서양 복장을 하자, 많은 사람이 따라 하면서 양복과 구두가 급속히 퍼져나갔습니다. 하지만 대다수 서민은 단발하고 보니 무명 옷차림과 짚신이 영 어색해서 비싼 양복은 못 입어도 구두만이라도 신고 싶어 하였습니다. 그래서 잇속 밝은 사람들은 재빠르게 서울 종로 거리와 인사동 골목에 가죽구두 양화점을 줄줄이 차렸습니다. 그러나 구두 한 켤레에 당시 쌀 두 가마 정도의 가격이다 보니 웬만한 사람들은 부러움 반, 시기심 반 으로 여전히 짚신을 신고 생활하였습니다.

이 무렵 인천에도 '삼성태 가죽구두 양화점'이 생깁니다. 그런데 이 양화점 주인인 이성원은 서양 구두를 만들어 파는 한편, 값싸면서 도 서양 신발과 유사한 신발을 연구하던 차에 바닥은 가죽이고 윗도 리는 우단이나 천막 천으로 반쯤 덮은 남자 신발을 고안해 냅니다. 이 것이 바로 당시에 경제화經濟靴로 불리던 신발입니다. 이 신발은 한복 에도 어울리고 신고 벗기가 수월할 뿐 아니라 값이 싸서 인천을 위시 하여 전국으로 퍼졌습니다. 경제화는 서양의 가죽구두와 우리의 전통 신발인 태사신을 결합하여 만든 걸작 중의 걸작이라 할 수 있습니다.

삼성태 양화점에서 경제화가 보급되던 그 시기에 같은 지역의 또 한편에서는 우리 고무신의 탄생을 위해 움직였습니다. 현재 동인천역 건너편에 용동 큰 우물 거리가 있는데 그 거리에 당시 안기영이란 사 람이 운영하던 조그만 식료품 가게가 있었습니다. 이 가게에 어느 날 한 일본 사람이 들어와서 한국말을 더듬거리며 근처에 양화점이 어 디 있는지 물어보더랍니다.

마침 안기영은 일본어도 곧잘 하는 터라 일본 사람과 금방 가까워 졌는데, 그 일본인은 인도 고무로 만든 가죽구두를 파는 상인이며 서 울에 있는 양화점에 물건을 팔아 보려고 갔었지만, 반응이 시큰둥하 여 인천까지 내려오게 되었다고 합니다. 이 말을 듣는 순간 안기영의 머릿속에 번쩍하는 느낌이 있어서 그 길로 삼성태 양화점에 가서 경 제화를 가져오고, 갓바치 집에서 여자용 마른 신을 들고 돌아와 일인 에게 고무로 똑같이 만들어 줄 수 있냐고 하자 전혀 문제 될 것이 없다며 본국으로 돌아갔습니다.

일본인이 곧 만들어 보낸 고무신은 마른신 모양의 여자용과 경제화 모양의 남자용이었습니다. 이 고무신들은 편하고 질기고 싸다는 소문과 함께 날개 돋친 듯이 팔려 나갔습니다. 특히 순종이 고무신에 대해 극찬을 아끼지 않았다는 소식이 전해지면서 안기영은 일약 갑부의 반열에 올랐습니다. 안기영은 〈호모 안영상회〉란 상호를 걸고 인천은 물론 서울을 비롯하여 경기도, 충청도, 황해도, 평안도 일대에 독점적으로 고무신을 판매합니다. 참고로 호모라는 글자는 일본 발음으로는 고무가 되어 한자의 護謨호모를 그대로 사용했답니다.

1920년 후반에 들어서서 〈안영상회〉로부터 고무신을 받아 팔던 소매상 박재중과 안종필 등이 일본의 다른 고무공장과 직접 특약을 맺고, 서울에 〈서울고무〉,〈대륙고무〉 등 고무신 공장을 가동하면서 〈안영상회〉의 독점사업은 금이 갑니다. 〈안영상회〉는 부득불 그동안의 주문자 방식에 의한 판매 위주에서 탈피하여 인천에 고무 공업소를 세우고 직접 고무신 생산 판매에 나서며 경쟁 시대를 맞습니다. 그리고 고무신의 인기가 날로 지속하는 사이에 경제화는 자취를 감춥니다.

한편, 고무신은 남자의 경우 검정과 하얀 고무신, 여자용은 흰색과 옥색이 있었는데, 남성용 흰 고무신과 여성용 옥색 고무신이 비싼 고급품이었습니다. 특히 옥색 고무신은 여성 한복과 잘 어울려 웬만큼 사는 집의 안채 댓돌 위에 많이 놓여 있었습니다.

해방 후 1950~1960년대 도시 아이에게는 그런 일이 드물지만, 시골 아이는 신발이 닳는 것이 아까워 학교 가는 길에 신발을 벗어들고 다니기도 했습니다. 맨발로 뜨거운 자갈길을 걷기가 힘들어도 새 고무신이 아까웠던 것이지요.

고무신 하면 냇가에서 잡은 송사리나 미꾸라지를 물 채운 고무신에 담아 조심조심 집에 오던 어느 하루가 떠오릅니다. 땡볕 여름날 고무신 속의 발은 땀에 절어 하얗게 불어나고 노출된 발등은 까맣게 햇볕에 타서 발 색깔의 흑백 구별이 확연했던 날들, 발의 크기를 규격화해서 나는 십 문文, 신발의 크기를 나타내는 단위, 일 문은 약 이백사십 밀리미터 너는 십일 문하다 보니 크기는 맞아도 발 생김새가 달라 뒤꿈치가 까지기 일쑤였던 평발의 쓰라린 추억, 시골집 문상 갔다가 나올 때 댓돌 위에 놓여 진 많은 고무신 중에 내 것이 어느 것인지 본인만의 표식을 확인하려고 달빛에 비쳐보던 날 밤도 기억납니다.

이러한 근대 산물의 최고 인기 상품인 고무신도 1960년대 말 운동화가 등장하면서 젊은 층이 운동화를 찾게 되자 차츰 사양길로 들어서고 맙니다. 백여 년이 지난 지금 고무신은 사찰이나 여성 한복의 한 벌 차림으로 또는 제한된 공간에서 사용되고 있습니다.

10.

으뜸 판촉물 성냥

개항 후 얼마 지나지 않아서 서양 성냥이 들어왔습니다. 굳이 성냥을 서양 성냥이라 구분한 것은, 이 땅에 아주 오래전서기 700년 무렵부터 중국으로부터 성냥을 들여왔고 궁중과 관료 집에서 사용했기 때문입니다. 성냥이란 이름은 한자로 석류황石硫黃으로 1608년, 허준의 《언해태산집요》에도 언급되어 있습니다. 다만 석류황이란 발음이 어려워서 발음이 치환되며 성냥이라 부르게 된 것이지요. 중국식 성냥은 서양 성냥과 달리 나무 젓가락만 한 크기의 나뭇가지 끝에 유황을 묻힌 후, 필요할 때마다 화로에 넣어 불을 만드는 데 사용하였습니다. 따라서 마찰로 불을 만드는 서양 성냥과는 차이가 있지만, 편의상 서양 성냥을 그냥 성냥으로 통일하고 이야기를 풀어봅니다.

1876년, 강화도 조약 후 일본에 수신사를 파견하였는데, 개화 승려 이동인이 앞서 일본으로 밀항하였다가 수신사들과 함께 귀국하면서 1880년, 처음으로 성냥을 국내에 선보입니다. 성냥을 본 조선 사람들은 그 효능에 감탄했고, 앞다퉈 구하려고 했습니다. 몸에 지니기도 좋고, 언제 어디서나 불이 필요할 때 성냥을 사용할 수 있으니 가히 폭발적으로 수요가 늘어났습니다. 그러자 잇속 빠른 외국인이 인천에 성냥공장을 세우고 성냥을 생산 판매합니다. 이러한 성냥공장 중의 하나가 일본인이 세운 〈조선인촌 주식회사〉입니다. 이 회사가 만든 첫 제품은 '사슴표 성냥'이었으며, 이후 '패동, 우록표, 쌍원표'가 뒤를 이으며 성냥의 전성기를 구가하였습니다. 1899년 4월 23일 자 〈제국신문〉에 실린 성냥 광고가 자못 시선을 끌어 소개합니다.

> 한 사슴표 성냥 고백
>
> 이 한 사슴표 성냥은 국산품이오. 다른 성냥보다 불이 잘 나고 또 장마 때라도 불이 잘 나오니 귀공들은 아무 의심 마시고 팔아 주시오. 조선 팔도에 다른 성냥도 많으나 이 한 사슴표 성냥만 팔아주시옵소서. 사동 충훈부 건너 고흥사에서 당 성냥을 많이 달아놓고 팔기를 시작하오니 구경삼아 사가시오. 우리나라 사이 처음 만든 거시로되 외국 것보다 백 층이나 낫소.

위의 내용에서 알 수 있듯이 광고한 해가 1899년이고, 한 사슴표가 사슴표 성냥과 같은 제품인지는 확실치 않아도 최초의 국산 성냥은 한 사슴표라는 것을 알 수 있습니다. 참고로 당시에 성냥을 우리는 그대로 성냥이라 하였지만, 중국인들은 자신들의 석류황과 구분하여 인광노引光奴, 즉 불을 나르는 물건이라 불렀고, 일본인은 화촌 또는 인촌이라 하였는데 그 뜻은 한 마디 길이의 불 막대란 뜻입니다.

개항 이후 인천에 성냥공장이 많았고 공장으로 인해 사회구조가 변한 부분을 음미해 봅시다. 먼저 인천의 환경이 성냥 공장이 생기기에 적합했습니다. 인천은 해안가에 있기 때문에 성냥의 재료가 되는 소나무가 많았습니다. 공장이 인접한 곳의 지명을 보면 송림동, 송학동, 송월동, 송현동 등 '송'이 들어 있는데, 이는 바로 소나무를 뜻합니다. 게다가 인천은 내륙의 한강과 임진강이 바다로 연결되며 멀리 압록강도 서해로 흐르기 때문에 벌목한 원목을 서해를 통해 인천으로 집산하기가 쉬웠습니다. 그리고 무엇보다도 소비인구가 많은 서울과 지리상 가까이 있기 때문에 인천에 공장이 많이 들어섭니다. 이런 가운데 인천의 성냥공장으로 인해 인천지역사회는 크고 작은 변화를 겪습니다.

현재 장년기 남자라면 군에서 듣거나 불렀던 〈인천 성냥공장 아가씨〉를 기억할 것입니다. 비록 외설적인 가사가 담긴 노래지만 그 속에서 우리는 당시의 사회 환경을 읽을 수 있습니다.

인천에 성냥공장 ~ 성냥공장 아가씨~ 하루에 한 개 두 개 일 년에 열두 갑~ 치마 밑에 감추고서 정문을 나설 때~ 치마 속에 불이 붙어…

대충 이런 가사인데 언제 누가 만들어 부르게 되었는지 모를 일이나 성냥공장이 인천에 많았다는 것과 성냥공장에 여성이 있었다는 사실을 알려줍니다. 지금이야 당연히 여성도 공장에서 일하지만, 이때는 개화된 지 얼마 안 되었다는 점에 비추어 보면 우리나라에서 여성이 공장에 다니게 되는 사회변화를 시사하며, 성냥을 훔쳐 나온다는 대목이 있는데, 이 역시도 성냥 열 개비를 갖고 있으면 쌀을 한 되 살 수 있어서 못 살던 당시에는 충분히 훔치고 싶은 욕망이 있었을 것입니다. 그런데 하필이면 가지고 나온 성냥에 불이 붙었을까요? 이는 당시 제품이 지금과 달리 인화성이 높은 딱성냥이었기 때문입니다.

조선 사람에게는 절대로 제조 기술을 가르쳐 주지 않았던 성냥 공장은 일본인의 횡포와 독점사업으로 원성이 날로 높아갔습니다. 급기야 1930년대에 이르러서는 임금 삭감에 항의하며 거국적인 동맹 파업이 있었습니다. 사태의 심각성을 인식한 일본은 처우 개선을 통해 일을 무마시켰고, 제조 기술도 조선인에게 전수하였습니다. 그래서 인천뿐 아니라 신의주, 평양, 대구 등 전국으로 한국인이 만든 공장이 퍼져나갔습니다.

해방 후에도 성냥공장은 여전히 인기를 거리낌 없이 드러내며 우후죽순 생겼고 이렇게 되자 공장 주변의 경제도 크게 발전합니다. 시간을 훌쩍 넘은 1970년대 초반, 우리 사회에 마치 성냥의 전국시대를 맞이한 것처럼 수많은 종류의 성냥이 쏟아져 나왔고, 다방과 술집이 한 집 건너 생기면서 판촉물로 성냥을 으뜸으로 치자, 우표와 더불어 성냥갑 모으는 사람들이 늘어났습니다. 그런가 하면 이 시기에는 잘 팔리는 브랜드를 흉내 내어, 당사자야 어찌 됐든 보는 이로 하여금 웃음을 자아냈습니다.

예를 들면 '유엔UN 성냥'이 잘 팔리자 '비엠BM 성냥'이 나오고, '기린 성냥'이 잘 팔리면 기린 사진만 바꾼 기린 성냥이 나오는가 하면, '아리랑 성냥'이 인기를 끌자 쓰리랑 성냥'이 뒤이어 선보였습니다. 그러나 무엇보다도 최고 인기는, '유엔UN 성냥'이 겉면에 고야의 명화인 〈나체의 마야〉를 인쇄하여 시중에 배포한 것입니다. 이 성냥이 나오자마자 평소 판매 매출이 다섯 배 껑충 뛰었다고 하는데, 점잔 빼는 사람들과 경쟁회사에서 음란 소송을 걸었고, 법원은 아무리 명화라 해도 산업용으로 쓰였으면 음란행위라 하여 원고 손을 들어줬습니다. 이는 국내 최초의 소비재 상품의 음란 소송으로 기록됩니다.

근대 산업에 큰 영향을 끼친 성냥과 성냥공장은 지포^{Zippo}와 가스 라이터, 일회용 라이터에 밀려 사라지려 합니다.

11.
전깃불의 빛과 그림자

이 땅에 처음으로 전깃불이 들어온 때는 1887년 3월 6일입니다. 서울 경복궁 후원인 향원정 일대에 최초로 전깃불이 켜졌습니다. 이 날 고종을 위시한 내·외명부 사람들과 궁궐 소속 사람들은 발전기 굉음과 동시에 칠백여 개의 전구에서 불이 쏟아지자 이를 보고 한동안 말을 잇지 못하였다고 합니다. 다음날 전깃불의 소문은 장안 각지에 급속히 퍼져나가 이를 보고자 하는 사람들이 궁궐 담 밖에 몰려들었고, 어떤 이들은 인왕산에 올라가 궁궐이 잘 보이는 자리를 서로 차지하겠다고 먹살을 잡는 일도 생겼답니다. 이처럼 전깃불에 대한 우리의 첫 소감은 놀라움과 감탄 그 자체였지요.

그런데 한편 이런 소식에 더없이 감격한 서양인이 한 명 있었습니다. 그는 바로 백열전등을 발명한 장본인 에디슨Thomas Alva Edison이었습니다. 자신이 만든 백열등을 보고 조선 궁궐 사람 모두 좋아했다는 소식이 이역만리 미국에 있는 자신의 귀에 들어오자, 감격한 나머지 일기에 이렇게 적었습니다.

"오! 세상에, 동양의 신비한 왕궁에 내가 발명한 전등이 켜지다니…. 정말 꿈만 같다!"

아무튼 처음에는 전깃불에 크게 매료된 것은 사실입니다. 그러나 한두 달 시간이 흐르면서 궁궐 안 사람들은 이 전깃불에 짜증을 내기 시작합니다. 발전기 소리가 너무 시끄러워서 잠을 설치기 일쑤고, 고장도 잦아서 수리 운영비가 만만치 않았기 때문이지요. 처음에는 이 전깃불에 물불_{물을 발전시킨 불} 또는 묘화_{오묘한 불}라는 좋은 애칭을 주었지만, 나중에는 건달 불_{건달처럼 불이 들어왔다 나갔다 함에 비유} 또는 증어 불_{발전된 물이 고기를 죽인다는 비유}이라며 볼멘소리를 내었습니다.

그런데도 전깃불은 궁궐을 넘어 1900년 4월 10일, 종로 거리에 가로등 불로 일반인에게도 선보입니다. 이때의 모습을 당시 〈제국신문〉은 이렇게 묘사합니다.

밤마다 종로에 사람이 바다같이 모여서 구경하는데 전차표 파는 장소에 가보니 남자들이 아홉 시가 지난 후에도 매표구가 메어질 정도로 다투어가며 표를 사서 특별한 일 없이 왔다 갔다 하더라.

이 기사문 역시 전등불에 대한 당시 사람들의 흥분을 잘 나타냅니다. 이후 일반 가정에서도 전등을 설치할 수 있었지만 쌀 스무 가마 정도의 돈이 들어야 했기에 관공서나 일본인 상점 등에 주로 설치하였습니다. 어쨌든 전등은 우리나라에 들어온 이래 그동안의 생활풍습을 완전히 바꾸어 놓는 계기가 됩니다.

세월이 흘러 전깃불이 일제 식민지 시대도 넘고 6·25 전쟁도 겪은 직후, 그래도 그 명맥만은 유지하며 도시의 가정으로 파고듭니다. 그러나 1960년대까지만 해도 전력 사정이 너무 안 좋아 전기를 24시간 공급하지 않고 해가 지는 시점에서 전깃불을 볼 수 있어 당시 사람들은 불이 들어왔다는 말을 사용했지요. 불이 들어온다는 말은 실제로 불도 들어왔지만, 한편으로는 저녁이 시작되었다는 말로 이때부터 저녁밥을 짓거나 서둘러 낮의 활동을 마감해야 했습니다.

한편 그날 들어온 전깃불은 그날 밤 10시나 11시쯤에 나갔습니다. 전력 사정이 좋지 않기도 하였지만, 지금처럼 냉장고 등 가전제품이 있었던 때도 아니기에 자면 그만이어서 크게 불편함을 느끼지 않았습니다. 전깃불이 켜진 몇 시간 동안 생활할 수 있다가도 툭하면 불이 나가 사람들은 전깃불을 대신할 수 있는 비상 준비를 해 놓았습니다. 양초가 아주 훌륭한 대용품이지만 비싸서 웬만한 가정에서는 석유 남포등을 두었지요. 석유통에 심지를 적신 후 불을 붙이면 노란불이 피어나는데 이 불을 보호하기 위해 등피鐙皮, 바람을 막아서 불을 밝게 하고 불이 꺼지지 않게 하려고 남포등에 덧씌우는 유리로 만든 물건 - 편집자 주를 씌워 놓습니다. 그런데 이 씌우개는 금방 그을려 자주 닦아야 했고 심지도 자주 갈아야 했기에 여간 귀찮은 것이 아니었습니다.

그러다가 석유 남포등을 물리칠 새로운 전깃불 대용품이 등장하는데 다름 아닌 카바이드입니다. 카바이드에 물을 부으면 부글부글 끓으며 가스가 나오는데 이 가스에 불을 붙이면 흰색의 불꽃이 만들어집니다. 이 불꽃이 어찌나 밝았는지 남포등은 물론이고 시원찮은 전깃불보다 한결 밝아 너도나도 카바이드 등을 집에 들여놓습니다. 카바이드 등은 당시로써는 가히 혁신적이라 동네 어귀 가게는 물론 손수레로 행상하는 상인도 또는 포장마차에서도 이 등을 사용하며 밤을 밝히곤 하였습니다. 그러나 카바이드 등을 즐겨 사용하면서 감수해야 할 일도 생겼습니다. 카바이드 등을 쓰고 나면 물컹물컹한 회색빛 찌꺼기가 생겼는데 사람들은 이 찌꺼기를 카바이드 똥이라 부르며 하수구나 길가에 함부로 내다 버려 불결하고 퀴퀴한 냄새를 맡아야 했습니다. 아무튼 전깃불과 카바이드 등은 좋은 궁합을 이루며 한 시대를 풍미하였지만 늘 전기가 모자라 한 집 한 등 끄기라든가 일찍 잠자리 들기 운동을 심심치 않게 전개하였습니다.

이 땅에 물불 혹은 건달 불로 시작된 백열등은 이제 한 세대를 풍미하며 세월의 뒤안길로 사라집니다. 그리고 이를 대신하여 형광등, 삼파장이 자리를 하고 있으나, 앞으로는 엘이디LED, Light Emitting Diode, 발광 다이오드 조명이 모든 등을 대신할 것이라 합니다.

• 거덜과 건달 말 뿌리

우리는 주변에서 "노름하다 거덜 났다, 사업하다 거덜 났다." 등의 이런 말들을 흔히 듣습니다. 노름이나 사업으로 망했을 때 쓰는 말인데, 망한 것과 거덜은 어떤 연관성이 있는 것일까요.

거덜은 포괄적 의미로 거들어 주는 사람을 가리키는 말이지만 특별하게 사용하기도 했습니다. 관청이나 양반집에 소속되어 평상시 말에게 먹이를 주거나 잡일을 돕고, 주인이 행차하면 길잡이 노릇을 하던 하인을 거덜이라 부릅니다. 사극을 보다 보면 가끔 가마 행렬 장면을 접하게 되는데, 선두에서 고압적인 목소리로 "쉬이 물렀거라~ 대감마님 행차시다."라며 목청을 길게 빼는 바로 이런 사람들이 거덜입니다.

한 마디로 별 볼 일 없는 거덜이지만, 행차 때만큼은 자신의 외침에 길 가던 사람이 길옆으로 피하거나 고개를 숙이는 모습에서 우쭐하는 마음에 가슴을 쭉 내밀고 팔자걸음을 하곤 했지요. 이러한 거덜의 모습을 빗대어 사람들은 남 앞에서 으스대거나 허풍 떨 때, '거드름 떤다' 또는 '거들먹거린다'라고 합니다. 이 거드름이나 거들먹이 거덜에서 파생됩니다.

그런데 앞에서 거덜 났다 하면 경제적으로 망한 거라고 했는데, 그이유가 딱하기만 합니다. 쪼들리는 거덜 생활에도 높은 양반 호위하며 몸에 밴 겉멋에 싼 술집은 마다하고 양반이나 다니는 고급 술청에 가서 기생에게 허세 부리다가 얼마 되지 않는 가산을 탕진하기 일쑤였습니다. 이런 한심한 거덜이 한두 명이 아니어서 사람이 쓸데없는 곳에 돈을 날리면 거덜 났다고 말했지요. 따라서 거덜 났다 하면 거덜처럼 무일푼이 되었다는 말입니다.

'거들어 주다'에서 거덜이 파생되고, 거덜에서 '거덜나다'와 '거들먹거리다'로 가지를 칩니다. '거들먹거리다'에서 건달이란 단어도 나옵니다. 사람들은 거들먹거리거나 하는 일 없이 건들거리며 노는 사내를 보면 거덜을 떠 올렸고 그런 부류를 자연스레 건달로 불렀습니다.

본래 남을 도와주는 사람 거덜이 분수를 모르고 허세를 부리다가 거덜나거나, 더 고약하게 주먹을 휘두르며 남을 괴롭히다 신세를 망치는 건달로 이어지는 과정을 살펴보았습니다.

12.
거물급 교통수단 거물

　서양이건 동양이건 근대화를 상징하는 사물 중에서 다섯 손가락 안에 드는 것은 당연히 레일 위의 기차일 것입니다. 기차라는 운송수단은 대량의 물자 교류는 물론 먼 곳까지 사람들의 왕래를 빠르게 하여 자본주의 산업화의 첨병으로 불렸던 것이지요. 이러한 기차가 우리나라에 처음으로 등장한 때는 1899년이었습니다.

　1899년 9월 18일 오전 9시, 서울 노량진역에는 휘장과 깃발을 두른 증기기관 기차가 금방이라도 내달릴 듯 흰 연기를 내뿜습니다. 그리고 얼마 후 기차는 천지가 진동할 만큼 큰 기적 소리를 내며 경인선의 시발이 되는 인천역을 향해 미끄러지듯 역사를 빠져나갑니다. 바야흐로 한국 철도사의 첫 바퀴를 굴리는 순간이었지요. 당시 이 기차의 이름은 모갈 1호였는데, 모갈Mogul은 거물 또는 거인이라는 뜻이었지만 발음이 낯설어 사람들은 모갈이라고 부르기보다는 그냥 불을 때서 가는 기차라 하여 화차火車 혹은 화륜거火輪車라 하였습니다. 개통 다음 날인 9월 19일 〈독립신문〉에 경인선 시승기가 실렸는데 일부를 소개해 보겠습니다.

…. 화륜거 구르는 소리는 우레와 같아 천지가 진동하고, 기관거의 굴뚝 연기는 반공半空, 땅으로부터 그리 높지 아니한 허공-편집자 주에 솟아오르더라, 수레를 각기 방 한 칸씩 되게 만들어 여러 수레를 철구로 연결하여 수미 상접하게 이었는데, 수레 속은 상중하 삼 등으로 수장하여 그 안에 배포 한 것과 그밖에 치장한 것은 이루다 형언할 수 없더라. 수레 속에 앉아 영창으로 내다보니 산천초목이 모두 활동하여 닿는 것 같고 나는 새도 미처 따르지 못하더라.

기차를 처음 접해본 당시 사람들로서는 상당히 놀랐을 것입니다. 아무튼 인천을 향해 떠난 모갈 1호는 선두에 기관차를 두고 세 량의 목재 객차를 이었는데 일등 객차는 외국인 전용으로 일 원 오십 전, 이등칸은 일반 내국인용으로 팔십 전, 삼등칸은 여성용으로 사십 전 을 내야 했습니다. 노량진을 떠난 모갈 1호는 종점인 인천역까지 평 균 시속 이십 킬로미터에서 삼십삼 킬로미터를 달렸으며 소요시간은 한 시간 사십 분 걸렸습니다. 지금 생각하면 꽤 느리지만, 당시 인천 에서 노량진까지는 뱃길로 아홉 시간, 도보로는 열두 시간 이상 걸리 는 속도라고 고려하면 한 시간 사십 분은 정말로 빠른 시간이지요.

그러나 이처럼 빠르고 편한 기차가 개통되었어도 초기에는 승객 이 없어서 승무원들의 월급을 주지 못해 데모하는 일까지 벌어졌습 니다. 그 이유는 두 가지였습니다. 첫째는 비싼 요금이었고 두 번째는 일본인이 경영하는 기차였기 때문입니다.

앞서 말했지만 주로 일반인이 사용하는 이 등 보통 칸 요금은 팔십 전인데 지금으로 환산하면 이만 오천 원의 거금이라 한 끼 밥값을 오 전현재 천오백 원에 먹는 당시 사람들로서는 선뜻 이용하기 어려웠습니다. 또한, 일본인에 대한 거부감도 한몫했는데, 그 이유는 개통 당시로부터 오 년 전으로 거슬러 올라갑니다. 1894년, 청일 전쟁에서 승리한 일본은 조선 내 철도부설권 확보 등 노골적으로 조선에 대한 침탈 야욕을 드러냅니다.

이를 견제하고 제동을 건 분이 당시의 국모인 명성황후였습니다. 일본은 이 분이 계시는 한 자신들의 목적을 달성할 수 없다고 판단하여 1895년, 궁궐로 들어와 참혹하게 명성황후를 시해합니다. 을미사변이라 일컫는 명성황후 시해 사건의 여파로 일본에 대한 분노가 들끓었으며 일본으로서도 민심이 가라앉을 때까지 일시적으로 대 조선 정책을 보류합니다.

한편 이런 상황을 간파한 미국은 앨런Horace Newton Allen 공사를 통해 경인 철도 부설권을 미국으로 이양해 달라고 요청합니다. 이 사실이 일본에 전해지자 일본 정부는 강력히 항의하였지만, 고종은 이를 무시하고 미국에 부설권을 허용합니다. 경인 철도 부설권을 획득한 미국은 모스James R. Morse를 사장으로 하여 조선개발공사를 설립하고 1897년 3월 27일, 인천의 우각현지금의 도원 고개에서 기공식과 동시에 철도 역사의 첫 삽을 뜹니다. 미국인 모스가 기공식과 더불어 야심차게 철도공사를 추진하는 동안 일본에서는 경부철도 발기 위원회를 구성하고 경부철도 부설 문제를 추진하고 있었는데, 모스로부터 뜻밖의 반가운 소식을 듣습니다. 모스가 자금 조달이 어려우니 경인 철도를 함께 건설하자는 제안을 한 것이지요. 일본은 이를 즉각 받아들여 경인 철도 합자회사를 만들고 사장을 모스 대신 일본인으로 하여 사실상 일본이 경인 철도 부설을 맡게 되었습니다. 당시 우리 정부로서는 이들의 행위가 괘씸하였지만 그렇다고 자금을 댈 만한 사정도 되지 않아 그냥 묵인합니다.

이러한 우여곡절 속에 탄생한 경인선은 하루 두 번 왕복 운행을 하다 이듬해 하루 네 번으로 증차하였고 한강철교를 완공한 1900년에 서울 서대문역까지 철길을 이으면서 전 구간 개통하고 하루 다섯 번 왕복으로 증차합니다. 비싼 요금과 일본인에 대한 배척 감정을 무마시키고자 경인 철도 회사는 요금을 낮추고 서비스도 개선하였으며 선전에도 열을 올려 차츰 승객의 수가 늘어납니다. 당시 경인 철도 회사가 만든 광고를 살펴보지요.

인천은 기차 타고 가시오. 지붕과 유리창 달린 방안에서 의자에 앉아 사방 풍경을 즐기며 이야기하다 보면 어느새 인천항. 비가 오나 눈이 오나 다 남의 일. 마포나 용산 갈 시간이면 인천까지, 동대문에서 남대문까지 인력거 탈 돈이면 인천을 왕복

1899년, 이 땅에 첫선을 보인 기차 모걸 1호 그리고 경부선의 첫 기차 융희호, 해방 후에는 해방자호를 거쳐 1960년대의 통일호, 무궁화호, 재건호, 이어서 1980년대 새마을호가 국토를 누볐으며 마침내 2004년 4월, 시속 삼백 킬로미터를 내는 케이티엑스KTX, Korea Train eXpress, 한국 고속철도까지 우리의 철도는 역사를 싣고 지금도 힘차게 질주하고 있습니다.

13.
최초의 대중교통사고

문호를 개방하고 외국 문물을 받아들였던 근대화 초기, 이 시기를 한국 자본주의의 시작이라 말할 수 있으며 이때부터 대중이란 단어가 사람들의 입에 자주 오릅니다. 이유는 간단합니다. 남들보다 좀 더 잘살기 위해 많이 팔아야 했고, 그러기 위해서는 많은 사람 즉 대중이 필요했습니다.

어디를 가나 대중을 원했던 이 시기에 가장 먼저 등장한 교통수단이 전차입니다. 서울 동대문 앞에서 처음 선보인 전차는 같은 해 등장한 경인 철도와 더불어 수도권 일대에 교통 혁명을 가져옵니다. 전기 힘으로 달린다고 하여 붙여진 이름 전차는 그동안 우리의 탈것이었던 가마, 조랑말, 인력거를 단숨에 제압했으니 천지가 개벽할 만한 사건이 아닐 수 없었겠지요.

전차는 독일 지멘스^{Simens} 회사가 1881년 개발했을 때 최첨단 교통 시설이었는데, 이것을 미국의 콜브란^{Corlbran}이 고종에게 소개합니다. 콜브란은 "황제께서 선 황후마마^{명성황후}의 청량리 홍릉^{지금은 경기도 금곡}

^{으로 이장}에 행차하실 때마다 참묘 비용도 많이 들고 이동 간에 번거로움이 많으니 전차를 가설하면 두 가지가 모두 이로워질 것입니다."라고 제안하자 고종은 이를 승인하여 콜브란에게 전차 부설권을 줍니다.

기공식은 1898년 9월 15일, 경희궁 홍화문 앞에서 열렸습니다. 그리고 이듬해인 1899년 5월 17일^{음력 사월 초파일} 동대문에서 개통식을 합니다. 개통 후 5월 20일까지는 동대문과 경희궁 사이를 시험 운행하였습니다. 그 결과 '대중이 익숙해질 때까지 전차의 최고 속도는 시속 오 마일^{시속 팔 킬로미터}로 운행할 것이며, 그 뒤로도 시속 십오 마일^{시속 이십사 킬로미터}은 초과하지 않을 것'을 운행 규칙으로 삼습니다.

개통 당시에는 모두 여덟 대의 전차가 있었는데 과연 이 육중한 전차를 어떻게 서울로 들여왔을까 하는 점에 주목해 봅니다. 바로 한강까지는 배를 이용했는데 육상 운송은 당나귀와 소달구지가 이 일을 해냈습니다. 생산지 미국에서 여덟 대의 전차를 몸체 따로 하체 따로 분해하여 미국 상선에 싣고 인천항에 온 후 다시 범선을 이용하여 한강을 거슬러 마포나루에 도착합니다. 이 마포나루에 수많은 소달구지가 대기하고 있다가 이것들을 싣고 동대문 옆 〈한성전기회사〉까지 옮깁니다. 당시 사람들은 전차가 소달구지에 실려 왔다고 해서 전차를 쇠 당나귀 또는 쇠 달구지라고도 불렀답니다.

전차가 정상 개통되자 그야말로 인기가 폭발했습니다. 객석은 상등 칸과 하등 칸으로 구분하고 요금은 상등 칸이 삼 전 오 푼, 하등 칸은 일 전 오 푼으로 당시 쌀 일 킬로그램 가격이 사 전에서 오 전인 점으로 미루어 꽤 비쌌습니다. 그래도 워낙 신기한 터라 비싼 요금보다는 타 보았다는 우쭐함에 객석은 빈자리가 없었습니다. 그런데 상등 칸만 여섯 좌석 정도 창문을 내어 비바람을 피할 수 있게 했고 하등 칸은 그냥 뻥 뚫려 있어 비 오는 날 하등 칸 사람들은 도롱이나 삿갓, 기름종이 우산을 써야 했습니다.

초기 운전수는 일본인이고 차장은 우리나라 사람이었답니다. 차장의 역할은 승객이 차에 오르면 요금을 받고, 계수기 끈을 잡아당겨 몇 명째 승객이 탔는지를 표시하는 일이었습니다. 정류소는 따로 정해진 곳이 없고 아무 데서나 승객이 손을 들면 태워줬습니다. 게다가 철로가 단선이어서 마주 오는 전차가 있으면 살짝 중간 대피소로 빠졌다가 다시 운행해서 정해진 시간대로 들어오긴 어려웠을 것입니다. 그러나 승객은 빨리 달리는 기능보다 신식 탈것에 탔다는 자부심이 우선이었습니다. 당시 어떤 사람은 하루 다섯 번 전차를 탔노라고 자랑하며 주변의 부러움을 받았답니다.

전차를 타 본 사람들이 주변 사람들에게 자랑을 일삼자, 돈 없어 탈 수 없던 많은 가난한 사람들은 전차가 부럽다기보다는 차라리 없었으면 좋았겠다고 싫어합니다. 그뿐만 아니라 전차가 개통되던 해에 극심한 가뭄이 들어 민심은 흉흉해지고 전차에 대한 근거 없는 소문들이 장안을 감쌉니다. 미국 콜브란이 고종을 꾀어 가뜩이나 텅 빈 국고를 전차 부설에 탕진케 하고 전차에서 번 돈을 모두 자기 나라에 빼돌리고 있다는 소문과, 땅에 박힌 철로와 공중에 매달린 전깃줄이 번갯불을 일으켜 하늘과 땅의 불기운을 모두 빨아들여 가뭄을 들게 한다는 소문이 거침없이 퍼져나갔습니다.

일촉즉발의 이런 상황에서 급기야 분노의 불을 지피는 일대 사건이 터지고 맙니다. 1899년 5월 26일, 동대문에서 종로 포진 거리를 지나던 전차에 다섯 살배기 어린아이가 치여 죽는 교통사고가 발생합니다. 한국사에서 대중교통수단에 의해 일어난 최초의 교통사고로 기록됩니다. 서울 시민은 난생처음 본 처참한 광경에 흥분하였습니다. '전차가 사람 잡는다.'며 돌을 던졌고 일본인 운전수를 죽여야 한다고 몽둥이를 들었습니다.

놀란 운전수와 차장은 재빨리 도주하여 화를 면했지만 성난 군중은 이 전차에 불을 질러 완전히 파괴하고, 그래도 흥분을 가라앉히지 못하자 뒤따라오던 전차까지도 뒤집어 놓고 불을 질렀습니다. 그리고 거기서 그치지 않고 '콜브란을 죽이러 가자, 발전소를 때려 부수자'면서 시위대열을 이루어 동대문으로 몰려갔습니다. 발전소에서는 군중이 몰려오자 공포를 쏘고 둘러친 철조망에 전류를 흘려보내 군중의 접근을 막았습니다.

이 사건으로 인해 한성 판윤 이채윤이 사임하고, 경무청 관리들도 문책을 당했습니다. 그리고 그 바람에 오 개월간 전차 운행을 정지했고 미국인 운전사 여덟 명과 기계공 두 명을 들여와서야 다시 운행을 시작하였습니다.

전차를 다시 운행한 지 오 년 후, 전차는 이제 미움의 대상이 아닌 서울 사람들 생활의 일부가 되었습니다. 편리한 교통수단으로 자리 잡은 것도 그렇지만 무엇보다도 서민 경제에 큰 도움이 되었기 때문입니다. 최초로 서대문-청량리를 오가는 전차 공사에 이어 을지로, 남대문, 태평로 등에 전차 궤도 부설공사가 뒤따르면서 많은 서민이 이 사업의 인부로 고용되어 형편이 나아졌으며, 전차 요금도 갈수록 싸져서 오 전만 주면 양반 서민 가릴 것 없이 서대문에서 종로, 청량리까지 전차를 탈 수 있어 서민의 발로 전차만 한 것이 없었습니다.

전차 노선도 늘어나고 값도 많이 저렴해지자, 시골 사람이 서울에 왔다가 전차를 탔다 하면 그 동네의 최고 인기스타가 되었으며, 그 집 사랑방에서 밤새도록 이야기꽃을 피웠습니다. 그리고 연로하신 부모님 전차 한번 태워드리려고 효도 전차 계까지도 생겼는데 이에 편승하여 전차 회사인 〈한성전기회사〉에서 효도 관광 특별 할인 및 특별 전차를 마련하고 승객 유치에 발 벗고 나섰습니다.

이후 전차는 모습만 달리하며 1968년까지 서울 대중교통 수단의 으뜸 역할을 하다가 늘어나는 자동차와 시내버스에 그 자리를 넘겨주고 칠십 년 영욕의 세월을 마감합니다.

14.

물건에 사람까지 잡는 전당포

사양길로 접어든 줄 알았던 전당포가 예전과 조금 다르게 성업인데 요즘 전당포는 받는 물건저당물을 될 수 있는 대로 정합니다. 예를 들면 전자상가 주변의 아이티IT, Information Technology, 정보통신기술 전당포는 노트북이나 디지털카메라 등 고가의 전자제품을 주로 취급하고, 서울 강남구 청담동에는 값비싼 의상과 가방만을 받는 초호화 전당포, 귀금속 상가 주위에는 귀금속 전당포가 쉽게 눈에 띕니다.

전당포典當鋪의 전당은 한자 뜻 그대로 물건을 맡기고 얼마간의 돈을 빌리는 행위입니다. 이 의미를 좀 더 확대하면 무엇인가를 맡기고 필요로 하는 다른 무엇을 얻는 행위지요. 가령 춘궁기에 호랑이 가죽을 맡기고 쌀을 꾸어 간 후, 나중에 이자로 정한 쌀을 더 보태서 추수기에 갚고 호랑이 가죽을 되돌려 받으면 이 역시 전당 행위가 되는 겁니다. 그러나 이 같은 물물 교환 방식의 전당은 화폐가 통용되지 않는 곳에서 나타나는 특별한 경우이고, 통상 전당포에서는 돈을 빌렸습니다. 따라서 화폐가 통용되던 시기에는 전당포업도 발전합니다. 고조선 〈팔조금법〉 중 하나인 "도둑질한 사람은 노비로 삼고, 돈으로 대신하려면 오십만 전을 내야 한다."는 내용을 통해 이미 화폐가 통용되었음을 알 수 있고, 아울러 전당 행위도 존재했으리라 생각합니다.

전당포의 개념이 분명하게 나타난 기록으로, 당나라 시인 백거이의 〈권주〉가 있습니다. 이 시조는 너무도 유명하여 지금도 애주가 사이에 칭송되는데, 전문 중 끝부분에 나오는 '典錢將用買酒喫^{전전장용매주끽}'은 우리말로 풀어보면 '전당포에 돈을 빌려 술을 사서 마셔나 버리자꾸나.'이지요. 백거이가 당시 전당포에 무엇을 맡기고 돈을 빌렸을까 자못 궁금합니다.

우리나라에서 화폐가 활발히 통용된 시기는 고려입니다. 최초 화폐인 건원중보도 고려 산물이지요. 따라서 당연히 전당포에 관한 기록이 다수 있었을 법한데, 유감스럽게도 고려 말 공민왕이 설치한 해전고 내용이 전부입니다. 해전고는 본래 궁중에서 사용되는 직물과 가죽제품을 관장하던 창고였습니다만, 공민왕 때 노국공주의 명복을 비는 불사전 자금마련을 위해 일시적으로 전당 활동을 했다고 합니다. 한마디로 국가가 운영한 관설 전당포였던 셈이지요.

조선 시대에는 농업을 중시하고 상업을 억제하는 중농억상^{重農抑商} 정책으로, 중기까지 교환수단인 화폐의 기능이 약화하고 더불어 돈으로 거래되던 전당포업도 수면 아래로 가라앉았습니다. 이 시기에는 무명베^{면포}가 화폐의 기능을 대신하였습니다. 하지만 무명베를 주고받는 전당 행위는 늘 보관과 운반이 불편한데, 설상가상 전쟁과 잇따른 가뭄으로 인해 경제가 악화하면서 그동안의 무명베 전당포조차 하나둘 사라지고 대신 현물이 오가는 물물교환 장터가 자연스럽게 형성되었습니다.

물물교환 장터인 장시는 농촌 지역을 중심으로 날짜를 정해 펼쳐지는 시장입니다. 이 장시를 통해 생필품의 임시변통은 어느 정도 가능했지만, 전당의 특징인 신속성을 따를 수 없었고, 교환할 물건은커녕 당장 먹고살기 막막한 사람들은 장시도 그림의 떡이었습니다. 가난한 이는 마을 부잣집 주인에게 손을 내밀 수밖에 없었습니다. 몸 밖에 없는 이는 주인에게 일정한 노동을 담보로 하고 생필품을 충족하는데, 이 과정에서 아예 머슴으로 전락하거나, 음흉한 주인에게 아내나 딸을 빼앗기는 부작용도 허다했습니다.

18세기에 들어서서 상공업이 살아나고 상평통보가 어느 정도 교환수단으로 자리를 잡자, 전당포도 하나둘씩 늘어났습니다. 연암 박지원이 지은 《광문자전》에 "이때 돈놀이하는 자들이 대체로 머리꽂이, 옥 비취, 의복, 가재도구 및 가옥 · 전장田庄 · 노복 등의 문서를 저당 잡고서 본값의 십 분의 삼이나 십 분의 오를 쳐서 돈을 내주기 마련이었다. 그러나 광문이 빚보증을 서 주는 경우에는 담보를 따지지 아니하고 천금千金이라도 당장에 내주곤 하였다."란 내용에서 당시 전당포 업을 엿볼 수 있습니다. 그뿐만 아니라 업으로 하진 않더라도 개인 간의 전당 행위도 당시의 소송 문건에 자주 등장합니다. 국사편찬위원회에서 발간한 《고문서 집성 3》에 '선박 주인 이춘성이 마흔일곱 냥 육 전을 윤 씨에게 빌려 쓰면서 배를 전당하는데, 12월 20일까지 상환하지 못할 경우 배의 소유권을 양도한다.'는 기록을 통해서 개인 간 전당 문서가 오갔음을 알 수 있습니다.

1876년 강화도 조약 후, 부산 · 원산 · 인천 등 개항지에 일본인들이 들어와 정착합니다. 이들 중에 유독 고리대금업자들이 많았는데, 이들은 당시 조선에서는 고율의 이자가 통용된다는 점에 착안하여,

저당 가격을 시세에 비해 높게 쳐 주고, 이자는 낮게 책정하여 궁극적으로 국내 전당포업 시장을 장악하려는 목적이 있었습니다. 그러나 목적이야 어떠하든 돈을 빌리려는 조선인 입장에서 당연히 일본인 전당포를 선호할 수밖에 없었겠지요. 후하게 싼 이자로 돈을 빌릴 수 있다는 소문에 다양한 부류의 조선인이 일본 전당포를 찾았는데, 생계를 위한 급전을 원하는 사람들이 주류이긴 하지만, 노름에 탕진한 사람이나 훔친 물건을 가지고 오는 도둑도 부지기수였습니다.

그러나 아무리 싼 이자라 할지라도 돈을 빌린 사람이 쉽게 갚는 경우는 드문 일이라 토지나 가옥을 빼앗기고 고향을 등지는 사람이 생기는가 하면, 심지어 부녀자를 전당포 주인의 성적 노리개로 삼는 경우가 많았습니다. 고약한 일은 돈을 빌리고자 하는 여성을 꾀어 돈 갚는 대신 일본인에게 몸을 팔도록 하는 인신 매매업을 공공연하게 저지른 일입니다. 한마디로 일본인이 운영하는 전당포는 훔친 물건을 받아주는 장물아비이자 성매매 알선 업소였던 셈입니다. 그러나 일본 정부는 이런 악덕 일본 전당포를 오히려 장려하고 더 퍼지도록 지원하여 조선의 토지를 얻고자 하였습니다.

개항 후 일본은 자국의 은행을 조선에 개설하여 상업 자본을 들여 국내 경제를 장악하려 했고, 근대적 토지제도를 마련해 준다는 구실로 상당량의 토지를 일본 소유로 만들었습니다. 이 과정에서 전당포 특히 질옥質屋 업자는 조선인에게 토지나 가옥을 저당물로 받거나 헐값에 사들여 조선에 정착하려는 일본인에게 공급하는 역할을 하였습니다. 러일전쟁 후 일제에 의해 우리나라가 식민지로 전락할 당시 이미 일본인은 각 개항지는 물론 남촌을 비롯한 서울 곳곳에 일본인의 정착촌을 늘려 갔으며 그 선두에 전당포가 있었습니다.

한국전쟁을 치른 가난한 1960~1970년대, 전당포는 다시 우리 삶 깊숙이 자리합니다. 하루 벌어 하루 사는 백성에게도 경조사는 있기 마련이고 주당들의 허세도, 명절의 세뱃돈도, 아이들의 입학과 졸업 선물도 필요했습니다. 그럴 때 모처럼 장만한 진공 라디오, 양복, 결혼 패물을 들고 전당포 철창 앞에 섰습니다. 전당포 주인이 돋보기안경 너머 의심의 눈초리로 대할 때 그저 죄인인 양 눈길을 피하곤 하였지요. 몇 푼 손에 쥐고 나올 때 저당물은 이미 내 것이 아닐 것이라는 섭섭함이 있지만, 가져가는 소고기 한 근에 싱글벙글하는 자식의 환한 웃음을 떠올리며 발길을 재촉하던 추억도 당시의 전당포와 함께 남아 있습니다.

• 꾸어다 놓은 보릿자루는 어디서 왔을까

　역사를 근거로 하는 표현 중에는 당시 상황과 비교해 볼 때 어색한 설명도 많습니다. '꾸어다 놓은 보릿자루'도 그중 하나인데, 국어사전에는 여럿이 모여 웃고 떠드는 가운데 혼자 묵묵히 앉아 있는 사람을 비유적으로 이르는 말로 풀이합니다.

　조선 연산군 때 몇몇 신하들이 연산군의 폭정을 참지 못해 거사를 꾸미려고 우두머리 박원종의 집에 모였습니다. 주변의 눈이 있어서 방에는 불을 켜지 않아 컴컴했지요. 사람들이 하나둘 모이자 성희안이라는 사람이 각자의 역할을 확인하고, 몇 시경에 궁궐로 들이닥치자고 속삭였습니다. 그러자 잔기침으로 모두 수긍 표시를 했는데 오직 한 사람만이 끝까지 아무 말도 안 하고 듣기만 하고 있었습니다. 성희안이 이상하다 싶어 더듬더듬 사람 수를 세어 보니, 놀랍게도 한 사람이 남는 것이 아닙니까. 성희안은 순간 머리끝이 쭈뼛해져 옆에 있던 박원종에게 귓속말했지요.

　"박 대감, 여기에 염탐꾼이 있소."

　그러자 박원종도 놀라며 "대체 누굴 보고 그러시오?"라는 표정을 지었습니다. "박 대감 어깨너머에 있는 사람이 아까부터 아무 말 않고 얘기만 듣고 있었소. 사람 수도 하나 더 많은 걸 보니, 틀림없는 염탐꾼이오."라며 턱으로 박원종의 뒤를 가리켰습니다. 박원종이 자세히 살펴보니, 그건 사람이 아니라 이번 거사에 쓰려고 얻어다 놓은 보릿자루였습니다. 보릿자루 위에 박원종의 갓과 도포를 얹어 놓았는데 어둠 속이라 보릿자루가 마치 사람이 앉아 있는 것처럼 보인 것입니다. 이런 일이 널리 퍼지고 사람들 입에 오르내려 언제부터인가 모임에서 아무 말 않고 한쪽에 앉아서 듣기만 하는 사람을 가리켜 꾸어다 놓은 보릿자루라고 했다고 합니다.

말의 유래는 누누이 말하지만 오랜 기간을 통해 조금씩 바뀌기 때문에 사실을 적확하게 밝히기는 어렵습니다. '꾸어다 놓은 보릿자루'의 유래에서 어색한 점은, 거사를 위해서 모인 장소가 박원종의 집이란 사실입니다. 박원종은 당시 한성부윤 겸 경기도 관찰사의 높은 관직에 있었는데 지금으로 보면 서울 부시장이나 경기도지사였던 것이고, 집도 서울 한복판^{관인방}의 대궐 같은 집이었습니다. 이러한 집에서 모의했다는 것도 정황상 맞지 않고 거사를 위해 보리를 꿔다 놓은 것도 이치에 안 맞습니다. 역사 기록에는 거사의 비밀을 유지하기 위해 야음을 틈타 지금의 남대문^{양생방} 어느 중인의 허름한 집에서 몇 번 모였다고 합니다.

따라서 꾸어다 놓은 보릿자루의 유래 장소는 한적하고 허름한 중인의 집이 아닌가 생각이 되네요. 보릿자루도 곤궁한 이 집의 분위기와 걸맞을 것 같고요. 이야기가 사실인지 확인하기에 앞서 그럴 수도 있겠구나 하는 선에서 그치면 됩니다. 다만 이 글에서 전하고자 하는 의도는 표현을 빠르고 확실하게 익히는 수단으로 활용하면 좋을 것입니다. 참고로 꾸어다 놓은 보릿자루 사건 이후에 중종반정이 일어나고 연산군은 강화도로 쫓겨나서 생을 마감합니다.

15.
사바틴의 눈물

　근대 러시아 건축기사 아나파시 세례딘-사바틴Afanasii Ivanovich Seridin-Sabatin을 적어 봅니다. 1883년, 이 땅에 들어와 숱한 근대 건축물을 짓고 비운의 역사 한복판에도 서 있었던, 파란만장한 그의 조선 생활을 약간의 허구를 가미하여 전개해 보겠습니다. 그에 앞서 그가 어떻게 이 땅에 들어오게 되었는지 그 배경에 대해서 알아봅시다.

　1876년에 체결된 강화도 조약을 빌미로 조선에서의 일본 입김이 거세지자, 그동안 상국上國임을 자처해 온 청국으로서는 크게 당황할 수밖에 없었습니다. 따라서 부랴부랴 청나라 자신은 물론 독일, 영국, 러시아, 프랑스 등을 끌어들여 조선과 통상 조약을 맺게 하여 일본을 견제코자 하였습니다. 그러던 중 1882년, 임오군란이 일어나 조선 정부가 청나라에 도움을 요청하자 청나라는 쾌재를 부릅니다. 조선에서의 청국 영향력을 강화할 절호의 기회였기 때문이지요. 대원군을 청나라에 감금시키고 군란을 진압하자 조선 정부는 고마움을 전달했고, 청나라 이홍장이 요청한 묄렌도르프Möllendorff, Paul Georg Von를 외교 고문으로 받아들입니다.

청나라가 조선에 외교 고문을 두라고 한 이유는, 표면상으로는 조선이 국제 협약이나 관세 업무에 능통해야 함을 내세우지만, 속내는 외교와 관세에서 우위를 점하려는 목적이지요. 청나라 사람이 아닌 독일인을 고문으로 둠으로써 청나라의 저의는 드러내지 않고 내정 간섭을 할 수 있었습니다. 아무튼 묄렌도르프는 조선 최초의 서양인 고문으로 역사의 기록에 남습니다.

묄렌도르프가 입국하여 가장 먼저 착수한 일은 인천의 해관^{관세} 신설 및 통상무역 업무였습니다. 이 업무를 통해서 청나라가 이득을 본 것은 두말할 필요가 없지요. 조선 해관 총세무사 직함을 가진 묄렌도르프는 해관 및 무역 업무를 원활하게 하려고 먼저 해관을 지어야 했고, 인천에 외국 선박이 자유롭게 드나들 수 있도록 부두를 조성할 필요를 느낍니다. 이 조성사업에 적임자를 찾던 중 청나라 러시아 대사관에서 일하던 사바틴이 적합하다고 판단하여 그를 조선에 오게 합니다. 여기까지가 사바틴이 국내에 들어 온 과정입니다.

인천이 개항되던 1883년, 사바틴은 인천 응봉산 자락에 자신의 거처를 마련합니다. 그리고 묄렌도르프가 지시한 해관을 짓고 제물포에 최초의 서양식 접안 부두를 조성합니다. 당시 제물포항의 조건은 열악하였고 예산도 부족하였지만, 사바틴은 조선에서의 첫 조성사업임에 자부심을 느끼며 심혈을 기울인 끝에 해관과 부두를 완성합니다.

한편, 부두와 해관을 짓는 중에 독일 무역회사 〈세창양행〉이 의뢰하여 〈세창양행〉 사옥을 짓게 됩니다. 인천 자유공원에 올라가면 1960~1970년대의 인천 상징물인 맥아더 동상이 우뚝 서 있습니다. 바로 그 자리에 유럽풍 〈세창양행〉 사옥이 있었습니다만, 맥아더의 인천 상륙 당시 폭격으로 아쉽게도 건물이 파괴되었습니다. 아무튼 당시 인천은 개항으로 각국 영사관과 무역상이 몰려왔는데, 그들은 그들만의 공동이익을 논의하기 위해 특정 공간이 필요하였습니다. 그래서 사바틴에게 또 의뢰하였고, 그렇게 해서 만든 건물이 제물포 구락부입니다. 제물포 구락부는 자유공원 자락에 아직도 잘 보존되어 있습니다.

그러나 제물포 구락부 보다 앞서 조성된 공간이 있었습니다. 현재의 인천 자유공원이지요. 자유공원은 각국의 영사가 돈을 모아 사바틴에게 설계를 부탁한 우리나라 최초의 근대식 공원^{1888년}입니다. 물론 얼마 있다가 사바틴은 서울의 탑골공원^{1896년} 공사에도 관여합니다. 당시 사바틴은 정말 바쁜 사람이었습니다. 1884년, 러시아가 조선과 수교하면서 서울 정동에 대규모 공사관을 신축하는데, 1885년부터 사바틴은 이 러시아 공사관 설계에 착수합니다. 자신의 조국 건물을 만든 셈이지요. '아관파천'으로 더 유명해진 러시아 공사관은 6·25 때 폭격으로 사라지고 지금은 탑 일부만 남아있습니다. 당시 인천의 러시아 영사관도 사바틴의 작품입니다.

1895년 10월, 이른바 명성황후 시해 현장에 사바틴이 서 있었습니다. 이 사건이 일어나기 두 해 전, 사바틴의 명성이 고종의 귀에 들어가 고종은 사바틴을 불러 건청궁 뒤편에 관문각을 짓게 합니다. 관문각은 궁궐 내 보물을 보관할 목적으로 세운 궁궐 최초의 서양식 건축물이었습니다. 이 관문각 공사에서 사바틴은 조선 관리들과 시비에 휘말려서 상당히 고생하지만, 우여곡절 속에 건립합니다. 관문각을 완성하고 사바틴은 잠시 서울을 떠나 인천 해관에 복직하는데, 고종은 사바틴을 다시 불러 궁궐에 머물 것을 요청합니다. 물론 다른 외국인도 궁궐로 불러들입니다만, 외국인이 궁궐에 있으므로 해서 고종 신변의 안전을 보장받을 수 있다고 판단했기 때문이었습니다. 이런 연유로 사바틴은 궁궐에 머무는데 명성황후 시해 사건이 터집니다. 성난 일본 군인들이 사바틴을 잡고서 건청궁까지 끌고 가 명성황후가 어디에 있는지 말하라고 하며 위협했습니다. 사바틴은 여인의 공간은 들어갈 수 없어서 전혀 알지 못한다고 설득하고 애걸하여 간신히 위기를 모면하지만, 이 사건 이후 암살을 당할까 봐 두려워 잠시 중국으로 도피하였습니다.

얼마 후, 사바틴은 러시아 공사관의 수리 책임자로 다시 조선에 옵니다. 이즈음에는 일체의 관직을 거부하고 건축 설계와 시공에만 매달립니다. 1896년, 서재필이 설립한 독립협회에서 독립문을 건립해 달라고 주문합니다. 지금의 서대문 사거리에 위치한 독립문은 설계 시작 일 년 반 만에 그 빛을 보게 되지요. 프랑스 개선문에서 착상을 얻어 완공된 이 독립문은 훗날 자리를 조금 바꿔 서대문 공원에 우뚝 서 있습니다.

1900년의 해가 밝았습니다. 20세기가 시작되었지요. 그러나 사바틴은 20세기에 새로운 각오를 다짐할 틈도 없이 경운궁^{덕수궁} 주변을 정신없이 누비고 있습니다. 고종께서는 의리파였는지 모릅니다. 한번 맺은 인연으로 사바틴에게 중명전과 석조전 그리고 정관헌을 만들어 달라고 요청하지요. 일 좋아하는 사바틴이 이를 마다하겠습니까. 중명전과 정관헌은 사바틴이 끝까지 임무를 완성하여 건설하였지만 석조전은 규모도 크고 역량이 달려 기초 공사에만 관여합니다. 중명전은 지어질 당시 왕실도서관으로 사용되었으나 1904년, 덕수궁 대화재로 한동안 고종의 거처이자 집무실로 활용됩니다. 그러나 이 건물에서 을사늑약이 체결되고, 헤이그에 파견할 이준 열사에게 고종이 직접 밀서를 전해준 근대사의 중요 유적지로 남게 됩니다.

1902년, 사바틴은 야심 차게 손탁호텔을 설계하고 있었습니다. 스물세 살의 젊은 나이로 조선에 들어와 이십 년을 훌쩍 넘긴 마흔세 살의 사바틴은 이제 완숙의 경지에 이르렀으며, 그는 더는 외국인이 아닌 조선인으로 남기를 바랐습니다. 그리고 조선이란 화폭에 자신의 그림을 마음껏 담아내고 싶었습니다. 그래서 건축 중인 손탁호텔에 더없이 정열을 쏟았습니다. 손탁호텔은 손탁Antoinette Sontag이 고종으로부터 불하받은 땅에 지은, 당시로써는 가장 화려하고 현대감각이 뛰어난 건축물이었습니다.

이 건물이 들어서기 전에는 손탁빈관이 있어서 서양요리와 커피를 맛볼 수 있었지만 손탁은 고종에게 대한제국의 영빈관으로써 호텔을 짓고 싶다고 하자, 고종이 흔쾌히 허락하여 손탁호텔을 지은 것입니다. 조선의 영빈관이란 말을 듣고, 사바틴은 그 어떤 건축물보다 임하는 자세가 남달랐다고 회고합니다. 1902년 10월, 대대적인 손탁호텔 축성식을 거행하였으며, 그해 겨울 사바틴은 세상에서 가장 편안한 휴식을 취하게 됩니다.

해가 바뀌어 1903년 봄, 몇 년 전 자신이 지어준 영국계 종합상사 〈홈링거양행〉에서 인천으로 내려와 주길 바랍니다. 〈동청해상기선회사〉의 지점장을 맡아 달라는 이유였지요. 사바틴은 이제 조선에서는 최고의 건축가이자 외교가였고 무역에도 해박한 지식을 보유하여 누구나 끌어안고 싶은 사람이 된 것입니다. 그는 마음의 충전도 할 겸 새로운 경험도 쌓고 싶어 지점장을 승낙합니다. 그리고 이 승낙의 한편에는 인천이 자신의 둘째 고향이었기 때문이었습니다. 그러나 인천 생활을 시작한 지 십 개월 남짓해서 러시아와 일본이 싸움할지 모른다는 뒤숭숭한 소문이 사바틴 귀에도 들렸습니다. 사바틴은 고민에 잠깁니다. 일본이 이길 경우와 러시아가 이길 경우 자신의 행보를 어떻게 해야 할지요.

그사이 해가 바뀌어 운명의 1904년 2월 8일, '펑'하는 대포의 굉음에 놀란 사바틴은 황급히 자신이 세운 제물포 구락부의 옥상으로 올라가 바다를 내다봤습니다. 그리고 잠시 후 그의 눈에서는 하염없이 굵은 눈물이 흘렀습니다. 그가 바라보는 월미도 앞바다에 두 척의 러시아 함선이 일본의 함포 사격에 가라앉기 시작합니다. 서서히 물속에 잠기는 러시아 함선을 보면서 그는 자신의 조선 생활도 종언을 고하고 있음을 느꼈습니다. 이날 이후 아무도 그를 조선에서 볼 수가 없었습니다. 숱한 조선의 근대 건축물을 남기고 그는 그렇게 역사 속으로 사라졌습니다.

※ 본 글은 사바틴의 조선에서의 생활을 가상 시나리오로 엮어 작성하였으므로 사실과 차이가 있음을 밝혀둡니다. 다만 그가 설계한 건축물들은 사실에 근거하여 적었습니다.

셋째 마당

"그래, 대한민국 만세다"

01.
신생 독립국의 첫 올림픽 참가기

1948년 6월 21일 오전 8시, 런던 올림픽에 참가하는 예순일곱 명의 선수와 임원진을 태운 기차가 서울역을 빠져나갑니다. 런던까지 가는 이십 일간 여정의 시발입니다. 차창 밖으로 수많은 사람이 잘 싸우고 돌아오라고 손을 흔들고 더러는 벅찬 눈물을 흘리는 이들도 보입니다.

군중의 모습이 뜸해지자 예순일곱 명의 기차 칸도 숙연해지며 각자 나름의 생각에 잠깁니다. 수행단장 정항범 역시 바로 전날, 이승만 박사가 주최한 덕수궁 환송 만찬회에서 한 말을 상기하며 살짝 눈시울을 붉힙니다.

우리들 이천만 동포 여러분께 감사의 말을 드리는 바이며, 또 기대에 어긋나지 않게 체육 정신을 발휘하여 우리 기술을 마음껏 펼쳐 우승기를 가지고 돌아올 것을 맹서합니다. 그런데 북조선 우리 동포 중에서 훌륭한 역량과 기술을 가지면서도, 이 영예로운 무대에 우리와 함께 참가치 못한 것을 천만 유감으로 생각합니다. 끝으로 우리가 올림픽에 참가케 주야로 노력해 주신 과도정부 여러분과 미 군정 당국에 파견단을 대표하여 사의를 표하는 바입니다. 다시금 맹서하노니 우리는 우리 민족을 더럽히지 않겠습니다.

선수와 임원단은 부산에 도착하여 배로 갈아타고 일본 후쿠오카를 거쳐 요코하마에 내린 후, 다시 중국 상하이上海로 가는 배에 오릅니다. 상하이에서 또 홍콩으로 가는 배를 타야 했으며, 홍콩에서는 비행기로 무려 오 일간에 걸쳐 방콕-캘커타-봄베이-카이로-로마-암스테르담-런던까지 힘든 비행기 여정을 치릅니다. 매우 힘들고 긴 길이었지만 그럴 수밖에 없던 이유는 돈이었습니다. 여비가 빠듯했기에 기차로, 배로 돌고 돌아서 우여곡절 끝에 런던에 입성할 수 있었습니다.

광복 후 우리는 신생 독립국으로, 세계에 알리는 일이 무엇보다 시급했고, 스포츠가 여러 면에서 효과적이라 판단합니다. 따라서 1945년, 몽양 여운형 선생을 중심으로 조선 체육회가 부활하고, 이듬해 올림픽 대책위원회를 따로 두어 런던 올림픽 참가 교섭을 타진합니다. 당시 대책위 부위원장으로 전경무를 발탁하였는데, 이 사람은 재미교포 출신으로 전 미국 대학 웅변 협회장을 지낼 정도로 영어에 능통했으며, 미주 〈신한민보〉 운동부 기자로 활동하며 미국 내 스포츠 관련 사람들과 인맥이 두터웠습니다. 무엇보다도 미시간대 동창인 에이버리 브런디지Avery Brundage가 미국 올림픽위원장이자 국제올림픽위원회IOC, International Olympic Committee의 부위원장이어서, 조선 체육회에서는 전경무를 내세워 브런디지를 설득하면 올림픽 참가가 가능하리라 낙관하였습니다.

그러나 여운형 회장의 친서와 협조문을 들고 미국에 간 전경무는 브런디지로부터 전혀 예상 밖의 말을 듣습니다. "일본 식민지를 벗어났지만 신탁통치를 받고 있으므로 독립국이 아니고, 국제올림픽위원회에 가입되지도 않아 참가가 현실적으로 어렵다."며 난색을 표합니다. 이에 국내는 발칵 뒤집혔고, 전경무 부회장은 손발이 닳도록 뛰어다니며 국제올림픽위원회 위원장과 관련 인사들을 만나 눈물겨운 설득을 합니다. 브런디지도 나름대로 힘을 보태 당시 극동 사령관이며 미국 체육회 위원장을 겸임하던 맥아더Douglas MacArthur 장군에게 사정을 피력하자, 맥아더는 흔쾌히 미 군정 하지John Reed hodge 중장이 조선의 올림픽 참가를 적극적으로 지원하도록 지시를 내립니다.

이들의 노력이 하늘에 닿았는지, 1947년 3월 국제올림픽위원회로부터 "올림픽 출전 희망 종목들만 해당 국제경기연맹IF, International Amateur Sport Federations에 가입하고, 6월 스톡홀름에서 열리는 국제올림픽위원회 총회에 참여하여 참가 의사를 밝히면 런던 대회가 가능할 것"이라는 내용을 듣게 됩니다. 전경무는 즉시 국내로 들어와 이 사실을 알렸고, 5월에 국제올림픽위원회 가입신청서를 들고 스톡홀름으로 떠납니다. 그러나 너무도 어이없이, 전경무를 태운 미국 수송기는 일본 후지산 근처에서 추락하여 전경무 위원장을 포함하여 승객과 승무원 마흔한 명 전원이 사망합니다.

슬픔과 충격에 빠진 조선올림픽위원회KOC, Korea Olympic Committee는 임시방편으로 미국 교포 이원순을 스톡홀름으로 보내 참가 의향서를 제출하고 마침내 국제올림픽위원회 가입 승인을 받게 됩니다. 그리고 승인 당시 국가명은 조선이었으며, 영문으로는 KOREA코리아이었습니다.

참가 확정의 기쁨은 오래가지 않았습니다. 당장 소요되는 큰 비용을 충당할 길이 막연했기 때문입니다. 몇몇 유지로부터 지원금을 약속받았지만 기대와는 한참 못 미쳐서, 이에 조선체육회는 본격적으로 올림픽 후원회를 조직하여 올림픽 참가 기념 우표와 올림픽 복권을 발행합니다. 특히 조선 올림픽 후원회장 안재홍 명의의 복권은 액면가 백 원짜리로 백사십만 장이 발행되는데, 복권에 고인이 된 전경무 씨의 사진을 넣어 그를 기리는 의미도 담았습니다.

당시 가장 비싼 담배가 삼백 원이라 지금으로 환산하면, 복권 한 장이 약 만 이천 원에 호가하는 큰돈이었지만 애국심이 앞서 예상외로 거의 다 팔렸습니다. 그러나 여든 명 남짓한 파견 인원을 목표로 모금한 후원금은 턱없이 모자라 줄이고 줄여 마침내 예순일곱 명이 적은 경비로 장도^{중대한 사명이나 장한 뜻을 품고 떠나는 길-편집자 주}에 오릅니다.

1948년 7월 29일, 선수단은 태극기를 앞세우고 당당하게 런던 대회장에 들어옵니다. 출전 종목은 육상 · 역도 · 복싱 · 레슬링 · 사이클 · 축구 · 남자 농구이며 쉰두 명의 선수로 구성되었습니다. 이 중 마라톤을 제외한 다른 종목은 올림픽 경험이 없어서 내심 큰 기대를 하지 않았는데, 막상 경기가 시작되자 역도를 필두로 예상 밖의 성과가 나왔습니다. 경기 첫날부터 역도 밴텀급의 이규혁과 페더급의 남수일이 각각 4위를 차지하여 주목을 받더니, 이튿날에는 김성집 선수가 인상에서 백이십이 킬로그램 오백 그램을 들어 올려 동메달을 목에 겁니다. 이는 우리나라 올림픽 역사에 공식적인 첫 메달로 기록됩니다.

역도의 선전은 다른 선수에게 자신감을 심어 주었습니다. 김성집이 동메달을 딴 지 이틀 후 복싱 플라이급에 출전한 한수안 선수도 체코 선수를 물리치고 동메달을 추가했습니다. 축구에서도 이변이 일어납니다. 첫 번째 경기를 멕시코와 했는데, 현지 한 신문은 조선이 멕시코를 이긴다는 것은 기적에 가까운 일이라고 했습니다. 하지만 결과는 전반전 이 대 일, 후반전 삼 대 이, 종합 오 대 삼의 조선 승리였습니다. 비록 다음 스웨덴과 경기에서 지긴 했지만, 이후 멕시코 축구팀과 만날 때면 남다른 자신감을 주는 계기가 된 것은 분명합니다. 반면, 기대했던 마라톤은 별다른 성과를 얻지 못했습니다.

최윤칠은 선두를 지키다가 다리에 경련이 일어나는 바람에 중도 포기해야 했고, 다른 선수들도 완주는 했으나 모두 이십 위권 밖으로 밀려났습니다. 조선은 총 13.75점을 받아 쉰아홉 개 참가국 가운데 24위를 차지합니다. 이는 동양에서는 금메달 한 개가 있는 인도 다음으로 좋은 성적이었습니다.

올림픽 사상 첫 출전에 놀라운 성과를 보였음에도 불구하고 국내의 반응은 싸늘했습니다. 한마디로 기대에 어긋났답니다. 물론 그 이면에는 삼십육 년간 나라를 빼앗겼던 한과 여전히 분단된 나라의 처지를 올림픽 경기를 통해 위로받고 싶은 욕구가 있었을 것입니다. 당시로 보면 어느 정도 이해되지만, 결과를 떠나 온 힘을 다하는 아름다운 모습이 진정한 스포츠 정신임을 간과해서는 안 됩니다.

02.

구세군은 군대인가

12월은 거리에서 금방 표가 납니다. 캐럴이 들리고 교회 종탑의 네온사인이 반짝거립니다. 그러나 무엇보다도 12월을 수놓는 것은 단연 구세군과 자선냄비입니다. 구세군이 군인이라는 오해는 요즘도 있고 시간을 거슬러 백여 년 전에 서울 평동의 어느 광장에도 있었습니다.

1908년 10월 말, 영국인 허가두Robert Hoggard, 본윅G. Bonwick, 밀턴E. Milton 등 선발 구세군 개척단은 자신들 앞에 운집한 군중을 보고 깜짝 놀랐습니다. 비록 사전에 〈대한매일신보〉에 모집 광고를 내긴 하였지만, 이처럼 지원병이 많이 몰릴 줄은 몰랐습니다. 개척단을 더욱 놀라게 한 것은 엄숙한 분위기 속에 늘어서 있는 지원병의 굳게 다문 입과 결의에 찬 눈빛이었습니다. 이들 대다수는 구세군이라는 명칭 때문에 총칼을 들고 싸우는 군대조직으로 알았고, 입대 후 불릴 계급도 병사, 정교, 참위, 참령, 정령, 참장, 대장 등 자신들이 몸담았던 부대의 계급 명칭을 그대로 사용했기 때문에 구세군을 군 조직 말고는 달리 생각할 수 없었습니다.

1908년이면 바로 전해에 일본이 강제로 대한제국 군대를 해산하였습니다. 일부 병사는 의병을 조직하여 항일투쟁을 하고 있었지만, 병사 대다수가 돌파구를 찾지 못해 방황할 때였습니다. 그럴 즈음에 치외법권을 가진 영국인이 군복 차림으로 입대를 권유하자, 기존 병사와 젊은이들은 새로운 활로를 찾은 것처럼 구세군 병영으로 몰려들었습니다.

더욱이 서울에 첫선을 보인 지 불과 한 달여 만에 전국적으로 수천 명이 모인 데에는 한국인 통역의 역할도 빼놓을 수 없습니다. 구세군에서 설교를 위해 구한 통역사가 동문서답으로 통역하는 바람에 입대자 수는 늘어났지만, 이 일로 구세군 본부와 일본 경찰 간에 팽팽한 긴장이 조성된 경우가 한두 번이 아니었습니다. 대표적인 통역사례를 보면 이렇습니다. 선교사가 영어로 "하느님 앞에 속죄해야 합니다."라고 외치면, 옆에 있던 통역사는 이 말을 받아 "우리나라의 국권을 속히 되찾아야 합니다."라고 통역합니다. 이를 듣던 청중들은 "옳소, 옳소!"하며 박수로 화답하지요. 그런데 청중들 틈에 끼어 있던 일본 앞잡이가 이런 내용을 일본 헌병대에 이르고, 일본은 구세군에 강력한 경고를 보냅니다. 처음에 무슨 영문인지 모르던 구세군에서 뒤늦게 사실을 깨닫고는 부랴부랴 〈구세군 신문〉에 이렇게 공표합니다.

아모던지 우리 병사는 정치상 일에 간섭치 못하고 정부 관리가 행정하는 데 곤란을 니르키지 못하고, 구원 밧는 일을 하며 예수의 일과 죄나마귀의 속박을 버서나 자유함을 항상 생각할 거시외다.

시간이 흐르며 구세군의 실체를 알게 된 사람들은 적이 실망하며 애국으로 연설을 하던 통역사와 함께 구세군을 떠났습니다.

구세군은 교회입니다. 구세군은 1865년, 영국 감리교 목사였던 윌리엄 부스General William Booth에 의해 시작됩니다. 당시 영국 사회는 산업혁명으로 인한 부익부 빈익빈 현상이 나타나며, 수많은 가난한 노동자와 노숙자가 음지로 몰렸습니다. 이들의 마음속에는 사회에 대한 원망이 가득 찼고, 자신의 신앙과 삶에 대해서도 회의적이었습니다. 산업혁명의 그림자라 할 수 있었겠지요. 이를 본 윌리엄 부스는 큰 충격을 받습니다. 그리고는 직접 찾아가는 교회를 만들겠다고 결심하고 런던 동부의 한 빈민촌에 천막 교회를 세웁니다. 이때만 해도 교회 이름은 기독교 선교회The Christian Mission이었습니다. 그러다가 1878년, 기존 교회에서 행해지는 많은 형식을 걷어 내고, 하느님 말씀을 신속하게 실천하기 위해 군대조직을 차용하여 구세군救世軍, The Salvation Army이란 이름으로 섰습니다.

구세군하면 누가 뭐래도 빨간 자선냄비가 자연스레 떠오르겠지요. 자선냄비는 1891년 12월, 성탄이 가까워진 어느 날, 미국의 샌프란시스코 한 바닷가 마을에서 종소리와 함께 시작되었습니다. 당시 폭풍에 의한 난파로 갑작스러운 재난을 당한 선원과 승객, 천여 명이 넘는 빈민촌 사람들이 슬픈 성탄을 맞이합니다. 이에 구세군의 조지프 맥피Joseph McFee 사관은 과연 어떻게 이들을 도울까 고민하던 중 기발한 생각이 떠올랐습니다. 바로 옛날 영국에서 가난한 사람을 돕기 위해 누군가가 사용했던 방법이었지요. 부두로 나간 그는 부엌에서 쓰던 큰 쇠솥을 받침대에 걸었습니다. 그리고 솥 위에 이렇게 써 붙였지요.

"이 국솥을 끓게 합시다."

    얼마 지나지 않아 그는 성탄절에 불우한 이들에게 따뜻한 음식을 제공할 만큼의 충분한 기금을 마련할 수 있었습니다. 불우이웃을 돕기 위해 새벽까지 고민하며 기도하던 한 사관의 따뜻한 마음이 오늘날 전 세계 백이십 개국에서 매년 12월이 되면 실시하는 구세군 자선냄비의 출발점이 됩니다.

    그렇다면 우리나라에서는 언제 처음 시작되었을까요. 이에 관해서는 〈매일신보〉 1928년 12월 22일 자 신문기사가 있습니다.

> 부내 구세군에서는 추운 동절에 한파에 쫓기는 가련한 빈자에게 쌀과 의복을 주어 연연히 구제 사업을 하여 오는 바 금년에도 구제 자금을 얻기 위하야 21, 22, 24, 25, 29, 31일 6일간 예정으로 구세군 일동이 총출동하야 부내 각주 요처에 자선냄비를 걸어놓고 널리 동정금을 모집하는 중인데 일반은 많은 동정을 하야 주기를 바란다.

    이것이 우리나라에 자선냄비가 처음 등장할 때 상황입니다. 이 당시 구세군 사령관은 스웨덴 출신의 요제프 바Joseph Barr, 한국명 박준섭였으며, 총 모금액은 팔백사십팔 환이었습니다. 모금한 돈 전액으로 죽을 쑤어 노숙자를 대접하였습니다. 이후 6 · 25 전쟁 시기를 제외하고, 한 해도 빠짐없이 자선냄비가 거리에 등장하여 불우한 이웃과 함께 세밑의 정을 나누고 있습니다.

    한편, 자선냄비도 시간이 흐르며 바뀝니다. 참고로 실물 사진은 인터넷 검색하면 많이 볼 수 있습니다. 1928년, 사용된 자선냄비의 모습을 보면 지금과 크게 다릅니다. 당시의 자선냄비는 위는 넓고 밑은 좁은 가마솥을 개조해 만들었습니다. 그러다 1964년, 납작한 원기둥 모양의 자선냄비가 등장합니다. 모습뿐만 아니라 재질도 많이 바뀝니다. 가마솥 당시의 무쇠에서 양철로, 그리고 최근에는 부식되지 않는 전기 아연 도금 강판으로 진화했습니다. 원래 자선냄비는 구세군에서 자체 제작하였지만, 2004년부터는 독일의 주방용품 업체인 〈휘슬러 코리아〉가 후원하면서 지금의 모습으로 탈바꿈했다고 합니다.

03.

욕 나오는 사연

우리 청소년 구십오 퍼센트 이상이 욕을 자연스럽게 내뱉는다고 합니다. 더욱이 그들 사이에서는 욕이 그렇게 나쁜 것이 아니라는 인식이 있답니다. 다시 말해 청소년들의 욕은 그저 평범한 대화 속에 곁들이는 감탄사나 추임새라는 것이지요. 그뿐만 아니라 욕을 통해 구성원 간의 동질성을 확인한다니 오히려 욕을 사용치 않던 학생도 친구 사이에 왕따를 당할까 봐 욕을 한다는 겁니다.

이들이 주로 쓰는 욕 중에는 ○할 놈, ○년 등 우리가 흔히 아는 욕도 많지만 조낸, 찌레, 즐, 빵상 등 뜻도 모르겠고 정말 욕인지조차 구별이 안 가는 그들만의 욕도 참 많습니다. 사실 청소년을 둔 부모 입장에서 욕하는 자식을 좋아할 리 만무겠지만, 그렇다고 어른이 욕을 안 하냐 하면 전혀 그렇지 않습니다. 오히려 어른은 어른대로, 아이는 아이대로 세대별로 다른 욕을 사용하고 있으니, 욕이야말로 그 어떤 언어보다도 왕성한 생명력을 지니고 있다 하겠습니다.

욕은 사전적으로 '특정한 상황적 요인으로 인해 터져 나오는 불만, 저주, 자책, 경멸의 언어로 감정이 내포된 비유적인 속어'라고 정의합니다. 참 점잖은 풀이이지만, 그냥 상^쌍소리로 아는 게 편할 것 같습니다.

욕은 수천 종류에 이른다고 하는데, 그 같은 이유는 욕이 폭력적이고 악의적으로 사용될 때도 있지만, 애칭으로 또는 흉허물 없는 친구끼리 사심 없이 쓰는 경우도 많기 때문이랍니다. 그렇다 하더라도 유독 우리나라가 욕을 많이 하는 이유를 어떤 이는 한반도의 지리적 특성에서 찾습니다. 오랜 세월 주변국들의 잦은 침략으로 자연스럽게 욕이 만들어졌답니다.

실례로, 벼락 맞을 놈 · 급살 맞을 놈 · 불타 죽을 놈 · 지랄 염병할 놈 · 물에 빠져 뒈질 놈 등이 있는데, 이런 욕은 혹시 내가 죽을지도 모르겠다는 극도의 공포와 불안 속에 튀어나오는 말이랍니다. 싸움터나 변방에서 밀려오는 적을 바라보며 벼락이나 물, 전염병 등 초자연 현상이 일어나서 단숨에 적들이 사라져 주길 희망하며 퍼부었던 일종의 저주이지요. 지역을 유추해보면 외침이 잦았던 한반도 북부지역이나 왜놈들이 들락거리던 해안가 일대입니다.

그리고 예외적인 경우이겠으나, 싸움으로 인해 파생된 욕 중에는 화냥년_{청나라에 잡혀갔다 고향에 돌아온 여자}과 쪽발이, 왜놈, 되놈, 호래자식_{오랑캐 노비 자식}이 있습니다.

사회가 안정되면서 개○○나 돼지○○ 등 사람을 짐승에 비유한 욕이 나타나기 시작하고, 법치를 반증하는 태형에 관련된 욕도 사회 전반에 등장합니다. 육시_{죽은 사람을 다시 꺼내 자름}할 놈, 능지처참_{수레로 사지를 찢음}될 놈, 우라질_{오랏줄에 묶여 갈} 놈, 경칠_{죄명을 이마에 새김} 놈, 곤장 맞아 죽을 놈 등등이 여기에 해당하지요. 이런 욕도 이제는 속담사전에서나 나올 정도로 사라졌지만 정말 무시무시한 욕임을 알 수가 있습니다. 형벌과 관련된 욕은 중부지방과 지역 읍면 소재지에서 많이 사용되었습니다.

여러 욕이 뒤섞인 가운데 조선 사회가 되면, 남녀 생식기를 빗대거나 남녀가 교접하는 것을 묘사한 소위 육두문자肉頭文字가 두드러집니다. 대표적으로 씹○놈, 좆○○놈을 꼽을 수 있는데, 이런 욕이 유독 조선에서 기승을 부리게 된 데에는 그만한 이유가 있습니다.

조선 사회는 유교 중심의 양반과 평민, 노예로 구분 짓는 계층 사회였지요. 그런데 양반들의 부패가 만연하면서 평민들의 원성도 높아졌고, 양반을 향한 원망의 수단으로 육두문자가 그 위력을 발휘합니다. 왜 그랬을까요. 양반들은 체면 때문에 함부로 욕을 입에 달지 않았지만, 어쩔 수 없을 때 상놈·재수 없는 놈·후레자식못 배우로 막되게 자라서 몹시 버릇없는 자를 욕하여 이르는 말 등, 하층민에 대한 도덕적 비하 정도로 욕을 사용했습니다. 그에 반해, 하층민들은 위선적인 양반들에게 남녀 교접이나 생식기를 욕설로 드러냄으로써, 그들에게 수치심과 치욕을 안겨 줄 수 있다고 여겼습니다. 이는 양반을 조롱하는 마당극에서도 여과 없이 드러납니다. 그리고 조선 시대 대표적인 방랑시인 김삿갓병연의 시조에는 이런 욕이 기막히게 표현됩니다.

書堂乃早知서당내조지 / 房重皆尊物방중개존물 / 生徒諸未十생도제미십 / 先生來不謁선생내불알

뜻풀이는 이렇습니다. 서당이 있다는 것을 일찍부터 알고 찾아와

보니, 방 안에 모두 귀한 분일세. 학생은 열 명도 채 안 되는데, 선생은 와서 만나 주지도 않네.

김삿갓이 어느 날 서당에 찾아가 훈장에게 하룻밤 재워주기를 청하나, 야박하게 거절하자 인정 없는 훈장을 욕하면서 읊조린 시랍니다. 어떻습니까? 풀이로 보면 훈장에 대한 서운함이 담겨 있지만, 소리 내어 음으로 읽다 보면 화끈거리는 육두문자가 참으로 절묘하게 배열되어 있습니다. 또 있습니다.

"자지自知는 만지晚知고, 보지補知는 조지早知라."

김삿갓에게 남루하다 비웃는 유생들을 향해 일갈한 시조인데, 언뜻 들으면 욕이지만 그 뜻은 스스로 알려면 늦어지고, 서로 도와 알게 되면 빨리 깨우칠 수 있다는 뜻이 됩니다. 이를 듣던 유생들의 기분이 어떠했을지 충분히 짐작이 가고도 남습니다.

육두문자는 특히 유배지에서 기승을 부렸다고 하는데, 그 이유는 죄를 짓고 유배 온 연줄 떨어진 양반을 통해 양반 전체를 빗대어 욕을 함으로써 일종의 카타르시스를 느낄 수가 있었기 때문입니다. 육두문자는 지금 사회에서도 여전히 통용되지만, 더 기술하기가 쑥스러워 이 정도로 해 두겠습니다.

한편, 욕인 듯 아닌듯한 말도 많습니다. 영감탱이는 나이 든 사람을 비하하는 속어이지만, 영감은 조선 시대 벼슬로 보면 당상관으로 상당히 고위직 신분입니다. 이 양반, 저 양반 할 때도 같은 맥락이며, 할망구 역시 '구십 살까지 사시기를 희망'하는 존칭어이지만, 의미가 변했습니다. 마누라도 본래 극존칭이지만 아내를 하대하는 인상을 풍깁니다. 등신은 불교 용어에서 파생된 말이지만, 뜻이 굴절되어 욕의 범주에 들어가고 있습니다. 나열한 이것들은 사실 욕이라기보다 상대를 존칭하여 역설적으로 비꼬는 말이 아닌가 싶습니다.

• 깍쟁이와 경칠 놈 말 뿌리

　모 방송국의 퀴즈 프로그램을 보다가 적잖이 놀란 적이 있습니다. '조선 시대 태조 이성계는 범죄자의 죄명을 얼굴에 새긴 후 석방했다고 합니다. 범죄자는 얼굴 흉터 때문에 사회생활을 온전히 할 수 없어서 지금의 청계천에 모여 살며 구걸을 하거나 남의 집 장례 때 악귀를 쫓아내는 일을 해 주며 상주로부터 돈을 뜯어 연명하였다고 합니다. 그당시는 이런 사람들을 일컬어 이 단어를 사용하여 서울○○○라 했고 지금은 얄밉게 행동하는 사람에게 이것 같다고 말하기도 합니다. 무엇일까요?' 한 문제만을 남긴 학생은 한참을 망설이다 결국 답을 내지 못했고 사회자는 정답이 '깍쟁이'라고 했습니다. 그런데 사회자가 깍쟁이라고 말하는 순간 "어! 이건 아닌데." 하는 생각이 뇌리를 스쳤습니다.

　깍쟁이의 어원은 조선이 아닌 고려 시대로 올라가고, 특히 고려 때 개성에서 가게를 차려 놓고 장사하는 사람을 일컫는다고 알고 있습니다. 부연하자면 깍쟁이는 가게쟁이에서 변형된 말로, 가게를 운영하는 사람들이 더 많은 이문을 남기려 할 때의 인색한 모습을 비꼬아, 가게라는 단어에 사람을 낮춰 부르는 쟁이를 합해 가게쟁이라 한 것입니다. 따라서 깍쟁이가게쟁이는 장사치의 또 다른 말일뿐만 아니라, 나라가 고려에서 조선으로 바뀌고 수도도 개성에서 한양으로 옮겨지는 가운데 서울깍쟁이란 말이 새롭게 회자했습니다. 지금의 종로 거리는 조선 시대에도 가게육의전가 모여 운종가로 불리며 여기서 장사하던 사람을 개성에서처럼 깍쟁이라 불렀다고 합니다. 그 때문에 서울깍쟁이 훨씬 전에 개성깍쟁이가 있었고, 이러한 깍쟁이는 퀴즈에서 언급된 조선 시대 얼굴에 문신한 사람과는 그 관련성이 희박합니다. 그렇다면 문신 당한 사람들이 퀴즈의 정답처럼 깍쟁이가 아니면 무슨 말로 불렀을까요?

먼저 조선 시대 형벌을 살펴보겠습니다. 조선 시대의 형벌 중에는 문신이 있었습니다. 이를 경형黥刑 또는 묵형墨刑이라도 부르는데 주로 절도나 도망자에게 가했던 형벌로, 얼굴이나 팔뚝에 먹물로 죄명을 새겨 넣는 벌이었습니다. 얼굴에는 가로세로 삼 센티미터 범위 안에 두 글자를 새겼으며, 주로 '절도竊盜'가 가장 흔했고 특별히 훔친 물건이 소나 말일 경우 도우盜牛나 도마盜馬를, 노비가 도망가다 붙잡혔을 때는 도망逃亡·도노逃奴·도비逃婢를 새겨 넣었습니다.

우리가 사극에서 종종 듣는 경칠 놈이란 말은, 경黥치다 즉, 먹물로 새기다에서 유래된 것으로, 죄를 지어 평생 얼굴에 문신을 새긴 채 살아갈 놈이라는 저주를 담은 욕설입니다. 이런 경친 놈은 얼굴을 가리지 않는 이상 범죄자임이 드러나서 주변 사람들의 멸시와 경멸의 대상이 되었습니다. 한번 경치게 되면 온갖 따돌림을 당하므로 결국 마을을 떠날 수밖에 없습니다. 초록은 동색이라고 이런 사람들끼리 인적이 드문 청계천 변을 따라 움집을 파고 살았으니 그들을 땅꾼 또는 깍정이라고 불렀습니다. 이들은 대개 비렁뱅이 거지 노릇을 하였지만, 소 돼지를 잡는 백정이나 뱀을 잡아 내다 팔아 목숨을 이어 갔습니다.

그럼 퀴즈로 돌아가서, 잠시 살펴본 대로라면 퀴즈의 답이었던 깍쟁이는 깍정이이어야 맞습니다. 만일 탈락한 학생이 땅꾼이나 경친 놈이라 말했더라면 그것도 정답일 수 있겠지요.

04.
화장과 국내 화장품 일백 년 역사

화장 특히 얼굴 화장이 오늘날에는 멋을 내는 수단이지만, 예전에는 멋뿐만 아니라 그 밖의 다른 이유가 더 많았습니다. 원시 부족들은 적이나 짐승에게 공포감을 주려고 무서운 모습으로 화장을 했으며, 주술사는 신의 모습으로 분장하여 종족의 안위를 구했습니다. 한편 같은 화장을 하여 사회 유대감을 형성하기도 하고, 네안데르탈인 경우 시신의 얼굴에 검은색과 주황색 파우더를 칠하고 나서 저승의 신을 만나게 하였습니다.

결혼을 앞둔 남녀의 얼굴 화장은 부정한 기운을 쫓기 위함이었는데, 이는 우리네 전통혼례에서 나타나는 연지곤지로도 설명됩니다. 고대 이집트인들의 눈 화장은 아름다움의 표현과 동시에 눈물샘을 자극해 사막의 건조한 모래바람으로부터 눈을 보호하려는 목적도 있었답니다. 이는 미얀마 여성들이 강한 햇볕으로부터 얼굴을 보호하려는 전통 얼굴 화장술과 같은 맥락일 것입니다. 우리나라도 예외는 아니어서 과거에는 위장술, 피부 보호, 종교적 행위가 혼재하다가 차츰

미의 수단으로 변해가는 흐름을 벽화나 유물을 통해 쉽게 알 수 있습니다.

　화장이 아름다움의 수단으로 자리 잡은 시기는 고대 이집트 후기라는 것이 통념입니다. 1922년 투탕카멘Tutankhamun의 묘가 발굴될 당시 이집트 학자의 보고에 의하면 "기원전 1350년경 이집트 상류 여성은 화려한 화장대와 검은색, 녹색 계열의 연고와 붉은 분을 사용하였다."라고 합니다. 그뿐만 아니라 손톱에도 색칠하였고, 머리칼은 열대 나뭇잎에서 추출한 오렌지색의 헤나로 물들였다 합니다.

　이러한 이집트의 화장품과 화장술은 그리스 · 로마로 이어지면서 종류와 방법도 다양해졌습니다. 화장을 돋보이게 하는 가발 · 향수 · 납분 등도 이때 등장했고, 화장 부위도 얼굴과 손에서 발톱 심지어 젖꼭지와 엉덩이까지 확대됩니다. 귀족 여성을 위해 화장 담당 여성 노예가 있었다니 흥미롭습니다. 그녀들은 각기 마사지 담당, 매니큐어와 페디큐어 담당, 머리 손질, 눈썹과 머리카락 색조 담당, 거울 담당, 의상 담당 등으로 역할을 나누었다고 합니다. 오늘날의 미용실, 네일 아트, 피부 마사지 숍, 의상실의 원조인 셈입니다.

　우리나라 경우 미를 추구하는 여성의 욕구에는 별반 차이가 없지만, 화장 재료나 방법은 달랐습니다. 얼굴 화장의 단계로는 피부를 뽀얗게 하는 기초화장으로 담장, 볼 터치 같은 은은한 색조 화장인 농장, 관능적인 짙은 화장의 염장으로 나눌 수 있겠습니다. 기초화장의 주재료는 천연 소재로써 곡물가루나 기름, 벌집 밀랍, 수세미 · 오이 · 창포 같은 식물 추출액, 달걀과 술을 섞은 화장수를 많이 사용하였습니다. 색조의 경우는 홍화 연지, 눈썹용 굴참나무 재, 파우더용 조개나 진주 가루, 납분 등이 주류를 이루며 전통 화장의 맥을 이어왔습니다. 화장은 아니면서 화장의 마감이랄 수 있는 향수가 우리에게도 있었다 합니다. 많은 종류가 있었는데, 백단나무에서 내뿜는 백단향을 으뜸으로 쳤습니다. 백단을 우려 천에 묻혀서 향 갑이나 향낭을 만들어 몸에 지니면, 은은한 향내가 주변의 시선을 모았습니다. 서양향수와 다르긴 해도 용도는 같습니다.

문호 개방 후, 시중에 판매된 최초의 근대 화장품은 1915년 출시된 '박가분朴家粉' 화장품입니다. '박가분'이란 박 씨네 집에서 만든 분이란 뜻입니다. 박 씨는 박승직으로 지금의 두산그룹 모태인 〈박승직상점〉의 대표를 말합니다. '박가분'은 박승직의 아내 정정숙이 상점의 판촉물로 만들었는데, 의외로 인기가 좋아 주력상품으로 판매하였습니다. 시판 전 여성이 제일 선호하는 물품은 고무신이었지만 단숨에 '박가분'이 이를 갈아 치웁니다. 그러자 '서가분, 장가분' 등 유사상품도 등장했습니다. 거기에 값싼 일본 분과 청나라 분까지 가세했고, 설상가상 '박가분'에 납 성분이 들었다고 고소당하여 결국 1937년 자취를 감춥니다.

1930년대를 풍미한 또 하나의 히트 상품은 동백 머릿기름입니다. 〈아모레퍼시픽〉 창업주인 서성환 회장의 어머니 윤독정이 1932년, 개성에서 동백기름을 직접 만들었습니다. 냄새가 나지 않고 윤기가 오래 지속하면서도 때가 잘 끼지 않아 최고의 인기를 누렸습니다. 제품 판매는 서성환의 〈창성상점〉이 담당하였으며, 이 회사가 지금의 〈아모레 퍼시픽〉입니다.

1940년대 말에는 '동동구리무'가 대 유행이었고, 그 중심에는 '럭키 크림'이 있었습니다. 제품을 시판한 회사는 현 엘지그룹의 모태가 되는 〈락희화학공업사〉입니다. 이 당시 크림을 '동동구리무'라고 불렀는데 행상들이 북을 동동 치면서 크림의 일본식 발음인 구리무를 외쳤기 때문에 이런 이름을 갖게 되었습니다. 럭키 크림이 나오기 전에도 이미 '아마쓰구리무, 동동구루무' 등 많은 동동구리무가 있었지만, '럭키 크림'의 동동구리무는 미국 유명 여배우 디애나 더빈Deanna Durbin의 사진을 크림 용기에 붙여 외제 이미지를 살렸는데 결과는 대성공이었습니다. 값도 유사 제품보다 훨씬 비쌌지만, 날개 돋친 듯 팔려 나갔다고 합니다. 오늘날로 보면 판매 마케팅 전략이 주효했다 하겠습니다.

1950년대는 전쟁 여파로 생산 시설이 대부분 파괴되어 화장품도 주로 외제품을 썼습니다. 특히 미군 부대 피엑스PX, Post eXchange, 군인과 허가받은 이에게 식품이나 일용품을 판매하는 매점-편집자 주에서 암암리에 나오는 미제 화장품은 그나마 경제력이 있던 여성들의 선호 대상이었지요. 그러던 중 여성 제품이 아닌 남성용 머리 화장품 '에이비시ABC포마드'가 〈태평양화학현 아모레퍼시픽〉에서 선보입니다. 피마자기름으로 만든 한국 최초의 식물성 'ABC 포마드'는 출시와 더불어 전국을 강타하면서 와이셔츠 차림의 남성이라면 으레 'ABC 포마드'로 외출 차림새를 마감하였습니다.

1960년대는 프랑스 유명 화장품 회사인 〈코티〉와 기술 제휴로 등장한 〈태평양화학〉의 '코티 분백분'이 대인기였습니다. 코티분은 1970년대에 휴대가 편한 콤팩트나 케이크 종류가 등장하면서 인기가 식었지만 지금도 많은 여성이 기억하고 있는 추억의 제품입니다. 한편 1960년대 후반 전 세계 젊은이에게 영향을 끼친 히피 문화와 외국 팝스타나 배우의 외모를 통해 국내 화장품 트렌드에도 변화를 가져옵니다. 아이섀도가 본격적으로 유행되고, 눈가에 반짝이는 '펄 섀도' 화장도 전혀 어색하지 않게 되었습니다.

1980년 12월, 컬러텔레비전 시대가 열리면서 화장품 시장은 출렁거립니다. 컬러텔레비전을 통해 여성들이 색조 화장에 눈을 뜨면서 화장품 업계도 폭발적으로 성장합니다. 더욱이 1983년 화장품 시장이 개방되면서 화장품 전국시대가 펼쳐집니다. 이 당시 인기 제품으로는 〈럭키현재 엘지생활건강〉에서 만든 '드봉' 브랜드입니다. 소피 마르소 Sophie Marceau를 광고 모델로 기용하여, 텔레비전에서 '드봉'하며 입술을 오므리는 소피 마르소의 모습은 여성은 물론 많은 남성의 뇌리에 각인되었으며, 동일 제품 판매 1위에 오르는 영광도 누립니다.

1990년대 이후부터 많은 화장품 브랜드가 생겨났으며, 2000년대에는 샤○, 랑○, 디○르, 에스○로더 등 해외 유명 화장품과 치열한 경쟁을 하며 기술력을 증진하여 마침내 세계인의 화장품으로 우뚝 서게 되었습니다. 그뿐만 아니라 한국 드라마와 케이-팝K-Pop 열풍으로 일본, 중국은 물론 아시아권에서는 한국 화장품을 단연 으뜸으로 꼽고 있습니다.

05.
한국 치킨 열전

　하루 닭 소비량이 이백만 마리를 넘는다고 하니, 우리의 닭 사랑은 분명 남다른 데가 있나 봅니다. 그 많은 닭으로 삶고·볶고·굽고·튀기는 등 요리방법도 수십 가지고, 맛도 각양각색이라 외식 음식으로서 인기는 계속될 것 같습니다. 격세지감, 불과 반세기 이전만해도 이러한 풍요로움이 오리라 상상할 수 있는 사람은 거의 없었습니다.

　예로부터 조상들은 닭에 대해 알을 내주는 고마운 가축으로 귀히여겼습니다. 그래서 특별한 날이 아니면 함부로 닭을 잡지 않았습니다. 부득이 닭을 잡아야 할 때도 알을 더 낳지 못하는 노계老鷄를 우선으로 했으며, 극히 예외적으로 사위에게 고아 주던 씨암탉은 집안에 가장 소중한 보물이자 장모님의 지극한 사랑 표시였습니다. 씨암탉이 아닌 늙은 닭은 대개 살코기가 질겨서 오래 푹 삶아야 연하고 맛도 우러났습니다. 그 때문에 근·현대 초반까지 이런 조리방식의 백숙이나 삼계탕이 우리네 전통 닭 요리였지만, 일 년에 한 번도 먹기 어려운 귀한 음식이었습니다.

전쟁을 치르고 허기진 1960년대에, 정부는 무엇보다 식량 대책을 우선으로 추진합니다. 그중 하나가 양계산업의 육성이었는데, 소나 돼지는 품도 많이 들고 비용도 만만치 않아서, 짧은 기간에 달걀과 고기를 생산할 수 있는 양계 쪽을 택합니다. 양계용 닭은 토종보다 미국산 브로일러Broiler, 병아리를 비육시켜 육용으로 쓰는 닭-편집자 주가 주종이었습니다. 브로일러는 빨리 컸고 배합사료만으로도 몸집이 금방 불어나서 부화한 지 한 달이면 먹을 수 있기 때문입니다. 정부의 지원으로 양계 농가가 늘고 사료 공급이 원활해지면서, 사업 당해 년에 천이백만 마리의 육계닭고기를 출하할 수 있었습니다. 이로 인해 번화한 거리에 삼계탕 전문점이 생기고, 상대적으로 조리 시간이 긴 백숙과 닭볶음탕 요리 집들은 행락객이 몰리는 도심 근교 계곡이나 강가에 자리 잡았습니다.

닭고기 보급량이 증가하자 요리에도 새로운 변화가 생겼습니다. 닭이 기름을 만났지요. 일명 전기구이 통닭으로 부르는 새 메뉴는 그동안 닭 요리에 대한 종래 인식을 바꾸었습니다. 닭은 물에 삶아야 제 맛이라던 사람들이 기름을 둘러도 환상의 맛이 난다는 사실에 정말 놀랍니다. 해서 1960년대 중반부터 거리에는 '○○ 영양센터'란 간판이 내 걸렸고, 특히 월급날 이곳에 전기구이 통닭을 사려는 샐러리맨들로 가득 찼습니다. 전기구이 통닭은 요즘 길에서 파는 장작 구이 통닭과 비슷했습니다. 1970년대에 쇼트닝과 국내산 식용유가 값싸게 공급되면서 한국에 튀긴 음식이 본격적으로 등장합니다. 기름의 고소함에 맛 들인 우리는 이제 웬만한 식자재를 튀깁니다. 생선·오징어도 튀기고, 채소도 튀겼으며, 심지어 오도독이라 불리는 밀가루 반죽도 끓는 기름에 넣습니다. 물론 닭도 통째로 기름통에 풍덩 빠뜨려 요즘 말하는 옛날 통닭을 만듭니다.

전기구이와 튀김 통닭이 호황을 누리던 1970년대 후반, 두 개의 닭 요리가 혜성처럼 나타납니다. 숯불 양념구이와 켄터키 치킨입니다. 숯불 양념구이는 생닭 몸통을 조각내어 간장·물엿·후추·마늘 등으로 숙성시킨 후, 숯불에 직접 구워 먹는 요리로 오늘날 숯불 닭갈비 원조라 할 수 있습니다. 반면, 켄터키 치킨은 닭 한 마리를 여섯 등분하여 갖가지 소스와 튀김가루를 입힌 후 바싹 튀겨낸 음식입니다.

비록 〈케이에프씨, KFCKenturkey Fried Chicken〉에서 나온 제품을 모방했지만, 미국식 요리라는 점과 살코기를 감싼 도톰한 튀김옷에 풍미가 있어 인기가 많았습니다. 본토 맛은 아니지만, 켄터키 치킨은 일명 프라이드Fried의 원조이자, 치킨이란 말을 대중화시킨 장본인입니다. 켄터키 치킨이 잘 팔린다는 소문이 나자, 기존 통닭집들이 켄터키 치킨으로 간판을 바꾸며 호황에 합세했습니다. 그러는 가운데 켄터키 치킨이란 상호보다는 프라이드 치킨 맛에 중점을 두고 독자 브랜드로 시판한 '림스 후라이드'와 '페리카나 치킨'은 국내 1세대 프라이드치킨으로 기록되며, 공식적인 한국 프라이드 치킨의 선구자가 됩니다.

1984년, 세계 굴지의 프랜차이즈 회사인 〈케이에프씨〉가 한국에 상륙합니다. 곧이어 국내 치킨 시장은 심하게 요동칩니다. 예견된 일이긴 하지만, 종래 켄터키 치킨집은 상표위반으로 간판을 바꿔야 했고, 미국 정통 프라이드 치킨 맛을 본 소비자들은 국내 프라이드를 외면하기 시작했습니다. 〈케이에프씨〉의 세련된 매장과 체계적인 프랜차이즈 확장으로 〈케이에프씨〉는 불과 얼마 안 돼 국내 치킨 시장을 장악합니다.

위기에 몰린 국내 업체들은 시급히 차별화를 모색합니다. 그리고 고심 끝에 두 가지 방법을 찾습니다. 하나는 치킨을 술안주로 내세우고, 또 하나는 우리 입맛에 맞는 양념치킨을 개발합니다. 서양과 달리 우리는 외식을 할 때 술을 자연스럽게 마신다는 점과 프라이드의 고소함도 좋지만, 전통적으로 매콤하고 달콤한 맛을 더 좋아한다는 사실에 착안한 결과입니다. 먼저 '처갓집 양념통닭'과 '페리카나'가 체인점을 통해서 양념치킨의 초기 시장을 형성하고, 프랜차이즈 업소가 아닌 개인 가게는 '치킨 & 비어, 통닭과 생맥주, 꼬끼오 앤 생맥주' 등 기발한 구호와 함께 맥주의 안주는 치킨이 제격임을 알렸습니다. 여기에 전화 한 통이면 즉시 배달해 주는 서비스와 프로 야구 경기장에서 치맥^{치킨과 맥주} 즐거움까지 보태며 한쪽으로 쏠렸던 치킨 시장의 판세가 어느 정도 균형을 잡습니다.

그러던 1997년, 아이엠에프^{IMF, International Monetary Fund, 국제통화기금} 외환위기로 우리의 일상은 송두리째 뒤집어집니다. 기계가 멈추고 넥타이는 장롱에 들어갔습니다. 거리로 내몰린 아버지들은 공원 벤치에 앉아 하늘만 무심히 바라봤습니다. 허탈과 분노와 두려움의 시절. 그런데도 가족을 생각하며 늘어진 어깨를 펴야만 했습니다. 생계 자금이라 할 수 있는 퇴직금을 꼭 쥐고 여기저기 기웃거리다, 이렇다 할 기술도 없어 고깃집이나 치킨집에 시선을 멈췄습니다. 그것도 설비에서 재료 공급, 판매 방식까지 알려주는 프랜차이즈 업체에 우선순위를 두었지요. 힘든 시기에 나타난 이런 현상으로 오히려 치킨 시장이 커지고 메뉴도 다양하게 변화합니다. '비비큐^{BBQ} · 페리카나 · 교촌치킨 · 처갓집치킨 · 멕시카나 · 네네치킨 · 이서방치킨 · 멕코이 양

넘치킨' 등 동네 치킨까지 치킨 업계는 춘추 전국시대를 맞습니다. 반면, 치킨계의 선두그룹인 〈케이에프씨〉나 〈파파이스〉는 외국 기업이라는 딱지가 붙어, 불매운동의 희생양이 되고 판매는 급감합니다.

아이엠에프의 악몽을 잠시 잊고 열광의 도가니에 빠진 2002년 한일 월드컵. 4강까지 오르리라 누구도 예상 못 했던 그 순간 우리는 광화문 한복판에, 동네 치킨집에, 공설 운동장에 붉은 옷을 입고 앉았습니다. 그리고 대형 스크린에 눈을 고정한 채 한 손에는 맥주, 다른 손에는 치킨 한 조각을 들고 대한민국을 외쳤습니다. 치맥을 먹어서 4강을 갔는지 4강 가서 치맥을 먹었는지는 모르겠지만, 이후 큰 경기가 있는 날이면 우리는 먼저 치킨 집에 자리를 잡았습니다. 동그랗게 눈을 뜨고 외국인은 말합니다. 이는 한국인만의 독특한 '치맥 문화'라고. 그렇습니다. 그러나 단지 치맥을 즐긴다 해서 '치맥 문화'가 아니라, 한때 IMF의 아픔과 월드컵 4강의 뜨거운 환호가 치맥 속 이야기로 남아있기에 우리의 '치맥 사랑'이 이어지는 것이 아닐는지요.

06.
인삼 예찬

경기도 파주에 가면 민통선 안에 장단 마을이 있습니다. 이 마을에서는 해마다 장단 콩 축제를 여는데, 우리나라 콩 중에서 장단 콩이 가장 품질이 좋아서 이를 홍보하고 적극적으로 판매하기 위해 시작하였다고 합니다. 그런데 장단 콩이 다른 지역 콩보다 우수한 이유는 인삼과 관련 있다고 합니다. 개성 인삼밭이 장단면에도 많이 퍼져 있는데 그 인삼밭 사이로 콩을 심으면 품질이나 영양에서 다른 콩보다 큰 차이를 보인다고 하더군요. 그러니까 인삼의 기운이 콩에 스며들어 효능이 막강한 장단 콩이 되었다 합니다.

우리나라 인삼은 오랜 역사와 함께 약 중의 약으로서, 동양 한방의 왕좌를 차지하고 있습니다. 현대 과학으로도 아직 인삼의 신비한 효능을 다 밝혀내진 못하고 있지만, 그 효과와 가치는 세계적으로 널리 알려졌습니다. 인삼은 원기를 북돋아 힘을 내게 하고 혈액순환과 피의 생산을 왕성하게 해서 폐 기능 강화는 물론 당뇨, 고혈압에 빠질 수 없는 약재로 사용됩니다. 최근에는 항암효과도 탁월하다고 학계에서 보고된답니다.

　인삼의 본래 명칭은 순우리말로 심입니다. 산삼을 캐러 다니는 사람을 심마니라고 말하며 산삼을 발견하면 "심봤다!"라고 소리칩니다. 이러한 심을 한자로 표기하면 삼蔘이고, 사람의 손으로 키운 인삼과 야생의 산삼으로 구분합니다. 삼의 분포 지역은 만주와 한반도에 집중되며 특히 한반도는 지형 지질학적으로 토양에 풍부한 유기질을 포함하고 있습니다. 진시황秦始皇이 그토록 구하고자 했던 불로초도 한반도의 산삼으로 알려졌지만 끝내 먹어보지 못하고 죽었다고 합니다.

　이렇듯 삼은 효험의 영약으로 인식되어 앞다퉈 구하려고 하였는데, 한국에서조차 삼산삼이 워낙 귀하고 찾기도 힘이 들어 지배층 일부나 구할 수 있었고 명성 탓에 고가의 해외 수출품으로 팔려나갔습니다. 한 가지 재밌는 이야기는, 일본에서도 한국의 삼이 귀한 대접을 받기는 마찬가지여서 일반 서민은 감히 엄두를 내지 못하는데, 그런데도 한국의 삼을 우려서 부모에게 마시게 하는 것을 최고의 효도로 생각했답니다.

　이런 심리를 이용하여 일찍부터 발달한 일본 전당포에서는 한국 삼을 큰 값을 치러서 받았고 찾아갈 능력이 없는 사람들의 한국 삼을 일반인에게 빌려주었는데 이를 빌린 사람은 집에서 삼을 우려 그 물을 받고는 도로 전당포에 반납해야 했습니다. 그래서 삼을 몇 번 우렸는가에 따라 대여비가 차이가 났다고 합니다. 일본인 중에 특히 대마도 사람들은 우리나라 산삼을 일본 본토에 구매가의 백 배에 팔았다고 하니 그 인기가 어느 정도인지 가늠할 수 있겠습니다.

　고려 인삼이란 옛 중국에서 우리나라 삼을 구별하여 부른 데서 유래했다고 합니다. 중국 양나라 때 도홍경陶弘景은 "백제로부터 삼을 들여온다."라고 하였고,《삼국사기》에도 고구려·백제·신라가 중국에 인삼을 진상하거나 무역거래를 하였다고 적고 있습니다. 중국에서는 우리 삼을 고려삼·백제삼·신라삼으로 구분하고, 고려 삼을 으뜸으로 쳤다고 합니다. 여기서 고려 삼은 고구려 삼을 말하며, 옛 중국에서는 고구려를 고려라 부르기도 했습니다. 고려 인삼은 통일 신라를 거쳐 고려, 조선 시대로 이어져 오늘날 한국 인삼을 지칭하는 대명사입니다. 고려 인삼은 몸을 보하는 귀한 약재로 여겼기 때문에, 아주 귀한 손님을 맞이하면 인삼탕을 달여 올렸습니다. 임진왜란 때 잘 싸워준 명나라 장수 양호를 선조가 초대하여 인삼탕을 권했더니 참으로 기뻐하였다는 기록이 있고, 이후 명나라 사신들이 조선에 오면 으레 고려 인삼탕을 찾더라는 내용을 통해 조선 시대 인삼의 음용 방법을 가늠해 볼 수 있겠습니다.

한편, 산삼은 보통 몇십 년에서 오래된 것은 백 년을 훌쩍 넘는 귀한 식물이라 수요보다 공급은 엄청나게 달릴 수밖에 없었습니다. 그래서 생각해 낸 것이 바로 인공 재배였지요. 고려 말에서 조선 초에 산삼의 씨를 받아 특정 지역에 뿌려 재배하는 장뇌삼을 시작했으며, 15세기에 이르러서 오늘날과 같은 인삼 재배 방식으로 시작했답니다. 기록에는 숙종 때 지금의 전남 화순에 최 씨 농부가 인삼 재배에 성공했다고 하는데, 소문이 전국으로 퍼지면서 개성상인들이 재배 방법을 배워 개성에서 본격적으로 인삼을 생산했다고 합니다.

에도 바쿠후幕府 시절 일본의 팔 대 쇼군 도쿠가와 요시무네德川吉宗가 왜관의 일본인을 시켜 몰래 인삼의 종자와 재배법을 빼내어 일본에 우리 인삼을 심은 적이 있습니다. 몇 년 동안 지극정성으로 인삼을 가꿔 수확에 성공했는데 그 효능에 있어 엄청난 차이가 있더랍니다. 우리 인삼의 씨를 뿌려도 좋은 결과를 얻지 못하자 오히려 우리 인삼을 찾는 사람이 늘어났고 값은 더 비싸졌다고 합니다. 인삼은 자라는 지역의 토질과 환경이 중요한 것을 몰랐던 것이지요.

인삼은 기후, 토양에 지극히 민감해서 기르기가 매우 힘든데, 세계적으로 우리나라가 최적지라고 합니다. 요즈음 미국, 캐나다, 러시아, 중국에서 인삼을 재배하여 세계시장에 내다 팔고 있지만 효능에서 한국 인삼을 결코 따라갈 수 없다 합니다. 수삼을 여러 번 쪄서 만든 홍삼은 열이 많은 사람이 먹으면 열을 내리는 효과가 있고 혈압조절이 뛰어나서 고혈압과 저혈압 환자 모두에게 큰 효과가 있습니다. 최근의 홍삼은 보관도 쉽고 사포닌을 더욱 증가시켜 품질이 더욱 우수합니다.

오늘날 충남 금산을 비롯한 강원도에서도 인삼재배를 해 전국적으로 퍼지고 특히 강화도는 육 년 근 인삼을 기를 수 있는 최적지로 평가받습니다. 6·25 전쟁으로 개성이 북한 땅이 되자 개성 사람들이 대거 강화도로 피난 왔는데 그 당시 인삼 종자를 가지고 와서 강화에서 재배하며 강화 인삼의 새로운 명성을 얻습니다. 놀라운 사실은 강화도가 개성의 토양과 기후 조건이 가장 흡사했기 때문에 육질이 탄탄하고 중량도 더 나가며 향이 강하고 사포닌 함량이 높아 상품 가치가 우수하다고 합니다.

인삼은 상태에 따라 수삼, 백삼, 홍삼으로 구분합니다. 수삼이란 인삼을 캐어 말리지 않은 인삼으로 갈아 마시거나 삼계탕에 넣거나 나물로 먹습니다. 백삼이나 홍삼은 송나라 서긍徐兢이 잘 묘사하고 있습니다.

백삼白蔘이 좋기는 좋은데 여름을 지내면 좀이 슬기 때문에 솥에 쪄야 보존성이 있다. 개성 삼은 대략 백삼·홍삼의 두 가지로 나뉘는데, 백삼은 흙에서 캔 삼을 껍질을 벗긴 후 햇볕에 말린 것이며, 홍삼은 흙에서 캔 삼을 씻어 가마에 넣고 찐 것이다.

이 내용에서 보면 홍삼이 고려 시대에도 이미 성행하였음을 알 수 있습니다. 참고로 태극삼도 있는데 이것은 홍삼과 백삼의 중간 상태로 수삼을 물로 살짝 익혀서 직립 형태로 말린 인삼을 말합니다.

야생에서 산삼은 백 년 이상 자라지만, 재배 인삼의 경우 보통 육 년 이상 살기 어려워 육 년 근이 엄청 귀합니다. 따라서 인삼을 생육 시기에 따라 오 년 근, 육 년 근으로 나누는데 약효 차이는 별로 없지만 육 년 근이 크기가 크고 희소하여 가격이 비싼 편입니다.

07.
헝그리 정신 시대

한국전쟁6.25 후 우리 사회는 깊은 우울증을 앓게 됩니다. 부모·자녀·형제와 이별하고 살아남았다는 회한과 폐허가 된 산천에서 식량을 도저히 구하지 못하여 사람들은 웃을 일이 거의 없었습니다. 배고파 칭얼거리는 아이는 엄마의 빈 젖꼭지를 연신 빨아대고, 보다 못한 아버지는 못내 안쓰러워서 집 밖을 나서 보지만 갈 곳도 오라는 곳도 없는 집 밖은 그래서 더욱 암담했습니다.

사회가 그늘지면 독버섯들은 자라나게 마련이어서 대낮에도 깡패들은 활개를 치고, 정치꾼들은 눈이 빨개져 그저 제 잇속만 채우려 하였습니다. 기상천외한 사사오입 개헌과 3·15 부정선거는 결국 고귀한 학생의 피로써 처단되었지만4·19 혁명 그것도 잠시, 곧이어 등장한 군홧발은 사회 부조리를 제거하겠다는 명분으로 겨우 싹튼 민주마저 짓밟아 버렸지요. 서슬 퍼런 군인들은 이렇게 외쳤습니다. 민주가 밥 먹여 주냐고, 그리고 이 말은 당시 배고픈 서민에게 그럭저럭 공감을 불러일으켰습니다. 비록 정치는 억눌려 있었지만, 거리마다 수출입국

또는 체력은 국력이란 표어가 나붙었고 오가는 사람들의 발걸음도 무언가 할 일이 생긴 양 빨라졌습니다.

'체력은 국력'

수출입국은 경제성장에 우선한 일이라 이해가 되지만, 먹을 것도 변변치 못한 그 당시 살림살이에 체력을 강조한 까닭은 무엇이었을까요. 이유는 간단합니다. 수출하자면 수출 대상국이 먼저 우리나라를 알아줘야 했는데, 나라가 가난하다 보니 나라 홍보는 엄두를 못 내고 그래서 스포츠를 통해 국가를 알리는 것이 그나마 손쉬운 방법이었던 거지요. 따라서 스포츠 육성은 수출과 함께 국가 주요 정책의 하나가 되었고, 가난한 청년들에게는 부와 명예를 거머쥘 수 있는 장밋빛 희망이었습니다. 이때를 우리는 헝그리Hungry 정신 시대라 부릅니다. 이 시대에 성장한 스포츠로는 축구, 태권도, 레슬링, 복싱 등으로, 돈 많이 드는 스포츠보다 튼튼한 체력과 강인한 끈기로 승부를 거는 종목이었습니다.

1966년 6월 25일, 이날은 우리나라 전체를 떠들썩하게 만든 날이었습니다. 프로 권투 김기수 선수가 이탈리아의 니노 벤베누티Giovanni Benvenuti를 이 대 일 판정승으로 이기고 더블유비에이WBA, World Boxing Association, 세계 권투 협회 주니어 미들급 세계 챔피언에 올랐습니다. 북한 함흥에서 월남한 가난한 소년 김기수는 일찍이 권투에 모든 것을 걸었고 이미 1958년, 도쿄 아시아 경기에서 금메달을 획득한 후 프로로 데뷔하여 이날 우리나라 최초의 세계 챔피언이 되었습니다. 장충체육관에서 치러진 이 경기에 박정희 대통령도 참석하였는데 승리를 확인한 김기수는 챔피언 벨트를 가지고 대통령에게 달려갔고, 대통령은 김기수 선수에게 직접 벨트를 채워주며 서로가 감격의 눈시울을 적셨습니다.

김기수 파급 효과는 스포츠의 여러 종목에서 금방 나타났습니다. 레슬링 부문에서 장찬선과 김화경이 각각 미국과 소련에서 태극기를 올렸고 사라예보에서는 이에리사가 한국 탁구의 역사를 새로 썼습니다. 조오련 선수는 '아시아의 물개'로 일약 스타의 반열에 올랐으며, 백옥자 선수는 원반으로 아시아를 놀라게 하였습니다. 축구에서는 박스컵, 메르데카 컵, 킹스 컵에서 이세연, 이회택, 차범근 등 걸출한 인물을 배출했고, 신동파 선수가 필리핀에서 농구의 우상이 될 정도로 득점을 잘했습니다.

1973년 7월 3일, 한국 프로 복싱에 두 번째의 신화가 탄생합니다. 가정용 텔레비전이 귀했던 이때 대부분 사람은 트랜지스터라디오 앞에 앉았습니다. 그리고 남아프리카 공화국이 어디에 있는지 잘 모르지만, 홍수환 선수가 그 나라의 아널드 테일러Arnold Taylor와 세계 밴텀급 타이틀 경기를 한다는 사실 하나로 숨죽이며 귀 기울이고 있었습니다. 지지직거리는 잡음 속에서도 아나운서가 환호하면 같이 환호하고 한숨 소리가 들리면 똑같이 깊은 신음을 내뱉었습니다. 마침내 손에 땀을 쥐게 하던 십오 라운드가 끝나고 승리에 들뜬 홍수환 선수가 엄마와의 전화 통화에서 말한 첫마디 "엄마, 나 챔피언 먹었어." 그리고 이어 "그래 내 아들아, 대한민국 만세다."라는 엄마의 대답은 사십 년이 지난 지금도 세간의 화재로 남아 있습니다. 챔피언 먹었다는 말은 홍수환 선수가 그동안의 모든 역경과 가난을 보상받을 수 있다는 기대였을 것이고, 대한민국 만세라는 어머니 답변은 당시 우리 사회의 분위기를 잘 말해주는 대목이지요.

홍수환 선수는 1977년 11월에 또다시 한국민의 뇌리에 영원히 각인될 사전 오기의 신화를 만들어 냅니다. 파나마 선수 헥토르 카라야스키Hector Carrasquilla와 경기에서 둘째 판에 무려 네 번이나 다운이 되어보는 이로 하여금 모두 고개를 가로저었는데, 셋째 판에 들어서자 한 편의 드라마처럼 온 힘을 쏟아내며 상대 선수를 매트에 넘어뜨립니다. 기적이 일어난 것이지요. 이 회전에서 맞은 얼굴은 퉁퉁 부어 양 눈이 감길 정도가 되었는데도 홍수환 선수는 체력이 아닌 강한 정신력으로 승리를 거둡니다. 이 경기 이후 사람들은 고사성어 칠전팔기 대신 홍수환의 사전오기를 내세우며 포기하지 않는 정신을 공유합니다.

홍수환 경기 이후 복싱계는 제2의 홍수환을 꿈꾸는 선수를 대거 배출하여 한국 프로 복싱 역사에 최고 중흥기를 맞이합니다. 당시 대표 선수로는 염동균, 장정구, 유명우, 김상현, 박찬희, 김태식, 박종팔 등이 있는데 이들은 복싱을 통해 한국을 알리고 스스로 부와 명예를 얻게 됩니다.

그러나 위의 선수들처럼 화려한 등극을 한 선수가 있고, 김득구 같은 비운의 선수도 있었습니다. 이 선수는 미국 라스베이거스에서 맨시니Ray Mancini 선수와의 경기 중 십사 라운드에 의식을 잃고 사흘 뒤 사망합니다. 김득구 선수의 사망은 프로 복싱의 쇠락을 알리는 신호탄이 되었지만, 그보다는 1980년대 들어 한국 경제가 괄목할 만한 성장을 이루며 이제 맨주먹으로 일어나고 버티는 정신이 힘을 잃은 것에 근본적인 원인이 있다고 봅니다.

1960년대부터 1980년대 초반까지 한국 사회는 스포츠의 헝그리 정신-'잘살아 보세.'를 외치고 '하면 된다.' 혹은 '안 되면 되게 하라.'는 구호 아래 많은 희생을 감수하며 나와 다른 이를 이끌어야 했습니다. 그 당시의 배고픈 문화가 비록 지금은 기억 한구석에 박제되어 사진으로 남아 있지만, 당시로써는 그 정신이 사회 소명이었고 그 정신이 모태가 되어 지금의 한국 사회를 만들게 되었음을 잊어서는 안 됩니다.

08.
짬뽕과 자장면의 유래

　우리나라는 짬뽕라면의 전국시대 같습니다. 진 짬뽕 · 갓 짬뽕 · 불 짬뽕 · 맛 짬뽕 등 각가지 짬뽕라면이 선두 자리다툼에 열을 올리고 있고, 동네 중국음식점의 짬뽕 매출이 줄어들고, 이대로 가다간 음식점에서 짬뽕이 사라지는 게 아니냐는 사장님들의 볼멘소리가 있다던데 지나친 과장이겠지요. 라면은 간편식의 한계를 가지고 있어서 아무리 맛있다 해도, 자연 그대로의 신선한 재료로 만든 음식점 짬뽕과 그 맛에서 차이를 보일 수밖에 없습니다. 따라서 앓는 소리를 하시는 음식점 사장님들은 먼저 자신 가게의 짬뽕 맛이 어떤지를 살펴봐야 할 것입니다.

　짬뽕은 자장면과 더불어 능히 우리나라 대표 외식이라 할 수 있겠습니다. 이것들의 소비량이 하루 팔백만 그릇이라 하니 참으로 어마어마합니다. 그런데 이 음식들은 본래 우리나라 고유의 것이 아니고 먹기 시작한 시기도 그리 오래지 않습니다. 둘 다 중국인 화교와 연관되어 있긴 하지만 그렇다고 중국 전통의 음식도 아닙니다. 참고로 화교란 중국 국적을 지닌 채 외국에서 살아가는 중국인을 통칭하며 우리나라에는 대략 이만 명 정도의 화교가 살고 있다 합니다. 그럼 어떻게 이 음식들이 화교와 관련을 맺게 되었는지 살펴보겠습니다.

먼저 짬뽕은 1900년대 초반, 일본 나가사키의 한 화교의 손에서 시작되었습니다. 그는 중국 푸젠 사람으로 이름은 천핑순陳平順입니다. 열아홉 살 때 일본 나가사키에 있는 차이나타운당인촌으로 건너가 온갖 행상을 하며 돈을 모아서 1899년에 중국 음식점 '사해루四海樓'를 차렸습니다. 그는 사해루에서 시나 우동을 팔았는데, 시나支那는 차이나China의 일본 발음으로써 중국식 가락국수란 뜻입니다. 시나 우동은 중국 푸젠 지역 음식인 탕러쓰멘을 응용하여 현지식으로 만든 요리입니다.

탕러쓰멘은 돼지고기 · 표고버섯 · 죽순 · 파를 넣고 펄펄 끓인 국물에 국수를 만 음식입니다만, 천 사장은 이 요리에다 나가사키 인근 바다에서 잡히는 싱싱한 오징어와 새우, 굴 등을 추가하고 숙주나물과 양상추까지 듬뿍 넣어 본래의 탕러쓰멘과 확연히 다른 중국식 가락국수를 탄생시켰습니다. 이 음식이 중국인은 물론 현지 일본인의 입맛에 딱 맞았습니다. 소문은 순식간에 전국으로 퍼졌고 나가사키의 명물로 우뚝 섰습니다. 당연히 식당 '사해루'도 규모가 커져 1910년에 이르러서는 종업원 수만 서른 명이 넘었다고 합니다.

그런데 1910년대 후반에 시나 우동이란 이름이 잔폰으로 불리기 시작했습니다. 정확한 이유는 밝혀지지 않았지만, 크게 두 가지의 주장이 그럴듯합니다. 하나는 시나우동이 전국적으로 퍼져 현지화되면서 차츰 시나라는 말이 사라지고, 대신 잔폰을 넣어 잔폰 우동으로 바뀌었다는 설입니다. 잔폰은 일본어로, 무엇인가 뒤섞이거나 여러 가지 일을 번갈아 한다는 뜻으로, 일본 가락국수에 비해 상당히 많은 재료가 들어가기 때문에 특별히 잔폰 우동이라 했다는 것이지요. 하지만 다른 주장도 만만치 않습니다. 시나 우동을 탄생시킨 '사해루'에서 이름을 바꾸었다는 것입니다. 그 이유는 시나라는 말이 차츰 중국 사람을 비하하는 말로 변하면서 이름을 바꿀 필요성이 생겼고, 그런 가운데 고향 푸젠 사람들이 많이 사용하는 차폰을 새 음식명으로 썼다고 합니다. 차폰은 중국어 '츠판밥을 먹다'의 푸젠 사투리로, 인사말로도 쓰이기 때문에 친근함을 강조한 측면도 있다고 전합니다. 바로 이 차폰이 후에 잔폰으로 변했다는 것이지요. 잔폰이란 이름은 우리나라에 들어와 짬뽕이란 발음으로 불립니다.

잔폰이 우리나라에 처음 전해진 곳은 지금의 인천 차이나타운입니다. 앞에서 잠깐 설명했듯이 차이나타운이란 중국인 화교가 집단을 이루며 거주하던 곳입니다. 화교는 본국과 문물을 주고받거나 제삼국의 차이나타운과도 밀접한 교류를 하였습니다. 그러는 가운데 잔폰처럼 국적이 불분명한 것들도 당연히 오갔으며, 그것조차도 다시 현지화 과정을 거치며 또 한 번 변화합니다. 나가사키의 잔폰이 우리나라에 소개될 당시에는 일본에서와 달리 그다지 인기가 없었습니다. 형태는 오늘날의 굴 짬뽕과 비슷한데, 돼지 냄새가 진하고 매우 짜서 우리 입맛과는 거리가 있었습니다. 이를 눈치챈 우리나라 화교들이 육수를 낼 때 아예 닭고기를 쓰거나 돼지 냄새를 대폭 줄이고, 채소를 더 추가한 후 마지막으로 고춧가루를 듬뿍 넣어 얼큰한 맛의 새로운 잔폰을 만들어 냅니다. 이것이 우리 입맛에 딱 떨어졌으며, 비로소 한국식 잔폰 짬뽕이 우리 사회에 새롭게 등장한 유래입니다.

한편, 나가사키 잔폰이 인천 차이나타운에 소개될 당시 인천에도 전혀 새로운 화교 음식이 서민들 사이에 인기를 끌고 있었습니다. 중국 산둥 지방의 작장면炸醬麵: 자장미엔 요리에서 변형된 자장면이 그 음식입니다. 작장면은 볶은 춘장에 국수를 비벼 먹는 간단한 야식이었습니다. 인천에 노동자로 들어온 중국인이 즐겨 먹던 것을 우리 노동자들도 먹기 시작하면서 알려지게 되었지요.

그러나 작장면은 너무 짜고, 가난한 노동자의 배를 채우는 단순 요깃감으로 인식되어 별 인기가 없었는데, 당시 식당을 운영하던 한 화교가 춘장을 묽게 하여 짠맛을 줄이고 거기에 삶은 고기와 양파, 완두콩을 섞어서 새로운 맛의 작장면을 탄생시켰습니다. 이것을 한국식 작장면이라고 말했으며, 이때부터 자장면이란 말이 유행을 타기 시작했습니다. 하지만 이 면은 지금의 자장면과 맛이나 형태가 아주 달랐습니다. 양파와 고기를 주재료로 썼던 당시 자장면은 1945년 이후에야 우희광于希光이라는 화교에 의하여 요즘 먹는 자장면 형태로 변신합니다.

우희광은 산둥 사람으로 1905년 인천에 가장 큰 청요리 점 '공화춘'을 운영하며 잘 나갔는데, 2차 세계대전 때 경기 침체로 파산 위기에까지 몰리게 되었습니다. 그러다가 광복이 되자 겨우 숨을 돌려 가게 문을 다시 열고 값싼 음식부터 팔기 시작했습니다. 우 사장은 당시 모두가 어려운 것을 살피어 값싸며 양도 많고 영양도 고려한 음식이 뭐 없을까 궁리하던 차에, 때마침 미국에서 캐러멜이 들어온 것에 착안하여 예전의 자장면에 캐러멜과 고기를 좀 더 넣어 손님에게 일단 맛보게 하자 손님들은 하나 같이 극찬을 하였다고 합니다. 이에 자신감을 얻은 그는 기존 재료에 감자와 당근을 더 보태어 오늘날의 자장면을 완성합니다. 그리고 인천역 근처에 있던 어시장을 중심으로 하여 기차로 인천에 온 객지 사람들과 어시장 사람들을 상대로 자장면을 팔았습니다. 결과는 역시 예상한 대로 자장면이 순식간에 전국을 강타하였습니다.

이에 뒤질세라 다른 중국 식당도 앞다퉈 우희광의 자장면을 모방하였습니다. 물론 이 자장면이 짬뽕의 고향인 일본 나가사키 차이나타운에 전해졌단 것은 말할 필요도 없겠습니다. 그런데 나가사키 잔폰이 한국에 와서 고춧가루 듬뿍 들어간 빨간 짬뽕으로 변신했듯이, 이 자장면은 일본에서 어떻게 변했을까요? 일본으로 건너간 자장면은 쟈쟌멘으로 비슷하게 불렸지만, 그 맛은 현지 사람들의 입맛에 맞춰져 우리 것과 전혀 다르게 변했습니다. 최근에 한류 열풍으로 일본인들도 한국의 자장면을 많이 찾는다고 하는데, 그들이 한국의 자장면 맛을 느끼기 위해서는 한국인이 운영하는 중국음식점을 가야 성공할 확률이 높다고 합니다.

지금까지 살펴본 바, 짬뽕의 국적은 일본 나가사키이고 자장면은 한국 인천임이 분명하지만, 둘 다 중국 화교의 손을 거쳤다는 공통점이 있습니다. 또한, 두 음식이 서로 섞이며 한국식 짬뽕이 생기고 일본식 자장면이 탄생한 것입니다.

09.
한국 속에 작은 중국

병인양요[1866년], 신미양요[1871년], 운요호사건[1876년] 등 수차례의 우여곡절 끝에 마침내 1883년, 인천이 개항됩니다. 그리고 뒤이어 많은 외국 사람들이 인천으로 들어오기 시작했는데, 지리상으로 가까운 청나라[중국] 사람과 일본인이 가장 많았습니다. 이들은 일정한 구역을 조선 정부로부터 할당받아서 각각의 마을을 조성합니다. 이러한 마을을 조계 혹은 지계라 하여 청인이 사는 곳은 청국 지계, 일본인 마을은 일본 지계, 기타 서양 외국인 구역을 각국 지계라고 불렀습니다. 이로 말미암아 인천항은 세계의 이목을 집중시키는 국제항이자 외교 무대에 널리 알려집니다.

인천역에 도착하여 광장으로 나오면 빨강, 파랑, 노랑 등 현란한 색으로 치장한 상가 건물과 낯선 상품들이 시선을 사로잡는데, 이곳이 바로 백삼십 년 전 청나라 사람들이 모여 살던 청국 조계지였고 지금은 차이나타운으로 불리는 곳입니다. 개항 초기 청국 조계지는 추후 언급할 일본 조계지와는 달리, 처음부터 매우 계획적인 주거 공간을 설계합니다. 오천 평의 청국 조계지가 확정되자 청나라의 위안스카이袁世凱는 군인과 상인을 거느리고 이곳에 들어와서 도로 구획정리 및 관공서의 위치, 그리고 일반인의 거주 공간을 확정했습니다. 이를 통해 바닷가 언덕 위에 동서로 뻗은 두 개의 대로를 구축하고 양옆으로 중국식 벽돌 이 층 집을 즐비하게 세웁니다. 대로변의 이 층 건물들은 주로 무역 일이나 행정 사무를 위한 공공기관이었기 때문에 당시 사람들은 이곳을 청나라 관청 건물이 많은 곳이라 하여 청관이라고도 불렀습니다.

청인들은 자국은 물론 각국 지계로부터 도로 건설, 석축 공사, 서양관 신축공사의 수주가 활발해지자 본국으로부터 목수, 석수, 미장, 벽돌공 등 건축 기술자를 끌어들였습니다. 석축과 벽돌 축조의 건축 공사는 기술이나 수에서 청인이 조선인보다 나았다고 합니다. 지금도 자유공원 주변과 송학동 일대에 남아 있는 단단한 석축들은 모두가 당시의 청나라 기술자들의 솜씨라고 전합니다.

상술과 요리는 중국 사람을 따라갈 수 없다는 것을 증명이라도 하듯이 당시 청인들도 돈이 되면 뭐든지 만들어 내다 팔았습니다. 초기에는 본국에서 광목과 옥양목 같은 기계 면직물과 설탕, 밀가루, 담배, 비누 등 서양의 많은 개화 상품을 들여와 팔았습니다. 그뿐만 아니라 자신들의 음식인 만두나 호떡은 물론이고 노무자를 위한 식당과 고급 청요릿집도 일찌감치 자리 잡고 영업을 하였습니다.

한편 음식 재료의 공급이 본국으로부터 자주 끊기자 원활한 조달을 위해 직접 채소밭과 과수원을 만들어 당근, 시금치, 양배추, 양파, 토마토, 피망을 경작하였으며, 자급하고 남은 작물은 조선인과 일본인, 서양 외국인에게 내다 팔아 상당한 잇속을 챙겼다고 합니다. 한때 동인천역을 중심으로 국내 최대 청과시장이 있었고, 기차역 주변으로 여러 과수원이 자리 잡고 각종 과일로 사람들의 발길을 멈추게 한 것도 청인들 때문이겠습니다.

그리고 또 한 가지 빼놓을 수 없는 것이 바로 자장면입니다. 오늘날 하루 평균 소비 팔백 만 그릇의 국민 음식 자장면도 청인들의 손을 빌려 인천 차이나타운에서 토착화된 음식입니다.

자장면은 본래 중국 산둥의 노동자쿨리들이 차이나타운에서 일하며 즐겨 먹던 작장면이 그 시초입니다. 작장면은 중국 발음으로 자장미엔이라 하는데, 채소와 함께 볶은 춘장에 국수를 비빈 것으로 언뜻 보면 우리의 간짜장과 흡사하지만 맛은 전혀 다릅니다. 시간이 흐르면서 작장면 소스에 검은 캐러멜 춘장과 여러 재료가 더 첨가되어 오늘날 우리 입맛에 맞는 한국식 자장면이 등장한 것입니다. 차이나타운 내에 있는 '공화춘'이란 곳에서 우리가 먹는 자장면을 시작했다는데, 고증하기는 어렵지만 여하튼 옛 공화춘 건물을 지금은 자장면박물관으로 사용합니다.

사람들이 하나의 촌락을 이루면 크고 작은 송사도 생기고, 종교의식을 하거나 마을의 공동의견을 모으는 일정한 공간도 필요합니다. 차이나타운에서는 '의선당'이 그러한 역할을 했습니다. 의선당은 서로 의를 지키고 착하게 살라는 뜻으로 황합경黃合卿이란 스님이 세웠습니다. 내부에는 아픈 사람 고쳐주는 호산태, 바닷길을 지켜주는 용왕신, 극락을 위한 관음보살, 재복을 주는 관운장, 자손을 번성하게 해 주는 랑랑신 등 다섯 명의 신이 각자의 공간에 정좌하고 있고 청인들은 이들에게 기도와 제사를 올렸다고 합니다. 또한, 이곳을 중심으로 춘절이나 원소절 같은 날 마을 축제도 열렸답니다.

차이나타운에 학교가 생긴 것은 1900년 전후로 보는 것이 정황상 맞습니다. 청국 지계가 조성될 당시에는 주로 남자만 있었기 때문에 학교는 없었을 것 같고, 십 년 정도 지나 가족으로 정착할 만할 때 교육기관이 들어섰으며, 오늘날까지 남아 있는 인천 유일의 화교학교로 중산학교가 있습니다. 본래 중산학교는 1884년 당시 청나라 영사관이었는데, 1934년 학교로 개조하였고 학교 안에는 아직도 1910년에 지어진 일 층 목조 영사관 회의청이 남아 있습니다.

중산이란 학교 이름은 쑨원孫文의 호이고 쑨원을 기리는 의미로 지었다고 합니다. 이 학교에서 가장 눈에 띄는 것은, 현재 중국의 오성홍기가 아니고 타이완의 청천백일만지홍기입니다. 이는 중국이 1949년, 공산화되면서 우리는 타이완을 중국의 정식 국가로 인정하고 수교한 적이 있습니다. 그러자 이곳 화교들은 공산국가인 중국 본토로 못 가고 타이완으로 왕래하였으며 중산학교를 졸업한 아이들도 타이완으로 유학을 하러 가야 했습니다. 이런 연유로 타이완 정부는 아직도 지속해서 중산학교를 지원하면서 교내에 청천백일기를 걸어놓아 묘한 기분이 듭니다.

1894년, 청인에게 위기가 닥쳤습니다. 청일 전쟁이 터진 것입니다. 이 전쟁에서 일본이 이기자 청인은 몹시 당황합니다. 전쟁 전까지 청인은 조선인과 일인을 속방 국민이라고 깔보면서 하대가 심했습니다. 따라서 청인에 대한 반감이 팽배해 있던 차에 전쟁에 지자 장사를 접거나, 조선인에게 넘기고 중국으로 돌아가면서 차이나타운은 침체 상태에 빠졌습니다. 그러나 시간이 흐르면서 하나둘씩 다시 몰려와 잠도 자지 않고 일하는 사람이라는 말을 들을 정도로 열심히 일해서 청관의 영광을 다시 재현하였습니다.

　1948년, 중국식당으로만 기준으로 할 때 삼백서른두 개이던 점포가 1972년에 이르러 무려 이천사백오십사 개로 늘었습니다. 박정희 정부가 경제개발에 주력하면서 화교에게 경제 협조를 구했지만 거절당한 뒤 화교의 교육권과 재산권, 취업권을 제한시켜 버리자 화교들은 다시 중국이 아닌 대만으로 떠났습니다.

　쇠락의 길로 치닫던 중, 1992년에 대만과 국교를 단절하고 중국 정부와 수교를 맺으면서 차이나타운이 다시 주목을 받았으며 중국 본토에서도 많은 사람이 들어와서 차이나타운에 새로운 생명을 불어넣었습니다.

　개항 후 백삼십 년의 시간이 훌쩍 넘은 지금, 청국 지계에서 청관으로, 인천 안에 또 다른 중국 - 차이나타운으로 재조명을 받으며 옛날 화려했던 영광이 되살아납니다.

• 을씨년스럽다와 호떡집에 불나다 말 뿌리

　일본의 만행에서 비롯된 슬픈 우리말이 대표적으로 '을씨년스럽
다.'와 '호떡집에 불났다.'입니다.

　1905년 11월 17일, 이날 중명전을사늑약 현장 안에는 한규설을 비롯하
여 이하영, 민영기, 이지용, 이완용, 이근택, 권중현, 박제순 등 대신들
이 모였습니다. 일본 군인은 삼엄한 감시를 하며 조약서 서명을 강요했
습니다. 한규설은 회의 자체를 거부하여 다른 방에 감금되었고, 하루를
넘긴 18일 새벽 2시 마침내 을사오적이라 부르는 이완용, 이지용, 이근
택, 권중현, 박제순 등이 조약문에 찬성하는 서명을 합니다. 여덟 명 중
다섯 명의 찬성으로 절반을 넘었기 때문에 일본에 우리나라 외교권을
넘겨준 꼴입니다. 소식을 들은 고종은 본인의 결재 도장이 찍히지 않아
서 무효라고 주장하였으나 일본은 콧방귀를 뀌면서 외국에다 일본이
한국을 보호하게 되었다고 알립니다.

　조약 체결 소식이 삽시간에 전국으로 퍼지면서 백성들은 분노와 울
분으로 들끓었습니다. 〈황성신문〉 장지연 사장은 '시일야방성대곡'을 신
문에 게재하여 억울함을 만방에 알렸고, 30일에는 민영환이 각국 공사
와 전 국민에게 보내는 유서를 남기고 자결을 합니다. 뒤이어 하루건너
한 사람씩 목숨을 끊으면서 마을 곳곳에 곡하는 소리가 끊이질 않았습니
다. 웃음이 끊긴 대한 제국은 궁궐뿐만 아니라 팔도 전체가 깊은 침묵 속
으로 가라앉았습니다. 길에는 사람의 인적이 끊기고, 초겨울의 음산한 바
람만 구슬픈 소리를 내며 적막감을 깨뜨렸습니다. 이날 이후 사람들은
검은 구름이 짙게 깔리고 스산한 바람까지 불어대면 을사늑약 당시의 분
위기를 회상하며 "을사년스럽다."라는 말을 뱉곤 했습니다. 이러한 을사

년스럽다가 차츰 변하면서 오늘날의 '을씨년스럽다'로 굳어집니다.

"호떡집에 불났냐?"

1931년 7월, 중국 지린吉林성 완바오산万宝山 지역에 조선인과 중국인 사이에 다툼이 생겼습니다. 서로 일본에 핍박받는 신세들이라 어려운 일을 도와가며 잘 지냈었는데, 매년 반복되는 가뭄으로 논의 물이 마르자 송화강의 물을 끌어들이기로 했지요. 그런데 인근의 중국 농민들이 물을 끌어들이면 콩밭을 망가뜨린다고 반대를 하면서 말다툼 끝에 멱살 잡는 시비가 붙었습니다. 다행히 중국 관리들과 조선인 대표가 신속히 수습하여 큰 싸움으로 번지지는 않았습니다.

한편, 일본은 호시탐탐 만주를 손아귀에 넣으려고 하던 차에 수로 사건이 생기자, 이 소식을 부풀려 조선의 한 신문에 "지금 만보산에서 조선인이 중국인에게 봉변을 당하며 많은 사상자를 내고 있다."라고 거짓 기사를 내보냅니다. 소문은 삽시간에 전국으로 퍼지면서, 조선에 사는 중국인이 공포에 떨었습니다. 성난 조선인들은 중국인을 보면 구타하거나 죽이기도 하고, 중국인이 경영하는 가게를 부수고 불을 놓았습니다. 지금도 그렇지만 중국인은 당시 음식점이나 호떡집을 많이 운영하였는데, 한 호떡집에 조선인이 몰려와 불을 지르자 이 광경을 보고 놀란 중국인들이 갈팡질팡 어찌할 줄 몰랐습니다. 이런 모습을 빗대어 우왕좌왕할 때 "호떡집에 불났냐?"라는 말이 생겼습니다. 이 사건을 역사에서는 완바오산 사건으로 기록하고 있으며 당시 조선에서 희생된 중국인들은 사망 이백여 명, 부상이 삼천여 명이었고 재산을 팽개치고 조선을 떠난 사람도 만 명을 넘었다고 합니다.

10.

좌식에서 입식으로

백삼십여 년 전, 인천의 작은 어촌마을에 외국 사람이 몰려왔습니다. 일본·중국인은 말할 것도 없고, 생전 보지 못한 영국·미국·독일·프랑스·러시아, 심지어 스페인과 그리스인까지 껴 있습니다. 배에서 내린 외국인은 곧이어 자신의 살 집을 마련합니다. 우리나라에 온 목적은 대다수가 무역이었으나, 이를 알 까닭 없는 어촌 사람들은 외국인이 지어 놓은 다양한 가옥에 눈만 휘둥그레졌습니다. 일본 다다미 집도 신기했고 중국^{청나라} 벽돌집이나 서양식 페치카도 생소하였습니다. 시간이 흐르며 관공서, 무역사무소, 각종 점포가 늘어서고, 종잡을 수 없는 말을 하며 분주한 외국인으로 인해 보잘것없던 어촌마을이 지구촌으로 변모했습니다. 그 당시 이 지역을 개항장이라 불렀으며, 특히 나라별로 모여 살던 구역을 조계지라 하였습니다. 개항장은 각국의 사람뿐만 아니라, 집 모습도 서로 달라 마치 세계 건축 전시장을 연상케 하였습니다.

당연한 말이겠지만, 나라마다 집의 모습이 다른 이유는 그 나라의 주거환경이 달랐기 때문이지요. 우리 전통가옥인 초가나 기와는 사계절이 뚜렷한 기후에 적합했고, 습기가 많은 일본은 다다미를 까는 것이 제격이었을 겁니다. 중국 북방에 돌집이나, 서양에 석조건물이 많은 이유도 그 나라 주변에 석재가 흔했기 때문이겠지요. 이처럼 다양한 외국 집이 우리나라에 들어온 지 얼마 안 되어 원래 형태를 조금씩 바꿉니다. 일본 다다미 집에 온돌을 설치하고 중국 돌집에 서양 벽난로나 거실을 꾸몄으며, 양옥 지붕에 한옥 기와가 얹혔습니다. 한옥도 마찬가지로 처마에 함석 물 홈통을 덧대고, 흙 대신 벽돌로 공간을 나누었으며, 유리창이 문풍지 역할을 하였습니다.

개항 후 선교사도 대거 국내에 들어왔는데, 이들은 조선인과 빨리 융화하고자 양식집을 짓지 않고 한옥 생활을 했습니다. 그러나 얼마 못 가 서양 체질로는 한옥 생활이 너무 힘들다는 것을 깨닫습니다. 미국 선교사 가운데 게일 목사는 조선에서 선교 활동을 하며 몇 가지 어려운 점들을 토로하였는데, 그중 한옥 생활과 관련해서 좌식 문화를 가장 먼저 언급했습니다. 양반 자세로 앉아 식사나 대화를 하다 보면 무릎과 엉덩이뼈가 끊어질 것 같아 너무 괴로웠다 합니다.

둘째로는 온돌방에서 잠자는 것인데, 추운 밤 아랫목에 누우면 처음에는 따뜻하고 기분 좋지만 시간이 갈수록 구들이 뜨거워져 흡사 빵이 오븐에서 구워지듯 몸이 달궈져 밤새 악몽에 시달린다고 하였습니다. 이러한 불편함을 해소하려고 건물 외관은 기와 한옥을 유지한 채, 대청은 유리문으로 막아 벽난로 있는 거실로 꾸미고 침대와 소파를 두어 입식 생활을 하였습니다. 당시 이런 집들을 특별히 선교사 집으로 불렀습니다.

1920년대에서 1930년대 사이는 우리나라 가옥 역사에 분수령이 되는 시기입니다. 이 기간은 일제가 무단통치를 없애고 문화통치를 내세우며 유화정책을 취한 때이기도 합니다. 일제의 검은 속내는 차치하고 어쨌든 외견상으로는 언론 출판을 허용하고 조선인이 회사를 설립하는 것도 인정하였습니다. 건축사 면에서 서양식 문화주택이 이때 등장합니다. 외형은 지붕 경사가 급한 방갈로 스타일로, 현관이 출입구이며 내부는 거실과 식당, 방의 구분을 뚜렷이 했습니다. 화장실도 건물 안으로 끌어들이고 다만 분뇨 배출은 밖에서 처리할 수 있도록 하였습니다. 그러나 조선인은 방에 온돌을, 일본인은 다다미를 깔아 입식과 좌식을 혼용하였습니다. 문화주택의 소유자는 대개 상류층으로 서민에게는 꿈같은 이야기였습니다. 한편 문화주택의 또 다른 의미는 건축가가 미리 집을 짓고 수요자를 찾는 이른바 기성품 주택의 효시였다는 점입니다.

이 당시 문화주택 같은 기성품 주택은 한옥에서도 나타납니다. 도시 산업화로 서울경성에 노동자가 대거 몰려들자, 한옥 건설업자는 노동자를 상대로 한옥을 상품화하여 판매합니다. 이런 한옥을 도시형 한옥 혹은 개량한옥이라 하는데, 당시 건축왕이라 불리던 기농 정세권은 현재의 북촌 한옥 마을을 포함하여 성북, 서대문, 왕십리 등 이곳저곳에 대규모 개량 한옥 단지를 조성합니다. 이 가옥의 특징은 안채와 문간채를 통합하여 좁은 공간의 효율성을 높이고, 문간채는 대문 옆에 바싹 붙여 주로 전세를 주거나 자녀들의 방 용도로 만든 점입니다. 마당 면적이 좁아서 변소는 안채에 딸리고 대청에 유리문을 달아 쪽마루를 복도로 이용한 것도 기존 한옥과 달랐습니다. 도시형 한옥은 이후 1960년대에까지 도심 곳곳에 중소 단위로 꾸준히 지어지던 대표적인 상품 한옥이었습니다.

1937년, 중일전쟁을 시발로 한반도는 전시체제로 전환됩니다. 식량 생산도 광산 채굴도 총독부가 영단을 설립하여 계획에 따라 움직였습니다. 특히 1941년 설립된 '조선주택영단'은 1945년까지 이만 호 공급을 목표로 공영주택 건설 계획을 발표합니다. 이는 군수물자의 생산성을 높이기 위해 노동력을 한 곳에 밀집시키려는 의도였습니다. 공영주택은 '내선일체' 일환으로 조선인과 일본인이 함께 거주할 수 있었으며, 단지라는 개념도 처음 도입됩니다. 서울 도림 단지를 예로 들면, 외관은 목조 일본식이지만 방 일부는 온돌을 채택했습니다. 단지 내에 인공 녹지가 조성되었고 상가, 공중목욕탕, 이발관, 유아원과 탁아소를 같은 공간에 두었습니다. 가옥의 크기에 따라 구분하는 형 개념이 도입되어 가장 큰 평수의 갑 형은 단독 주택이고, 을 형에서 무 형까지는 연립주택이었습니다. 이곳에 살던 사람들은 직업이 보장되는 도시 중상류층으로 많은 이들의 선망의 대상이었습니다.

광복을 맞아 일본인이 조선에서 살다 버리고 간 집적산가옥이 주택난의 숨통을 조금 열어 주었지만, 그것도 잠시뿐, 6·25로 인해 우리 가옥은 대부분 파괴되었습니다. 궁여지책으로 겨우 비바람이나 피하는 판자촌이 하수 역할을 하는 청계천 변에 닥지닥지하고, 산언덕의 움집들은 흡사 개미굴을 연상시켰습니다. '조선주택영단'은 '대한주택영단'으로 이름을 바꾸고 급한 대로 흙벽돌에 시멘트로 마감한 아홉 평짜리 재건 주택을 도시 중심으로 공급하였습니다. 다행히 1958년부터 시멘트 생산을 본격화하고, 연탄보일러도 일반화되면서 시멘트 블록으로 만든 이 층 연립주택이 그럭저럭 공급되었습니다. 홍제동 문화촌도 이즈음에 건설되었는데, 당시는 '부흥 주택'이라 하였습니다. 열다섯에서 스무 평으로 비록 흙벽돌집이었지만 상대적으로 고급 집에 속했고 이곳에 주로 문인들이 많아 문화촌이라는 별명이 붙은 것입니다.

1970년대 새마을 운동에 편승하여 동네 곳곳에 허름한 가옥이 헐리고 새마을 주택이 들어섭니다. 지붕은 기와나 볏짚 대신 설치 간편한 슬레이트가 대세였고, 입식 부엌에 보일러 급탕설비를 갖추고 마루 겸 거실이 딸렸습니다. 평수도 열 평에서 스무 평까지 다양했으며 온돌 보일러 덕분에 이 층 집도 가능했습니다. 새마을 주택은 1980년대 들어와 철골구조의 슬래브 다세대·다가구 연립주택으로 점차 바뀌었습니다. 한편 당시 최고의 설비를 갖춘 고급 주택단지 맨션과 빌라 타운이 부유층을 대상으로 한동안 유행하였지만 1990년대에 와서이 역시 다가구 주택으로 일반화되었습니다.

아파트는 1930년대 문화주택이 유행할 당시 서울 회현동의 미쿠니 아파트나 충정로의 도요타 아파트 등이 첫선을 보였으며 대부분 일본인 전용 아파트였습니다. 전쟁 후 건축 계획에 따라 1957년 사 층과 오 층짜리 동 세 개, 백쉰두 가구의 종암 아파트를 시작으로, 마포 아파트1961년, 서울시민아파트1966년, 이촌동 공무원 아파트1966년가 건설되면서 우리나라 아파트의 새 장을 열었습니다. 특히 마포아파트는 좌식 생활 방식을 입식으로 바꾼 최초의 아파트이며, 1964년 세워진 마포 2차 아파트는 계단식 설계로 거실과 베란다를 도입한 최초의 아파트로 기록됩니다.

1970년대에 들어서며 정부는 '건설로 경제 성장'이란 구호와 함께, 정부 주도로 주공아파트를 짓고 민간 건설사의 참여도 적극적으로 독려합니다. 동부 이촌동 한강맨션1970년과 여의도 시범 단지1971년,

그리고 소위 강남 개발로 불리는 압구정 현대1975년, 잠실지구1976년 등 한강 제방 기능과 강변도로 건설로 생긴 매립지를 활용하여 대규모 강남 아파트를 조성합니다. 여기에 1970년대 말부터 조합주택 건설이 대유행하고, 승강기를 갖춘 고층 아파트가 솟아올랐습니다. 서울 강남의 고층 아파트 단지는 1970년대 말에서 1980년대 초에 건립되었으며, 특히 아시아선수촌1986년 · 올림픽선수촌1988년아파트는 설계를 현상 공모해 아파트의 질적 수준을 한 단계 끌어올렸습니다. 복층 아파트와 일 층 정원 등을 도입한 것도 이때부터입니다.

2000년대 아파트는 '웰빙'개념이 도입되어 단지 내에 체력 단련 시설과 함께 공원도 꾸밉니다. 특히 상업용지에 주상복합아파트 건립이 허용되면서 이전보다 더욱 고급화 · 고층화되었습니다.

2010년대 서울 남산에서 보이는 모습은 그야말로 고층 아파트와 콘크리트 빌딩 숲입니다. 얼핏 보이는 궁궐과 일부 한옥 마을을 제외하면 백오십 년 전의 모습은 찾아볼 수 없습니다. 문화란 이렇게 삶의 방식에 덧셈과 뺄셈을 거듭하며 현재로 나타납니다.

11.
주점 풍경

오늘날에는 술 종류도 많고 저녁에 음식 장사를 하는 웬만한 가게는 술을 팔고 있어서 그냥 일반 음식점으로 통용되고 있습니다만, 불과 반세기 전만 해도 술집 양상은 지금과 사뭇 달랐습니다. 그 당시에는 서민들의 애환을 달래주는 골목길 포장마차나 동네 어귀의 대폿집이 술집의 대세를 이루고 있었지요. 물론 요정이나 고급 음식점이 없던 것은 아니지만 지금과 비교하면 극히 드물었다 하겠습니다.

사람이 술을 빚어 마시기 시작하면서 술집도 자연스레 생겼을 것입니다. 그러나 전해 내려오는 가장 오래전의 술집 근거는 신라 시대에서 찾을 수 있습니다. 신라의 명장 김유신이 젊어서 천관을 자주 드나들었는데, 어느 날 귀가하며 마상에서 잠시 다른 생각을 하던 중 그의 말이 습관처럼 천관으로 들어갔답니다. 김유신은 자신의 방탕을 크게 후회하며 칼로 말의 목을 베었답니다. 여기서 천관은 기생 술집을 말합니다.

문헌상 나타난 기록은 고려 성종 2년^{983년}에 "개경 여러 곳에 주점

^{酒店} 설치를 허가한다."라는 내용입니다. 그 당시 해동통보 같은 화폐를 원활히 유통하기 위해 주점을 두었다는데 확실치는 않습니다. 그리고 고려의 대표적인 가요 〈쌍화점〉의 노랫말 중에 '술집 아비'가 나오는 것을 보면 고려 시대 주점이 제법 있었음을 추측할 수 있습니다. 홍등가라는 말도 이 당시부터 비롯됩니다. 고려의 기생집은 대문을 붉게 칠한 홍문^{紅門}으로 일반 가옥과 구별되었고, 홍문은 이후 붉은 등으로 대체되며 홍등가란 말이 만들어집니다. 흥미로운 것은 기생집 외에 국가적 종교로서 각종 특혜를 누리던 불교사원들이 규모가 큰 주점을 운영하였다는 사실입니다. 불교 사원은 지역을 오가는 사람들을 상대로 숙박업을 하면서 술, 국수, 마늘, 소금 등을 유통 판매하면서 많은 돈을 챙겼다고 합니다.

조선 시대로 넘어오면서 주막이 대중의 술집으로 자리를 잡습니다. 주막은 술과 밥을 팔면서 오가는 나그네를 재워주던 집으로 요즘으로 치면 술집, 식당, 여관을 겸한 업소라고 하겠습니다. 주막은 사람들이 오가는 번잡한 거리나 지역 토산물이 모이는 나루터 그리고 장시가 서는 장소에 많이 들어섰습니다. 또한, 국가에서 관리하던 원 주변에도 많은 주막이 형성되었습니다. 원은 출장 중의 관리가 머물며 숙식을 해결하는 일종의 관영 여관이었습니다. 이태원, 홍제원, 인덕원 등 그 당시 이름이 아직도 남아서 원의 흔적을 말해줍니다.

주막에서 파는 술은 탁주와 소주가 주종이었고 돈 많은 양반을 위해 송화주, 인삼주, 과실주 등 이른바 맛과 향을 가미한 방문주도 팔았습니다. 탁주조차 마실 형편이 안 되는 사람들에게는 일명 '술지게미'로 만든 모주가 있어서 그럭저럭 술 기분을 냈습니다. 주막은 무허가로 누구나 손쉽게 차릴 수 있었고 주막 주인은 흔히 주모라고 불렸는데, 대부분 양반네의 첩이나 은퇴한 작부 또는 소박맞고 나온 여자들이었습니다.

조선 후기에 들어서며 몰락한 양반의 위상을 가늠하는 사회 현상으로 내외內外 주점이란 술집이 생깁니다. '목구멍이 포도청'이라고 술이라도 팔아 생계를 유지하려 했으나 양반 체면에 드러내 놓고 술장사를 하지 못해서 손님이 오면 방과 연결된 쪽문 사이로 팔뚝만 내밀어 술상을 건네줍니다. 팔뚝만 보인다고 하여 팔뚝집이라고 부르기도 했는데 주인은 주로 양반집 아내여서 술을 마시는 서민들은 양반에 대한 비아냥거림의 대상으로 묘한 쾌감을 느꼈다고 합니다. 하지만 이런 내외술집은 나중에 색주가로 전락하여 사라지고 맙니다.

내외주점과 더불어 목로주점도 조선 후기에 나타납니다. 주막이 숙식을 겸한 술집이라면 목로주점은 술과 안주만을 파는 그야말로 전형적인 술집이었습니다. 큰길에서 골목으로 들어서는 어귀에 목이 좁은 목판을 길게 덧대어 놓아서 목로라고 하였는데 목로가 술상의 역할을 한 것입니다. 다시 말해 붙박이식 술상이라고 생각하면 됩니다. 목로주점에서는 술과 함께 안주로는 순대나 머리 고기를 내었고 술국을 곁들였습니다. 목로주점 중에는 앉는 의자가 없이 서서 술을 마시던 곳도 있었는데, 이런 집들은 특히 서 있다 하여 선술집으로 불렸습니다. 중년의 나이에 있는 사람이라면 즐겨 부르는 이연실의 〈목로주점〉과는 사뭇 달랐던 조선 시대 목로주점은 세월이 흐르면서 대폿집 형태로 나타나다가 사라졌습니다.

술집을 차릴 형편이 안 되는 사람들은 광주리에 술과 안주를 담아서 머리에 이고 다니며 장터나 성문 앞 길목에 광주리를 펼치고 오가는 행인을 상대로 술을 팔았습니다. 일명 이동 술방이라고 하는데 또 다른 별칭으로는 광주리 소주방이라고도 합니다. 광주리 소주방은 해방 이후 포장마차로 역할을 바꿉니다.

일제 치하에서는 술에 대한 간섭이 심해 서민들이 즐겨 찾던 주막이나 목로주점이 점차 사라지고, 주세를 부과하여 가정에서 술 만드는 것을 통제하였습니다. 따라서 법적으로 허용된 대형 양조장이 술 공급을 대신하고 술 판매도 허가된 음식점에 한정하였습니다. 그러나 간판 개념이 낯선 탓이었는지 허가된 술집일지라도 간판 없이 장소의 특성을 따져 버드나무집, 오동나무집, 잠바위집 등으로 불렸습니다.

술값이 비싸서 돈 좀 있는 사람이나 술집을 드나들게 되자, 그날그날 벌어 먹고사는 일반 서민의 원성이 높아졌습니다. 그러자 일제 말기에 소위 나라베 술집이 생깁니다. 나라베는 일본 말로 줄 서기인데 오후 5시가 되면 나라베 술집 앞에 줄을 서 있다가 문이 열리면 들어가서 자리에 앉습니다. 자리가 차면 나머지 사람들은 기다리거나 돌아가야 했습니다. 따라서 술꾼들은 오후 3~4시부터 술집 앞에 장사진을 치는 진풍경이 연출되었답니다.

해방 이후 생겨나 지금까지도 지속적인 인기와 명맥을 잇고 있는 장수 업종의 하나로 포장마차가 있습니다. 서민층의 애환과 함께 한 전형적인 서민 주점인데 1950~1960년대 청계천 일대에 광목으로 윗부분을 둘러막고 참새구이와 편육에 소주를 잔으로 팔았습니다. 카바이드 가스 등불 아래, 살짝 구운 닭발과 개비 담배를 파는 포장마차 정경은 어느 사이엔가 사라졌지만, 여전히 서민의 술집으로는 제격입니다.

포장마차를 이야기하다 보면 빼놓을 수 없는 것이 바로 대폿집입니다. 1970년대까지 성행했던 대폿집은 포장마차처럼 서민의 희로애

락을 담아내는 데 부족함이 없던 술집이었습니다. 붉은 페인트로 왕대포라고 쓴 미닫이 창문을 열고 들어서면 커다란 드럼통에 화덕을 만들고 연탄불을 피워 실내는 매캐한 냄새와 사람들의 입담이 어우러져 사람 사는 냄새를 만들어 냈습니다. 대폿집은 1980년대 들어서서 학사주점으로 변해갔지만, 이조차도 소주방, 호프집, 신세대 카페에 밀려 점점 퇴색합니다.

12.
정동 길 유래

"전하, 제가 죽거든 제 이름을 연에 적은 후 높이 날려 주세요. 그런 다음 연줄을 끊으시면 연은 땅에 떨어질 테고, 그 자리에다 저를 묻어 주세요."

어느 순간 왕비의 숨이 멎자 왕은 통곡하며 왕비의 유언에 따라 연을 띄웠습니다. 그리고는 얼마 후 끊긴 연은 지금의 정동 어귀에 떨어졌는데, 왕은 그 자리에 무덤을 만들고 묘지 이름을 정릉이라 하였습니다. 정릉을 만든 임금은 태조 이성계이며, 죽은 왕비는 신덕왕후라고 전해지며 묘역을 포함하여 그 주변을 새롭게 정릉 골이라 불렀답니다.

사람들은 이야기에 살붙이기를 좋아하지요. 서울 정동의 유래가 신덕왕후 능침인 정릉에서 비롯된 것은 분명한 사실이지만, 그렇다고 연을 날려 능의 위치를 정했다는 것은 쉬이 이해가 가지 않습니다. 아마도 상상력이 풍부한 입담꾼의 야사가 아닐까 합니다. 그러나 야사가 지니는 신비성 때문일지 몰라도, 정작 정릉은 그 터에 불과 십이 년 정도 머물다가 성 밖으로 내몰렸지만, 정릉 골_{後에} 정동의 명칭은 몇 백 년 동안 이어지고 있습니다.

태종이 정릉을 이전하고 사람의 발길도 끊어져, 지역명만 남아 있던 정동이 사람들에게 다시 주목받기 시작한 때는 정릉을 이전한 후 이백여 년이 지나서입니다. 임진 변란을 당한 선조가 의주로 피신했다 한양으로 다시 돌아왔지만, 궁궐은 모두 불타 버려서 마땅히 거처할 곳이 없었습니다. 다급해진 신하들이 민가의 비교적 양호한 거처를 물색하던 중, 정동의 월산대군 저택을 행궁으로 정했습니다. 그곳은 전쟁 중에도 왜군의 숙영지군대가 병영을 떠나 묵는 장소-편집자 주로 사용되어 그나마 손상이 덜 했습니다. 선조가 월산대군 집에 머물게 되자 백성들은 임금이 사시는 집이라 하여 특별히 정동 행궁이라 부르기 시작했으며, 그냥 정동하면 선조나 정부를 지칭하는 말로 통했습니다. 행궁이란 임금이 임시로 머무는 궁을 말하는데, 행궁의 주인이었던 선조는 끝내 정전정식 궁궐으로 가지 못하고 행궁에서 통한의 삶을 마감합니다.

선조의 뒤를 이은 광해군은 행궁 주변을 확장하여 어느 정도 궁궐의 모습을 갖춘 후, 이곳을 행궁이 아닌 경운궁이란 정식 궁호를 부여하여 아버지 선조의 넋을 기렸습니다. 그러나 정작 광해군은 경운궁을 정궁으로 삼지 않고 창덕궁으로 이어합니다. 더욱이 인목대비를 이곳에 유폐시키면서 사람들이 경운궁을 서궁인목대비으로 부를 즈음, 정동 일대를 칭하는 또 하나의 새로운 지역명이 생겨납니다. 그 이름은 빈대 골이었습니다. 그런데 좋은 이름을 놔두고 왜 하필 빈대 골이라 했을까요. 기록으로 남아 있지 않고 입으로 전해지는 이야기라 추측하는 사연도 여러 갈래입니다.

그중 하나는, 임진왜란을 겪는 동안 먹고 살기는 힘들어도 임금 주변에 있어야 안전하다는 생각 때문에 사람이 몰려들어 마을을 조성하였는데, 난리 통에 묻어 들어온 해충 빈대가 마을에 들끓어서 빈대 골이라고 했다는 설입니다. 다른 하나는 그 마을에 빈대떡 장수가 많았고 맛도 좋아서 특별히 빈대 골이라 불렀다는 주장도 있습니다. 세 번째로는 정동 일대에 가난한 사람이 많아서 지어진 이름이라 하는데, 즉 가난한 사람을 빈자貧者, 그 마을은 빈자 골로 부르다가 빈대 골이 되었다는 그럴듯한 말들도 전합니다.

그러나 어느 것 하나 정설로 확인하기 어렵고 다만 전래민요 중 한양 건드렁타령의 노랫말 속에 '빈대 골 처녀는 떡판 이고 나간다.'는 구절이 있어 빈대 골을 확인할 수 있고, 떡판을 통해 먹는 떡임을 유추할 수 있어서 해충 빈대와 관련한 설은 거리가 있어 보입니다. 참고로 빈대떡은 다른 말로 빈자 떡이라 하는데, 뜻풀이는 가난한 사람들이 즐겨 먹던 서민 음식이랍니다.

빈대 골 이후 정동의 시간이 다시 이백여 년 흐릅니다. 그 사이 경운궁덕수궁은 방치되고 훼손도 심해졌습니다. 빈대 골에 살던 사람들도 하나둘씩 정동을 떠났습니다. 그러다 1800년대 말엽, 고요했던 정동을 흔들어 깨운 것은 아마도 미국 공사관이 먼저일 것 같습니다. 1882년 조미수호통상조약 체결 후, 미국은 초대 공사 후트Lucius Foote를 앞세워 이곳 정동에 미국공사관 터를 잡습니다. 그러고 나자 이어서 영국 총영사관, 러시아 공사관, 프랑스 공사관, 독일 공사관이 정동 주변으로 몰려들었습니다. 공사관이 몰리자 서양 선교사, 무역상, 서양 사업가도 자신 나라의 공사관 주변에 자리를 잡습니다. 한국인과 코도, 눈도, 머리칼도 다른 이들만 거주하는 공간을 구축하여 외부로 부터의 위험을 차단코자 한 것입니다.

당시 정동 일대의 이러한 변화는 부르는 호칭에 그대로 반영이 되어 공사관 거리 또는 서양인 거리로 통용됩니다. 한편 각국 공사관이 정동에 들어설 당시 임금 고종은 경복궁에 머물고 있었는데, 경복궁과 상대적으로 거리가 있던 이곳 정동에 외국인이 몰린 이유는 무엇이었을까요.

첫째는 인천과 연결되는 마포나루와 양화진의 진입이 쉽습니다. 한 치 앞을 모르는 정세 속에 유사시 인천항에 정박해 있는 자국의 배로 피신하기가 좋은 위치입니다. 둘째로 정동 일대가 도성 안쪽에 있어 상대적으로 안전하며 양반 소유의 토지와 가옥이 많아서 일괄 매입이 가능했습니다. 셋째는 조선 정부에서 외교 공간을 특정 지역에 모여 있게 함으로써 일반 백성과 격리하는 효과가 있습니다. 마지막으로 아관파천 후 경운궁으로 온 고종이 궁궐과 가까운 곳에 서양인을 밀집시켜 일본이나 청이 위협하고 있다고 서양에 알림으로써 보호를 받고자 했던 이유도 빼놓을 수 없겠습니다.

정동으로 외국인들이 모여든 이유는 이외에도 많겠지만 어쨌든 당시 정동은 우리와 다른 모습의 서양 골이자 공사관 거리였습니다. 서양인이 이곳에 상주하자 전국 각처에서 이들을 상대로 장사치들이 몰려왔고 서양인이 선호하는 품목에 따라 도자기 가게 · 인삼 가게 · 이불 가게 · 공예품 가게가 공사관 거리 주변으로 조성되었습니다. 특히 외국인의 생활에 절대적으로 필요한 생활 가구를 파는 가게는 그 어떤 상점보다 외국인의 발길이 끊이질 않아서 점포 수도 가장 많았다고 합니다. 이러한 현상으로 정동은 공사관 거리와 더불어 가구 거리, 장롱 거리라는 별칭의 흔적을 남겨놓습니다.

　격동의 근대사 일 번지, 정동이 최근 들어 다시 주목을 받습니다. 불과 이삼십 년 전까지만 해도 이곳은 호젓하고 쓸쓸한 덕수궁 돌담 길로 알려져 있었습니다. 물론 1960년대 진송남의 〈덕수궁 돌담길〉 노래가 그 배경이 되기도 했고, 근처에 가정법원이 있어 결혼한 남녀 가 서로 갈라서는 이별 이미지가 물씬 풍기던 곳이었습니다. 그러던 것이 이문세의 〈광화문 연가〉가 인기를 얻고 정동극장, 서울미술관, 근대 건축물 등이 문화 광장을 형성하면서 주말이면 공연·예술·문 화재를 답사하는 인파로 정동을 가득 메우고 있습니다. 우리는 이곳 을 지금 정동 길이라 부릅니다.

• 빈대떡과 벼룩시장 말 뿌리

1943년, 최고 인기곡은 한복남의 〈빈대떡 신사〉이었습니다. 특유의 창법은 물론 해학적인 가사로 골목 아이들까지도 흥얼거렸다지요. 노랫말에 "돈 없으면 집에 가서 빈대떡이나 부쳐 먹지."라는 대목이 나옵니다.

선조는 임진왜란 후 한양 정동의 월산대군 가옥^{지금의 덕수궁 자리}으로 거처를 정합니다. 얼마 후 행궁^{왕의 임시 거처} 주변으로 사람들도 정착하면서 서소문 근처에 마을을 하나 만듭니다. 시간이 지나면서 이곳 빈대골은 맛있는 떡집들이 많기로 소문납니다. 민요 〈한양 건드렁타령〉의 가사 후반부에 '빈대 골 처녀는 떡판이고 나간다.'라는 소절을 보더라도 빈대 골 떡은 유명했고, 빈대 골의 떡을 자연스럽게 빈대떡이라 하였답니다. 하지만 빈대 골 떡은 우리가 즐기는 녹두의 빈대떡과는 거리가 있어 보입니다. 빈대떡은 정해진 공간에서 기름을 두르고 지져야 제맛인데, 노랫말처럼 들고 다니며 파는 떡이 빈대떡이라기엔 왠지 설득력이 약합니다.

최남선은 《조선 상식》에서, 빈대떡은 한자로 병자餠子인데 이 말을 빈자 혹은 빈자떡으로 부르다가 빈대떡이 되었다고 추정합니다. 이럴 경우에 빈대떡은 우리의 고유 전통음식이 아닌 중국에서 유래된 것으로 봐야겠지요.

또 다른 주장도 있습니다. 빈대를 한자어로 쓰면 賓待, 즉 손님을 대접한다는 의미로 쓰인 것이라 합니다. 사실 빈대떡은 오늘날 서민 음식으로 인식되지만, 과거에는 제사 또는 잔치에 빠지지 않는 귀한 음식이었습니다.

한편, 벼룩시장에서의 벼룩은 빈대떡에서의 빈대와 달리 분명히 해충 벼룩을 말하는 것 같습니다. 벼룩시장이란 호칭은 프랑스에서 생겼는데, 프랑스어로 마르셰오 퓌스Marche Aux Puces이며 직역을 해도 벼룩시장입니다. 벼룩시장은 프랑스에서 중고품을 사고파는 노점시장을 말하며, 우리나라에서도 한때 청계천 변을 따라서 형성된 황학동 골동품 시장이 같은 범주에 속한다고 볼 수 있습니다. 파는 물건들이 오래된 중고품이다 보니 옷이나 가죽제품에 벼룩이 살고 있어 벼룩이란 이름을 붙였다 합니다.

반면, 중고품 시장이 불법 노점들이라 경찰이 가끔 단속을 나오면 급히 물건을 챙기고 사라지는 모습이 마치 벼룩이 사방으로 튀는 것 같다 해서 벼룩시장의 호칭이 붙었다는 또 다른 주장도 있습니다. 예전에 칼럼니스트 이규태 선생은 벼룩이라는 퓌스Puces를 암갈색의 의미로 해석하여, 곤충 벼룩이 아니라 물건이 오래되면 빛이 바래 암갈색을 띠기 때문에 중고품 시장을 벼룩시장이 아닌 암갈색 시장이라고 해야 한다는 의견을 내기도 하였습니다. 그러나 분명한 것은 벼룩시장 용어는 우리나라에서 쓰던 말도 아니고, 벼룩도 우리나라 토종 벼룩이 아니란 사실입니다.

13.
공식 이민 1호

1902년 12월 22일. 인천 제물포 월미도. 우리나라 역사상 최초로 정부 승인 하에 해외 이민자를 하와이로 보내던 날입니다. 이날 백스물한 명의 이민자를 태운 일본 배 현해환은 인천 월미도를 떠나 12월 24일 나가사키 항에 도착하였고, 그곳에서 건강이 안 좋은 열아홉 명을 탈락시키고 백두 명이 미국 하와이 호놀룰루로 가는 상선 갤릭 호로 갈아탑니다.

1903년 1월 13일. 마침내 갤릭 호는 하와이 외곽 샌드 아일랜드에 도착합니다. 그러나 이곳에서도 열다섯 명은 내리지 못하고, 최종적으로 남자 마흔여덟 명, 여자 열여섯 명, 어린이 스물두 명 등 여든여섯 명만이 항구에 발을 디딜 수 있었습니다. 이들을 통해 한국 이민사의 서곡이 시작됩니다.

첫 이민자들의 터전은 사탕수수 밭과 파인애플 농장이었습니다. 땡볕에 하루 열 시간 이상 노동을 하며 임금이라고는 고작 남자 하루 일 불 이십오 전, 여자 육십 전을 받았지만, 묵묵히 받아들이며 삶의 터전을 잡아갔습니다. 휴일이면 농장 막사에 모여 두레와 같은 조직을 만들어 상부상조하면서 외로움과 고통을 견뎌 내었습니다. 그리고 이들의 결속에 큰 보탬이 된 것은 바로 교회의 신앙심이었습니다. 그 배경에는 이민자 대부분이 조선에서 교회에 다니던 사람이었고, 그 중 절반 이상은 인천 내리교회 사람이었기 때문입니다. 이민자 다수가 교회 신도로 구성된 이유는 이민에 대한 상세한 정보를 교회에 있는 외국 선교사에게서 듣고 이민을 결심했기 때문입니다. 처음 이민자 모집 공고가 났을 때, 경제적으로 어려운 서민이 관심은 보였지만 하와이가 어디인지, 서구 사회는 어떤지 구체적인 정보를 얻기 힘들어 쉽게 결단을 내리지 못했습니다.

그러나 이민자들이 처음 가서 잘 적응하고 있다는 사실이 조선에 전해지자 이민 신청자 수가 급격히 늘어났으며 1905년, 이민 시작 두 해 만에 칠천사백 명이 하와이 농장으로 이민을 옵니다.

한편, 이민자들이 급격히 늘어나자 이민 사회에 예기치 못한 상황이 벌어집니다. 결혼하지 못한 남자들이 신붓감을 구하기가 어렵게 되자 알코올 중독이나 폭력 등 일탈 행위가 자주 발생하였습니다. 이런 사실이 본국에 전해지면서 정부에서는 결혼을 원하는 남자들에게 사진을 찍어 본국으로 보내라 하였고, 국내 처녀들에게는 이민지로 시집갈 의향이 있으면 사진에서 신랑감을 고르라 하였습니다. 의외로 희망자가 많이 몰렸으며, 이렇게 해서 현지로 떠난 여자들을 '사진 신부'라 불렀습니다.

그러나 이들이 막상 와 보니 신랑 될 상대가 보통 열 살 이상 나이 차이가 났고 조선에서 본 사진과도 외모가 차이가 나서 실망도 많았습니다. 그런데도 이내 현실에 수긍하여 한국 여성 특유의 강인한 생활력으로 가정을 꾸려 한인 사회를 튼튼하게 다져 갑니다. 1910년부터 1924년까지 미국으로 떠난 사진 신부는 구백쉰한 명에 이르렀으며, 이들은 훗날 한국 독립에 크게 기여한 자랑스러운 이민 1세대 엄마들입니다.

하와이 한인 사회가 교회를 중심으로 미국 속에 한국조선으로 자리를 잡아갈 즈음, 조선은 일제 치하에 놓입니다. 나라 잃은 슬픔에 이민자는 독립자금을 보태어 독립운동에 크게 기여합니다. 그뿐만 아니라 하와이를 거점으로 하는 민족운동이 본격적으로 시작되어, 대한국민회가 조직되고 이후 하와이 교민 단을 결성하여 상하이임시정부와 긴밀한 관계를 유지합니다. 1920년대 후반에 미국 대공황의 여파로 이민 사회도 크게 타격을 받는데, 이런 영향으로 상하이임시정부에 보낼 독립자금이 부족했습니다. 이것을 당시 이승만 박사가 오 불에서 오백 불에 이르는 임시정부 공채를 발행하며 이민 사회에 도움을 호소합니다. 이에 이민자들은 극도의 경제난에도 불구하고 만 오천 불의 공채를 사서 독립운동에 보탭니다.

독립자금 마련 등 어려운 여건 속에서도 하와이 한인 사회는 자녀교육에 심혈을 기울입니다. 초기에는 교회에서 부정기적으로 교육을 했지만, 얼마 후 십시일반 모은 돈으로 정식 교육 기관인 한인 기독학원을 설립합니다. 이 학원은 남녀공학으로 육 년 과정이었으며, 1928년 당시까지 졸업생을 백오십 명 배출한 하와이 민족교육의 산실이었습니다. 그 뒤 좀 더 높은 수준의 학교가 세워지자 기독학원이 문을 닫습니다. 그러나 기독학원의 학교 건물 매각 대금 십팔만 불도 훗날 인하대학교를 설립하는 모태 자금으로 활용됩니다.

해방되자 하와이 이민자들은 그들이 떠나온 한국에, 그것도 이민의 출발지인 인천에 대학을 세우길 희망하였습니다. 따라서 이승만 대통령을 중심으로 이민자는 수십만 불의 거액을 보내오고 기독학원 매각 대금도 흔쾌히 쾌척하여 인하공과대학의 건립 기반을 조성하였습니다. 그리고 인천과 하와이의 뜻깊은 의미를 각인하고자, 첫 이민의 시작 도시 인천의 '인'과 정착지인 하와이의 '하'를 합쳐서 인하라는 학교명을 짓고 민족 대학의 기치를 이어가도록 하였습니다.

디아스포라Diaspora라는 말이 있습니다. 이는 기원전 유대인 나라가 망하면서 세계로 뿔뿔이 흩어질 때, 어디에 가더라도 유대인의 습관, 민족정신을 잊지 않겠다는 선언적 의미로 사용됩니다. 여든여섯 명으로 시작된 첫 해외 이민자가 현재는 오백만 명이 넘습니다. 이들은 강한 정신력으로 지금도 세계 곳곳에서 코리아 디아스포라를 실천하고 있습니다.

공식 이민 1호

• 내 코가 석 자와 내 살아야 너도 산다 말 뿌리

"지금 내 코가 석 자인데 남의 집 자식까지 챙길 겨를이 어디 있
겠어?"

이런 대화, 주변에서 흔히 쓰고 듣는 말이지요. '내 코가 석 자'의 유
래를 살펴보겠습니다. 이에 대해 관련 책자나 인터넷에서는 하나같이
신라 때의 〈방이 설화〉에서 비롯되었다고 적고 있습니다. 그 설화 줄거
리는 이렇습니다.

신라 때 방이와 그 아우가 살았는데 아우는 못됐지만 부자였고, 형
은 착하긴 해도 몹시 가난했다. 어느 날 방이가 아우에게 누에와 곡식
종자를 좀 꾸어 달라 했더니 성질 고약한 아우는 누에와 곡식 종자를
삶아서 형에게 주었다. 이를 전혀 모르는 방이는 누에를 열심히 치고
씨앗도 뿌려 잘 가꾸었다. 하늘이 도와서인지 그중에 단 한 마리의 누
에가 살아나서 날로 자라 소만큼 커졌고, 공교롭게도 곡식 종자도 한
알이 싹을 틔워 한 자가 넘는 이삭이 되었다.
그러던 어느 날 새 한 마리가 날아와 애써 가꾼 이삭을 물고 산속
으로 날아가 버렸다. 황급히 새를 쫓아 산속 깊이 들어간 방이는 해가
저물자 동굴에 머물게 되었다. 그리고 얼마나 지났을까 느닷없이 도깨
비들이 굴 안으로 들어왔다. 방이는 급히 몸을 숨기고 도깨비들을 훔쳐
보는데, 도깨비들은 왁자지껄 떠들며 손에 쥔 금방망이로 땅을 두드리
며 원하는 것을 말하자 즉시 쏟아져 나오는 것이었다.
이윽고 날이 밝자 도깨비들은 금방망이를 굴속 돌 틈에 놓아두고

사라졌다. 방이는 그 금방망이를 가지고 돌아와 부자가 되었다. 욕심 많은 아우는 사연을 듣고 형이 말한 굴에 숨어 있었는데 그만 도깨비에게 들켜버렸다. 도깨비들은 아우를 지난번 금방망이의 도둑으로 알고, 벌로써 아우의 코를 길게 뽑은 후 돌려보냈다.

이 설화는 여기서 끝이 나는데, 정작 '내 코가 석 자'라는 말이 생긴 까닭은 찾을 수 없습니다. 아마도 설화가 회자하며 이야기가 더 부풀려져, 그 후속으로 어려움에 부닥친 아우의 사정을 전혀 모르는 누군가가 아우를 찾아 도움을 청했다가, 아우가 '내 코가 석 자다'라고 했다면서 이야기가 이어져 왔다면 이 말의 어원은 한층 더 그럴듯하게 설명될 수 있지 않았을까 합니다.

"내 살아야 너도 산다."라는 속담도 있습니다. 이는 홍만종의 문학 평론지 〈순오지〉에 '我上之火, 兒上之火 아상지화, 아상지화'에서 비롯된 것으로 한자의 내용 그대로는 '내 발등의 불을 꺼야, 자식 발등 불을 끈다.'입니다. 즉, 내가 위기에서 먼저 벗어나야 다음으로 자식을 건질 수 있다는 뜻인데, 이 속담의 유래도 많은 세월을 거치면서 더 그럴듯하게 다듬어집니다.

어느 마을에 흉년이 들면서 굶어 죽는 사람이 나날이 늘어만 갔다. 그러는 중 어느 집에 애 딸린 엄마는 젖을 보채는 아이에게 젖을 물려 보지만 젖이 나올 리 만무하자 아이를 남겨 둔 채 산으로 올랐다. 소나무 껍질이라도 삶아 아이에게 먹여 볼까 해서였다. 그런데 엄마는 산 중턱 풀숲에서 죽은 꿩을 한 마리 발견한다. 꿩도 먹을 것이 없어서 죽었는지 깡말라 있었지만, 엄마는 그나마 웬 횡재냐 생각하며 새를 들고 집으로 돌아왔다. 털을 뽑고 삶아 보니 예상한 대로 살은 거의 없고 그조차도 질겨서 아이에게 도저히 먹일 수가 없었다. 그래서 엄마는 질긴 고기를 혼자 씹으며, 자기도 달라고 울고불고하는 아이에게 눈물을 흘리며 이렇게 말했다.'아가, 내 살아야 너도 산단다. 내가 먹고 젖을 만들어 주마.'

넷째 마당

양치질, 우리가 원조다

01.
슬픈 비 이야기

　우리나라 사람들은 내리는 비雨의 모양새를 보며 보슬비, 가랑비, 안개비, 소낙비, 여우비 등등 갖가지 이름들을 붙여 놓았습니다. 사실 감성은 화창한 날보다 비 올 때 더 진해지기 마련이며, 기분도 더 가라앉게 되고 우울한 기억들이 되살아나는 경우가 많습니다. 그래서 이별의 아쉬움에 견줄 수 있는 말 중에 비만한 것이 없다고들 하지요. 이렇듯 비는 이별과 잘 맞아서인지 몰라도 역사 속에 스며있는 비의 사연도 쉽게 접할 수 있습니다.

　살창우殺昌雨라는 비가 그중 하나입니다. 광해군의 이복동생이자 선조의 적자인 영창대군은 역모의 누명을 쓰고 강화로 유배 와서 얼마 지나지 않아 끔찍하게 살해됩니다. 영창대군을 방에 가둬 두고 밖에서 문을 걸어 놓은 채, 아궁이에 불을 계속 지펴 결국 방바닥 열기로 인해 타 죽도록 했지요. 이를 증살이라고 하는데, 당시 영창은 아무것도 모르는 여덟 살 어린이였습니다. 이상한 일은 영창을 가두고 불을 지피는 순간부터 장대비가 내려 장작이 잘 타지 않아 집행관들이 무척 애를 먹었다고 합니다. 이윽고 숨이 끊어진 것을 확인하고 시신을 보니 사지는 숯처럼 까맣게 되고 손톱은 모두 빠졌다고 합니다. 이때가 음력 2월 10일이었는데, 해마다 이 날짜에 전후하여 비가 와서 사람들은 이 비를 가리켜 영창대군의 넋을 달래는 살챙우라 부르며 안타까워했답니다. 강화에 한때 살챙이 마을이 있었는데 그곳에서 영창대군이 살해되었다고 전해내려 옵니다. 이 영창대군을 잔인하게 죽인 사람은 광해군입니다.

그러나 제주에는 광해군의 넋을 기리는 광해우光海雨가 음력 7월 초하루를 전후하여 제주에 뿌려집니다. 친형임해군을 죽이고 어린 동생까지 죽인 패륜 왕 광해군이 어째서 제주 사람들에게는 애틋함으로 남게 되었을까요? 광해군 자신도 인조반정으로 왕의 자리를 빼앗기고 강화를 거쳐 제주로 유배되며 결국 쓸쓸한 삶을 마감합니다. 임진왜란 후 허약해진 왕권을 일으키려 부단히 노력했지만 숱한 당쟁의 소용돌이 속에 끝내 속죄양으로 전락하고 마는 비운의 왕이었던 것이지요. 그래서 반정이라 해도 연산군과 같은 시각으로 광해군을 보지 않습니다. 만 가지 한을 가슴에 품은 채 광해군이 눈을 감던 날, 세찬 비가 내렸고 이후 임종한 날을 즈음하여 제주 사람들은 "7월 초하룻날이여, 대왕 어붕하신 날이여, 가물다가도 비오람서라."라며 광해우를 기다리며 광해군의 넋을 달랬습니다.

임금과 관련해서는 태종우太宗雨도 빼놓을 수는 없겠습니다. 음력 5월 10일, 태종이 눈을 감던 날 그토록 기다리던 비가 내리자 백성들은 논에 나와 임금의 죽음을 슬퍼하는 한편, 비에 대해 고마움으로 특별히 태종우라 이름 지었다고 합니다. 왕자의 난과 더불어 왕권 확립을 위한 신하와의 격한 대립으로 다소 거칠고 몰인정한 임금으로 비치는 태종이지만, 사실 조선왕조의 튼튼한 주춧돌이었고 백성을 향한 마음은 그 어떤 성군에 뒤처지지 않았습니다. 임종이 임박했음에도 불구하고 친히 기우단을 차려 놓고 "내 모든 악업을 기꺼이 받아들이매, 나를 거두고 백성에게 비를 내려주소서."하며 며칠을 빌고 또 빌었습니다. 그의 치성이 마침내 하늘에 닿아 그를 거둔 음력 5월 10일, 대지는 생기를 되찾습니다. 이후 태종우가 내리면 풍년이 든다고 하여 해마다 이때를 즈음하여 곳곳에서 기우제를 드렸다고 전해옵니다.

앞서 살펴본 세 가지 비가 회한이 서린 비라면, 남강우南江雨는 한恨을 씻는 비입니다. 논개의 죽음을 생각합니다. 왜란 때 물밀듯 쳐들어오는 왜군 앞에 김시민이 없는 진주성이 힘없이 무너지자, 논개는 나라 없는 생은 의미 없다며 비록 왜 장수 한 명 일지라도 죽일 수만 있다면 자신의 목숨을 내놓겠노라 다짐합니다.

음력 6월 29일, 논개는 남강이 보이는 촉석루에서 연회를 베풀어 왜장의 흥을 돋게 하고는 함께 춤을 추자며 왜장을 두 팔로 끌어안으니, 두 팔은 양 손가락에 미리 끼어둔 옥가락지로 인해 자물쇠처럼 채워져 몸부림치는 왜장을 그대로 껴안고 남강에 몸을 던집니다. 논개가 투신한 후 남강에는 슬픈 비가 며칠을 내렸는데 사람들은 그 비를 논개의 한을 달래는 남강우라 불렀습니다. 그러나 논개의 이러한 의로운 순국은 백여 년 뒤에 가서야 인정받습니다. 그 이유는 논개가 기녀라는 이유로 보수집권 사대부에게 철저히 외면당했기 때문입니다. 그런데도 진주성 사람들은 해마다 남강에서 논개의 한을 달래며 정부에 탄원도 계속하여, 경종 1년1721년 마침내 사당과 더불어 애국 충정을 정당하게 평가받습니다.

못다 이룬 사랑이 눈물이 되어 뚝뚝 떨어지는 비도 있습니다. 평안남도 강서군에 있는 고구려 덕흥리 무덤 벽화에는 견우와 직녀가 헤어지는 모습이 천장에 그려져 있습니다.

견우직녀 이야기는 아주 오래전 중국에서 우리나라에 전해졌는데 내용을 살펴보면, 견우소치는 목동와 직녀베 짜는 여인가 사랑에 빠져 일을 게을리하자, 천제가 노하여 은하수를 사이에 두고 떨어져 살게 하다가 일 년에 딱 한 번 그것도 저녁에 만나게 해 줍니다. 그날이 음력으로 7월 7석이며, 까마귀와 까치가 서로 몸을 맞대어 오작교를 만들면 마침내 둘은 만나서 부둥켜안고 기쁨의 눈물을 흘립니다. 여기서 이 기쁨의 눈물이 사람이 사는 지상으로 비가 되어 떨어지는데 이 비를 칠석우七夕雨라 불렀습니다. 그러나 만남의 시간은 너무 빨리 흐르고 마침내 헤어져야 할 시간이 다가오자, 견우의 소들이 헤어질 것을 재촉합니다. 하지만 소조차도 둘의 헤어짐을 너무 아파하며 왕방울만한 눈물을 지상으로 뚝뚝 떨어뜨립니다. 이 눈물을 소가 흘리는 눈물이라 하여 쇠루우라 부르며 땅에서도 같이 안타까워했답니다.

02.

절에 가는 마음

    절은 뭔가를 바라며 비는 곳이기도 하지만, 마음속 해묵은 번뇌를 비우는 곳이기도 합니다. 비워야 극락에 갈 수 있고 깨달음도 얻을 수 있기 때문입니다. 그래서 극락을 생각하고 다만 얼마라도 비워지길 기대하며 절에 가는 것입니다. 물론 꼭 절에 가야 비워지는 것은 아니지만, 그래도 절은 분위기도 그렇고 마음을 가라앉히기에는 속세에서보다 한결 수월합니다.

    절의 공간을 다른 말로 가람이라 합니다. 가람은 불자들이 꿈꾸는 이상의 세계 불국토를 현세의 땅에 상징적으로 형상화한 것입니다. 불국토의 본래 모습은, 부처님이 계시는 수미산을 중심으로 아홉 개의 산과 여덟 개의 바다가 감싸고, 가장자리 동서남북에 중생의 땅-속세가 자리하고 있습니다. 속세는 각각 동승신주 · 서우화주 · 남섬부주 · 북구로주인데, 이 중에서 한국인이 사는 곳은 남섬부주라고 합니다. 따라서 수미산의 부처님을 만나기 위해서는 남섬부주를 떠나 험난한 아홉 산 여덟 바다를 넘어야만 합니다. 이를 현실적으로 실행하기 위해, 스님은 절을 만들고 중생은 그곳을 찾습니다.

속세를 벗어나 절로 향하다 보면, 가장 먼저 해탈교를 만나게 됩니다. 모든 절에 해탈교가 있는 것은 아닌데 해탈교가 있으면 그 밑으로는 대개 물이 흐릅니다. 이는 불국토의 여덟 개 바다를 암시하지요. 그래서 이 다리를 건너야 수미산 부처님의 영토에 들어가는 것처럼, 절의 영역에 첫발을 디디는 것이랍니다.

해탈교에서 내려다보는 물빛의 반짝거림은 마치 속세의 때를 씻겨 보내고 깨끗해진 마음으로 건너가라고 속삭이는 것 같습니다. 시킨 듯 눈을 감고 해묵은 상념을 다리 밑으로 던졌더니, 왠지 몸이 가뿐해지고 물·새·곤충 소리가 새롭게 청아합니다. 주변 풍경에 취해 느린 걸음을 옮기는데 불쑥 길쭉한 돌기둥이 시선을 막습니다. 당간 지주입니다. 신성한 공간임을 일깨우고, 부처님이 가까이 있음을 알리는 표식입니다.

절집 첫 번째 문은 일주문一柱門입니다. 불국토에서는 수미산의 첫 관문입니다. 산문이라고도 하는 이곳은, 절 이름의 편액을 걸고 사바 세계와 경계를 가릅니다. 해탈교에 이어 두 번째 비움의 장소이기도 한데, 기둥에 적혀있는 입차문래入此門來, 막존지해莫存知解, 즉 '이 문에 들어오거든 안다는 것을 버려라.'라는 글자가 문 없는 일주문을 설명합니다. 속세의 고정관념에서 벗어나야 비로소 새 눈이 열릴 수 있다는 간절한 당부이기도 하고요.

시선을 돌리자 금강문 편액이 눈에 들어옵니다. 조심스레 발을 들여놓고 좌우를 보자 입을 반쯤 벌리고 '아'소리를 내는 아 금강역사와 '옴'소리를 내며 입을 닫는 옴 금강역사가 무시무시합니다. 불가에서 아는 시작이고, 옴은 끝입니다. 이를 합친 아옴은, '시작이 끝이고, 끝은 시작이니 본래 모든 것은 하나다.'라는 부처의 진리를 함축한 말입니다. 암튼 이 문을 통과하면 내 몸에 붙어 있을지도 모를 악귀가 제거된답니다.

하지만 금강역사의 무서운 잔상이 채 가시기도 전에 "게 섰거라." 하면서 거인 네 명이 눈을 부라리며 또 길을 막습니다. 천왕문에 계신 이분들은 본래 고대 인도의 신이었답니다. 부처님 가르침 덕에, 귀의하여 수미산 중턱에 머물고 있는데, 이승에서는 중생들이 불도에 따라 올바르게 살아가고 있는지를 살피고 인도하는 일을 맡고 있습니다. 동쪽을 지키는 지국천왕持國天은 칼, 서쪽 광목천왕廣目天은 탑, 남쪽 증장천왕增長天은 용, 북쪽 다문천왕多聞天은 비파琵琶를 뜯으며 죄지은 중생을 발로 짓누르고 있습니다. 왜 각각의 것을 들고 있는지 모르겠지만, 큰 몸짓에 지레 겁먹어 눈을 감고 바르게 살겠다고 합장하자, 비로소 통과하라 하십니다.

한결 홀가분해진 마음으로 이젠 부처님을 볼 수 있겠지 하는데 또 문이 나타납니다. 낙심한 표정으로 잠시 발을 멈추자, 마지막 문이라고 지나가던 스님이 귀띔하네요. 불이문. 수미산 정상 즉 부처님이 계신 집에 다다랐음을 알리는 문입니다. 불이不二는 둘이 아닌 하나란 의미로 선악도 하나, 짐승과 사람도 하나, 세상 모든 것들은 본디 하나임을 깨우치게 하는 말입니다. 번뇌는 이것과 저것을 가르는 것에서 생긴다고 합니다. 그러기에 번뇌의 고통에서 벗어나려면 편 가르지 말 것을 당부하십니다. 이를 터득하는 자만이 해탈할 수 있다 하여 불이문을 해탈문이라고도 합니다.

드디어 부처님 집 마당에 들어섭니다. 이 층 누각에 매달린 종·물고기·북·쇠판이 호기심을 자극합니다. 일명 불교의 소리라는 범

종각입니다. '이승과 저승의 생명체에게 부처님의 자비를 내려주십사.'하며 중생 대표로 스님이 간구하는 곳입니다. 스님이 두드리는 울림 도구 네 가지를 사물四物이라 하는데, 이것들이 큰 소리를 냄으로써 부처님이 잘 들을 수 있다 합니다. 북법고소리는 육지 모든 생명체의 간절함이며, 물고기목어는 물속의 중생을, 쇠판운판은 새나 곤충 등 날아다니는 중생을 구제해달라고 웁니다. 나머지 종범종 소리는 지옥에 떨어진 중생조차도 구제해 달라는 간곡한 하소연입니다. 누각 아래 펼쳐진 황홀한 풍광을 보는 순간 언제 그랬나 싶게 기분이 들뜨고 맙니다.

누각을 내려오니 탑 주변을 돌며 합장하는 사람들이 보입니다. 탑은 석가모니의 무덤을 상징하는 것이라네요. 석가모니께서 열반번뇌가 사라진 세계에 오를 때 많은 사리를 남기셨는데, 여러 사찰이 이를 가져다 안치하고 그 위에 돌탑을 쌓은 것이랍니다. 부득이 사리를 못 모신 절은 불경부처님 말씀으로 대신하고 탑을 세웠다니, 탑은 곧 석가모니 부처에 대한 그리움이라 할 수 있겠습니다.

팔각형 돌 지붕을 쓰고 밑으로 네 면에 창을 내어 흡사 탑같이 생겼습니다. 석등입니다. 불가에서 등불을 밝히는 것은 공양공경하는 마음으로 음식·옷·꽃·향 등을 올리는 의식 중에서도 으뜸이랍니다. 석등에 불을 밝히면, 진리가 빛이 되어 어두운 세상을 환히 비춘답니다.

석등을 뒤로하고 마침내 부처님 전각 계단을 오릅니다. 대웅전大雄殿, 큰 영웅이 계신 곳. 영웅은 당연히 석가모니 부처님이십니다. 금불상 모습으로 상단 중앙에 앉아, 해탈의 진리를 말없이 설파 중이십니다. 그런데 손동작이 예사롭지 않습니다. 오른손 끝은 땅을 가리키고, 왼손은 손바닥을 위를 향한 채 하복부에 있습니다. 석가모니가 악귀의 온갖 유혹을 물리치고 깨달음을 얻어 부처가 되는 순간을 표현한 것이랍니다. 이런 손 모습이 항마촉지인이랍니다. 부처님 좌우로 두 보살님이 있는데, 외관이 비슷해서 스님에게 물었더니 "절에는 석가모니 부처 외에도 많은 부처가 계시는데, 이분들은 깨달음을 얻고 이미 열반 세계탐욕, 분노, 어리석음이 없는 세계에 드셨고, 보살도 깨달음은 얻었으나 중생 구제를 위해, 우리가 사는 사바세계에 아직 머물고 계신다."라고 설명합니다. 부처님이나 보살님이나 마음속의 탐욕과 분노를 털어내야 한다는 한 가지 가르침을 주십니다.

중생을 구제하는 대표 보살은 관세음보살입니다. 관음전이라는 별도의 전각에 머물고 계시는데, 현세의 중생을 헤아려 주시기에 가장 인기가 많습니다. 원통전이라 부르는 절도 있다 합니다.

지장보살은 지옥에서 고통받는 죄인의 마지막 한 명까지도 구제한 뒤에 부처가 되겠다고 하십니다. 계시는 곳은 명부전 또는 시왕전입니다. 명부는 사람이 죽어서 간다는 저승의 세계이고, 시왕은 지장보살을 돕는 열 명의 왕으로, 죽은 사람의 생전에 지은 죄를 심판합니다. 지옥을 다스리는 염라대왕도 시왕 중의 한 명이라, 이곳을 찾는 불자는 자신 주변에 돌아가신 분이 행여 지옥에 가지 않도록 지장보살께 간구합니다.

극락전도 사람 발길이 빈번합니다. 극락은 영원히 죽지 않는 세계로 누구나 가고 싶은 곳이겠지요. 여기는 극락을 관장하는 아미타부처가 좌장이십니다. 극락전이 아니라도 무량수전 또는 안양전의 편액이 걸려있으면 그곳 역시 아미타여래가 계신다고 보면 됩니다. 그리고 혹시 약사전이 보이신다면 지나치지 마시고 꼭 들르세요. 약사여래는 질병을 고쳐주고, 목숨도 연장하며, 예기치 못한 재앙도 막아주십니다.

둘러 본 전각 외에도 미륵전, 칠성전, 산신전, 대적광전 등 많은 전각에 또 다른 부처님과 보살님이 계신다 하는데 다음 답사로 넘겨야겠습니다. 다만 좀 전에 살펴본 전각들은 전통적인 민가의 구복 신앙求福信仰. 하늘에 복을 비는 것과 연계되어, 비움보다 비는 곳의 성격이 다소 강하게 느껴집니다. 불이문을 나서자 옆으로 조금 비켜난 곳에 해우소가 언뜻 보입니다. 마치 "아직도 비우시지 못한 것이 있으면 마저 비우시지요."라고 말하는 것 같습니다.

03.

씻고 새로 나기

　목욕은 몸을 씻는 행위이기 때문에 이미 원시 사회에서도 했으리라 유추할 수는 있지만, 기록으로는 기원전 사천 년 경 이집트인들이 목욕을 생활화하였다는 것이 처음입니다. 이집트는 당시 주변국보다 훨씬 문명이 발달하여 스스로 선택된 민족이라는 자긍심이 높았습니다. 그래서 더러움이나 추함은 열등 민족에게나 어울리므로, 자신만큼은 늘 청결한 모습을 유지해야 한다고 생각하였습니다. 그 때문에 목욕에서도 서민은 하루 한 번 이상, 상류층은 많게는 네 번 이상을 씻었다고 합니다.

　문명의 중심이 그리스로 넘어오면서 목욕 문화는 깊이를 더해 갑니다. 그리스인들은 목욕 후의 개운함을 즐기는 한편 목욕을 과학이나 의술의 관점으로 바라보았습니다. 히포크라테스Hippocrates는 목욕물의 온도 차를 연구하여 병 치료에 활용하였고, 피타고라스Pythagoras는 냉수욕이 황달이나 우울증에 좋다고 주장했습니다. 대중목욕탕도 이때 등장하는데, 아르키메데스Archimedes는 대중목욕탕에서 부력의 원리를 깨닫고 그 유명한 '유레카'를 외쳤습니다.

세월이 흘러 그리스를 정복한 로마제국 특히 제정 로마 시대에 목욕 문화는 극에 달합니다. 대중목욕탕이 많을 때는 구백 군데를 웃돌았고, 욕장 규모도 커져 카라카라 대중목욕탕에는 증기탕, 냉 · 온탕, 수영장, 상류층 전용 개인 욕탕, 체육관, 도서관 등이 한 건물에 있었습니다. 목욕 객은 동시에 이천 명을 수용할 수 있었으며, 수영장 등 부대시설 이용객도 천오백 명을 넘었다고 합니다. 그러나 로마는 목욕 문화로 망했다고 할 정도로 로마 말기의 목욕탕은 남녀 혼욕이 보편화하고 정치 야합과 성행위, 도박의 장소로 변했습니다. 그러자 대다수 로마 그리스도교들은 목욕탕을 죄악의 온상이라 경멸하며, 어떠한 목욕 행위도 교리에 어긋난다는 여론을 몰아가자, 황제도 이를 받아들입니다. 이후 로마는 물론 로마의 영향권에 있던 유럽 제국에서 목욕 문화는 거의 사라졌습니다.

12세기 십자군 전쟁 기간에 하맘이라 불리는 터키 지방의 증기탕이 유럽에 유입되면서 다시 대중목욕탕이 다시 생겼으나, 16세기에 페스트, 매독, 문둥병이 유럽을 강타하자 사람들은 모이는 장소를 꺼리게 되고 아울러 목욕탕도 다시 자취를 감췄습니다. 목욕 문화가 사라진 유럽의 이백 년간을 후대 혹자는 불결의 시대라 부르기도 했습니다. 바야흐로 19세기부터 상 · 하수관이 정비되고 비누나 각종 위생 목욕용품도 등장하면서 대중 욕탕이 활기를 되찾습니다. 거기에 샤워기나 다양한 욕조, 수도꼭지의 등장과 약제를 이용한 한증탕, 사우나, 하맘 등도 어우러지며 오늘날에 이르러 목욕 문화가 최고의 융성기입니다.

우리나라의 목욕 문화는 서양과 사뭇 다른 개념으로 출발합니다. 《삼국유사》의 〈가락국기〉에는 3월 상사三月 上巳: 3월 들어 첫 뱀 날 계욕의 날에 신맞이 굿을 벌였다는 기록이 있습니다. 여기서 계욕은 목욕을 말하는 것으로, 문헌상 가장 오래된 목욕 기록입니다. 쉽게 풀이해 보면 삼월 삼짇날 산속의 맑은 물에 몸을 깨끗이 씻어 신맞이에 대비한다는 의미입니다. 즉, 우리의 선조들은 목욕을 종교적 의미로 받아들였습니다.

불교가 전해 내려온 이래 삼국시대의 목욕재계沐浴齋戒란 말도 사전적 의미로는 '제사나 중요한 일을 앞두고 몸을 깨끗이 하여 부정을 피하고 마음을 가다듬는다.'입니다. 이처럼 우리의 선조들은 목욕을 위생 개념보다 정신을 맑게 하는 종교적 행위로 받아들였습니다. 참고로 기독교의 세례 의식도 같은 개념으로 오래전에는 전신 목욕을 하였지만, 지금은 이마에 물을 묻히는 것으로 대신합니다. 종교적 행위는 아니더라도 신라 시대에 죄수들에게 사악한 마음을 씻어내라고 목욕 벌을 준 것도, 목욕을 정신 수행의 수단으로 삼은 독특한 사례입니다.

고려 시대에 들어서며 목욕은 청결과 건강을 유지하려고 씻는 게 일상생활이 되었습니다. 송나라 사신 서긍이 쓴 《고려도경》에는 "고려인들이 하루에 서너 차례 목욕했고 개성의 큰 내에서 남녀가 한 데 어울려 목욕을 했다."라는 기록이 있습니다. 온천과 한증도 이 시기에 성행합니다. 특히 일본에 전수된 한증탕은 자갈이나 진흙을 불로 달궈 그 위에 멍석을 깔고 땀을 내는 방식으로 오늘날의 불가마 한증법과 크게 다르지 않습니다. 온천탕은 말 그대로 온천물을 이용한 욕탕으로 주로 왕이나 고관대작들의 피접으로 활용되었는데, 피접이란 사람이 병이 들어 약을 써도 효험이 없거나 병의 원인이 분명하지 않을 때, 병 치료를 위해 특정 지역에서 하는 요양을 말합니다.

조선 시대는 성리학 중심의 유교를 통치이념으로 삼습니다. 이는 곧 억불숭유 정책으로 이어지며 종교적 목욕 문화는 더욱 위축되고, 고려 때의 자유분방했던 각종 목욕도 도덕적으로 손가락질의 대상이 되었습니다. 남녀의 혼욕은 말할 것도 없고 알몸 노출 목욕은 풍속을 어지럽힌다는 이유로 처벌했습니다. 부득이 목욕할 경우 속옷을 입은 채로 씻어야 했고, 전신 목욕보다는 대야 등에 물을 받아 부분적으로 몸을 씻었습니다. 주로 씻는 곳은 얼굴과 발이며, 여성인 경우 부엌에서 뒷물과 머리 감기를 하였습니다. 한여름에는 선비가 계곡을 찾아 발만 물에 담가 더위를 식히며 이를 탁족이라 합니다. 이 또한, 피서철에 하는 부분 목욕입니다. 하지만 이러한 부분 목욕은 양반들 사이에서나 체면상 유지되었지, 일반 백성은 그다지 구애받지 않고 물가에서 전신 목욕을 하였을 것입니다.

조선의 역대 왕들은 유전적으로 피부병을 앓아서 온천으로 피접을 가곤 했는데, 대표적인 행차 지역은 황해도 평산온천과 충청도 온양온천이었습니다. 병치레가 유독 심했던 세종대왕은 온천욕도 잦았지만, 여주의 도자기 가마를 개조하여 도자기 구울 때 나오는 열을 이용하여 증기욕 치료를 하였다고도 전해집니다.

한편, 조선 시대 가장 슬픈 목욕의 기록을 빼놓을 수 없겠지요. 병자호란 때 청나라로 끌려간 많은 여성이 전쟁 후 다시 고향으로 돌아옵니다. 당시 그녀들을 환향녀還鄕女라 하였는데, 막상 고향에 오자 청나라에서 몸을 더럽힌 여자라 하여 받아들이질 않았습니다. 그 때문에 상심한 많은 여성이 자살로 생을 마감합니다. 이런 사실이 인조 귀에 들어가고 인조는 특단의 교지를 내립니다.

한강, 소양강, 낙동강, 금강, 영산강, 예성강, 대동강을 회절강回節江으로 삼으니 환향녀들은 그 강에서 정성으로 몸과 마음을 씻고 돌아가도록 하라. 만일 환향녀를 받아들이지 않으면 국법으로 다스리겠다.

하지만 유교를 중시한 사대부들이 얼마나 받아들였는지는 미지수고, 이후 몸 파는 여자를 가리켜 화냥년이라는 말이 생겼습니다.

1883년, 인천이 개항되며 서양식 호텔과 일본 거주지에 현대식 목욕탕이 등장했고, 한국인이 이용하는 대중목욕탕은 1920년대 일제의 문화정책에 편승하여 대도시 중심으로 문을 열었습니다. 이 당시 우리나라는 온천지를 개발하면서 여기에 일본식 온천탕을 접목하여 관광지로 활용합니다. 인천의 경우는 월미도에 바닷물을 끌어와 해수욕탕과 해수 수영장을 만들고 주변에 각종 위락시설까지 곁들여 수도권 최고의 관광 목욕탕으로 명성을 구가하였습니다.

04.
기름과 재가 만나

제2차 세계대전이 한참일 무렵, 폴란드의 아우슈비츠 수용소에서는 인간의 잔인함이 어디까지 인가를 극명하게 보여주는 일이 벌어집니다. 그중 하나가 잘 알려진 가스실의 유대인 대량 학살이었지요. 병든 사람, 어린이, 노인, 정치범을 대상으로 샤워를 시켜준다며 독가스를 살포하여 삼십오만 명 이상이 질식사합니다.

그러나 이러한 죽음이 온전한 주검으로 끝난 것이 아닙니다. 독일의 나치들은 이 시체를 일 차 가공 생산물로 여기며 시체에서 머리털을 모으고 금이빨을 뽑았으며, 일부는 생체실험 대상으로 냉동고에 넣었습니다. 이 차 과정을 거친 후 훼손된 시체는 소각되기 전에 또다시 몸에 있는 기름을 빼내는 작업을 거칩니다. 사람 몸에서 나온 기름으로 화약의 주원료인 나이트로글리세린을 추출하는데, 그중 일부는 비누를 만드는 원료로 썼답니다. 당시 살아남았던 사람들의 이야기라 어디까지 믿어야 할지 모르겠지만 정말이라면 몸서리치지 않을 수 없습니다.

비누를 영어로 소우프Soap라 부릅니다. 이 말의 유래는 기원전 그리스의 사포 산으로 거슬러 올라갑니다. 당시 사포 산에는 신의 제단이 있었고 이곳에서 수시로 제사를 지냈으며 제물로는 양을 구워 바쳤습니다. 그런데 제사용 양을 구울 때마다 양들의 몸 밖으로 기름이 나왔고, 이 기름이 타고 남은 재와 섞여 고이거나 땅 밑에 스미었습니다. 이것이 빗물에 씻겨 내려가 언덕 아래 강과 합쳐지는데, 이 강가에서 빨래하면 다른 곳보다 때가 잘 빠졌다고 합니다. 금방 소문이 나서 인근의 많은 사람이 사포의 강 주변으로 몰려들었고 이후 사포는 때를 벗겨내는 대명사로 남게 된 것입니다. 이 사포가 프랑스어로는 샤봉Savon입니다.

여기서 알 수 있듯이 양의 기름과 나무 재가 합쳐지면 때가 잘 빠진다는 사실입니다. 이것이 비누의 원리인데 좀 더 설명하자면 이렇습니다. 물에다가 기름을 떨어뜨리면 서로 표면 장력을 만들어 합치기를 거부합니다. 여기에 기름과 알칼리성 나트륨수산화나트륨, 양잿물이 합쳐져 생성된 지방산을 넣으면 표면장력이 제거되고 물과 기름은 합쳐집니다. 이것을 계면활성 기능이라 말하는데, 지방산에 의해 분해된 때는 물로 손쉽게 제거되어 깨끗한 상태가 되는 것입니다. 그러나 이러한 세제의 원리를 이용한 곳은 그리스뿐만 아니라 더 오래전 이집트에서도 나타났고 우리나라 선조도 기름은 섞지 않았지만, 콩깍지나 볏짚을 태워 타고 남은 재를 물과 혼합하여 잿물을 만들어 빨래에 이용하였습니다. 따라서 시대와 나라는 달라도 기름과 재가 세제 역할을 한다는 것은 이미 오래전부터 알고 있었습니다.

17세기경 프랑스 마르세유 지역에서 비누 혁명이 일어났습니다. 식물성 지방산 비누가 등장한 것이지요. 종래까지 양이나 소에서 추출한 동물성 기름 비누는 색깔이 거무튀튀하고 냄새도 고약했지만 빨래 차원에서 감내하며 사용해 왔습니다. 그러다 마르세유 올리브 산지에서 처음으로 올리브 기름 비누를 탄생시켰는데, 색도 희고 향기까지 배어 있어서 유럽 사회에서는 꿈의 비누로 칭송하였습니다. 당시 정부루이 14세는 이 비누 제조의 보호를 위해 칙령까지 선포하였다고 합니다. 식물성 비누의 탄생으로 말미암아 사회에 큰 변화가 생깁니다. 몸의 청결제로 비누를 사용하기 시작한 점이지요. 그동안 머리 염색이나 피부 치료를 위해 극히 제한적으로 동물성 비누를 사용한 적은 있지만, 대다수는 천이나 옷을 빨기 위해 비누를 사용했으며, 올리브 비누가 나오기 전까지 비누로 몸을 씻는다는 생각은 하지 못했습니다.

1791년, 프랑스 화학자 니콜라스 르블랑Nicolas Leblanc은 잿물이 아닌 일반 소금에서 양잿물을 만드는 데 성공합니다. 이 공정으로 많은 양질의 소다 재를 얻을 수 있었으며 대규모 상업적 비누 생산이 가능해졌습니다. 더욱이 1800년대에 미국에 전기가 상용화되어 〈프록터 앤드 갬블P&G〉사는 대량생산을 통해 다양하고 질 좋은 비누를 선보입니다.

비누라는 말은 한자어인 비루飛陋에서 변형된 말인데, 비루의 뜻은 '더러움을 없앤다.'입니다. 이 말은 근세기 중국에 미국산 양잿물 비누가 소개되면서 생겼습니다. 우리나라에서는 이 비누를 특히 양잿물 비루라고 불렀습니다. 양잿물 비루는 강한 세척력으로 인기가 많았지만, 양잿물 자체가 독성이 강하여 소량만 마셔도 치명상을 당하는 위험 물질이었습니다. 최근까지도 양잿물 마시고 자살하는 사례가 빈번하고, 우리 속담에 '비루 먹일 놈', 즉 양잿물 먹여 죽일 놈도 그 위험

성을 내포하는 말이라 하겠습니다.

우리나라에 비누가 들어오기 전까지는 빨래용 소재로 잿물이 통용되었고, 재밌는 것은 잿물 대신 오줌도 세탁에 사용하였다는 점입니다. 오줌도 알칼리성이라 세척 작용을 하는데, 이런 사례는 기원전 고대 로마의 세탁업자 사이에서도 발견할 수 있습니다.

아무튼 우리의 옛날 몸 씻는 세제 재료는 쌀겨, 쌀뜨물, 녹두, 창포, 콩가루, 밀가루 등이 있습니다. 이것들을 맷돌에 곱게 갈아 몸을 씻을 때 사용하면, 가루들 사이에 미세한 틈이 지방 성분을 흡착시키고 계면활성 성분도 다량 들어 있어서 때가 잘 벗겨집니다. 방앗간 집 딸이 피부가 곱다는 말도 이런 연유에서 비롯되었겠지요.

우리나라에 처음 서양 비누가 소개된 것은 기록상 프랑스 신부 리델Ridel이 가져온 샤봉이란 비누라 하는데 분명치는 않습니다. 그러나 서양 비누가 빨래나 몸 씻는데 최고라고 소문이 나면서 너도나도 비누를 갖고 싶어 하자, 한 일본인 무역상이 재빠르게 인천 송월동에 자본금 삼십만 원으로 합명회사인 〈애경사〉를 설립하고 본격적인 비누 생산에 들어갑니다. 이때가 1912년이었습니다.

애경사에서 생산된 화장비누와 빨랫비누는 그야말로 날개 돋친 듯 팔려 나갔으며 수도권이 전체 생산의 육십 퍼센트, 대전·대구 이십 퍼센트, 군산·목포 십오 퍼센트, 기타 지역 오 퍼센트를 차지하며 최고의 호황을 누렸습니다. 애경 비누의 주원료는 쇠기름우지, 牛脂과 양잿물이었으며 중국 칭다오青島와 다롄大連, 일본 등지에서 쇠기름을 공급했습니다.

한편 애경 비누와 다르게 민가 또는 가내수공업으로 석감石鹼이라는 비누가 만들어지는데 석감은 양잿물에 풀즙을 넣고 밀가루로 반죽한 것으로, 한국 사람이 만든 최초의 비누라 할 수 있습니다. 그러나 냄새가 고약하고 보관도 쉽지 않아 오래가지 못했습니다.

해방 후 일본 회사 〈애경사〉를 한국인 채몽인이 인수하여 종업원 오십 명, 자본금 오천만 환으로 〈애경유지공업㈜〉를 창립합니다. 회사와 상품명으로 수십 년간 한국인에게 친근했던 애경이라는 이름은 그대로 사용했습니다. 이런 전략이 들어맞아 폭발적인 인기를 얻어 1958년에는 〈애경유지공업㈜〉의 대표 브랜드인 '미향비누'가 한 달에 백만 개씩이나 팔렸다고 하며, 인천과 서울 사이를 다니는 차량 대부분은 이 회사의 트럭이었다고 전해집니다.

〈애경유지공업㈜〉는 오늘날 〈애경산업㈜〉로 성장했고, 1947년에 출범한 〈락희화학공업^{현재 LG생활건강}〉과 현재 국내의 생활용품 시장을 이끄는 쌍두마차입니다.

05.

양치질, 우리가 원조다

필자는 외가가 충남 안면도여서 초등학교 방학이면 자주 들렀는데, 그 당시만 해도 거기는 전깃불이 없어 일찍 자야 했고 칫솔 치약은커녕 이 닦는 일도 흔하지 않았습니다. 그래도 어머니는 식사 후에 부엌에서 소금을 한 움큼 내오셔서 손가락으로 양치질을 하셨는데, 이를 따라 하던 제가 너무 짜서 얼굴을 찡그리면 삼촌이 흰 가루를 주셨습니다. 모래보다 더 고운 조개껍질 가루였습니다. 이 가루에 물을 섞어 강낭콩만 하게 반죽하여 이에 묻혀 비빈 후 맹물로 입안을 헹구어 내면 그럭저럭 뽀드득했지요. 여름 방학에는 물기가 남아있는 칡 뿌리로도 양치질했는데 칡을 사용하면 뒷맛이 달고 박하 느낌이 남습니다.

사실 요즘처럼 매일 그것도 두세 차례씩이나 양치질을 한 시점은 불과 삼사십여 년 전입니다. 여기서 양치질이란 칫솔과 치약을 동시에 사용한 것을 말합니다. 이것을 사용하기 전에는 일부 특수층을 빼고는 대다수가 주로 소금으로 이를 닦았습니다. 지금도 목욕탕에 가면 욕실 문 한쪽에 소금을 비치하여 나이가 지긋한 분들은 이것으로 이를 닦는데 예전의 습관이 남아 있어서 그럴 겁니다.

옛날부터 사람들이 양치질하던 이유는 크게 두 가지였습니다. 하나는 이 사이에 낀 음식물 찌꺼기를 빼려는 목적이었고 다른 하나는 고기육류를 먹고 난 후 이에 묻어 있는 찐득찐득한 기름기를 제거하기 위함이었습니다. 음식 찌꺼기를 제거하기 위한 도구는 우리말로 이쑤시개, 즉 칫솔로 이해하면 되고, 기름기 제거를 위한 것은 일종의 치약이라 할 수 있겠습니다.

이쑤시개의 기록은 고대 이집트나 바빌로니아에서 나타나는데 이집트인들은 나일강 주변에 흔히 자라는 파피루스 식물의 잎줄기를 잘라내 그 끝을 돌로 여러 번 짓이겨 붓처럼 여러 갈래를 만들고 그것으로 음식 찌꺼기를 제거했으며 바빌로니아의 수메르인들은 동물의 뼛조각을 날카롭게 하여 이쑤시개로 사용했다고 합니다. 그리고 간혹 이 표면에 눌어붙은 기름기를 제거하기 위해서는 달걀 껍데기 가루나 미세한 돌가루, 나무의 타고 남은 재를 이용하여 닦아냈으며, 파피루스 뿌리나 연한 나뭇가지를 껌처럼 씹어서 기름기를 제거하기도 하였답니다.

동양에서도 음식 찌꺼기를 제거하기 위한 도구로 서양과 크게 다르지 않았다고 유추할 수 있지만 1500년경 중국에서 지금의 칫솔과 유사한 이쑤시개가 등장한 점이 특이합니다. 대나무 표면에 뻣뻣한 돼지 털을 붙여 이것으로 양치질을 하듯 비벼서 음식 찌꺼기를 제거했는데, 이것이 사실상 오늘날의 칫솔 효시로 보입니다. 이 중국 칫솔의 효율성이 알려져 유럽에도 전파되었는데, 유럽인은 돼지 털보다 좀 더 부드러운 말 털을 선호했다고 합니다. 그러나 돼지 털이든 말

털이든 사용 후 음식 찌꺼기와 세균이 칫솔에 들러붙어서 자주 끓는 물에 소독해야 했으며 고온으로 털이 쉽게 흐무러져 부유층 외에는 쉽게 살 수가 없었습니다.

한편 우리나라는 유럽 중국과는 달리 버드나무 가지로 이쑤시개를 대용했습니다. 양치질이란 어원을 살펴보면 그 뜻을 금방 알 수가 있는데 양치질이란 흔히 알고 있는 良좋을 양, 齒이 치 즉 치아를 좋게 하는 행위가 아니라, 버들 양楊, 가지 지枝로 버드나무 가지를 가지고 이 닦기를 하는 데서 유래한 것입니다. 그래서 지금의 양치질은 원래 양지질이었던 것이지요.

문헌상으로는 고려 시대 《계림유사》에 '이를 청소하는 방법으로 버드나무 가지 끝을 잘게 으깬 후 그 갈래로 이와 이 사이를 쓸어 내듯 하면 된다.'라고 전하는데 질긴 버드나무 가지 속에는 소독 성분도 있다고 하여 이쑤시개로 큰 인기를 끌었던 것 같습니다.

더욱 놀라운 사실은 우리나라는 버드나무 가지를 칫솔로, 소금이나 식초로 반죽한 조개껍질 가루를 치약으로 하여 동시에 양치질을 한 점입니다. 앞에 열거한 다른 나라 사례는 이쑤시개와 치약이 분리되어 사용되지만 우리나라는 오래전부터 칫솔과 치약을 동시에 사용하는 문화를 가지고 있던 거지요. 그래서 입속 찌꺼기도 제거하고 동시에 구강청결도 유지할 수 있는 양치질은 우리나라가 원조인 셈입니다. 이렇게 양지는 시간이 흘러 음이 치환되며 양치가 됩니다. 그리고 우리의 양치질은 일본으로 곧 전파됩니다. 일본인들은 지금도 이쑤시개를 요지라고 하는데, 요지는 양지의 일본 발음으로 우리나라 양치질 문화가 전수되었음을 알 수 있습니다.

나라별로 이쑤시개용 칫솔이 각각의 모습으로 전해져 오다가 하나로 통합이 되는, 다시 말해 지금의 칫솔 형태를 갖추기 시작하는 때는 1930년대 나일론을 발명한 이후입니다. 나일론이 발명되자 인류 문명은 새로운 전환기를 맞게 되는데 특히 섬유 부문에서는 일대 혁명이었고, 이 소재를 칫솔의 모毛에도 적용하게 됩니다. 나일론 칫솔은 단숨에 세계시장을 장악했으며 여기에 더해 1800년, 영국에서 글리세린을 첨가한 화학 가루 치약이 빛을 보면서 구강 청결과 찌꺼기를 제거하는 이 닦기가 시작됩니다.

1873년, 미국 〈콜게이트〉사에서 처음으로 향기 있는 치약을 선보였으며 이 당시는 병에 치약을 담아 사용했습니다. 1896년에는 현재와 같이 짜서 쓸 수 있는 튜브 치약이 나왔습니다. 1930년, 우리나라도 〈럭키사〉에서 처음으로 화학 분말의 가루 치약을 생산합니다. 그리고 1954년, 국내 최초로 튜브 안에 있는 반죽 상태 '럭키 치약'을 생산 시판합니다. 이 당시의 럭키 치약 신문광고를 보면, '미제美製와 똑같은….'이라는 광고 문구가 눈에 띄는데 이는 마케팅 점유율 최고인 미국 '콜게이트'치약을 상대하고자 했던 것이지요.

오늘날 우리는 매일 이를 닦습니다. 그것도 사람에 따라 하루에 세 번 이상 닦기도 합니다. 그러나 이상하게 들릴지는 몰라도 칫솔질을 자주 하면 이가 약해지는 사실을 간과하고 있습니다. 칫솔 치약이 아무리 성능이 좋다고 해도 화학 물질에 지나지 않기 때문에, 이를 청결하게 할지는 몰라도 건강하게는 하지 못합니다. 소금물로 자주 헹궈주세요. 아니면 치약은 될 수 있는 대로 적게 쓰고 물 칫솔을 하도록 하세요. 사실 우리의 원조 방식 양지질로도 충분히 치아를 튼튼히 할 수 있습니다.

06.
인천 짠물들

개항되자 항구에는 낯선 외국 상품은 물론 소금 같은 생필품도 다량 들어왔습니다. 소금은 주로 청나라에서 들어왔는데, 수입 초기부터 상당한 호황을 누렸습니다. 그 이유는 조선의 소금보다 많게는 일고여덟 배 저렴했기 때문입니다. 청의 소금은 산에서 채취한 암염과 호수나 갯벌에서 태양열로 생성된 천일염이고, 중국은 소금이 풍부했습니다.

반면 조선은 삼면이 바다임에도 불구하고 동해안은 갯벌이 거의 없고, 남해안 갯벌은 폭이 좁았으며 그나마 서해안의 갯벌 환경은 최적이었지만 조수간만의 차가 너무 심해서 천일염 생산에 제약이 많았습니다. 따라서 조선은 수 세기 동안 독특한 방식으로 자염^{煮鹽}이란 소금을 생산하게 됩니다.

자염 생산 방법은 일차로 갯벌을 막아 바닷물을 채운 후, 여러 날동안 태양열로 일정한 양을 증발시킨 후 염도가 높아진 남은 물을 육지로 운반하여 대형 가마솥에 담아서 소금 결정체만 남을 때까지 불을 때는 것입니다. 이렇게 바닷물을 끓여서 만들었다고 자염이라 하고, 불로 얻었다고 해서 화염이라고도 부릅니다. 하지만 이러한 자염은 며칠 동안 쉬지 않고 끓여내야 했기 때문에 연료비나 인건비가 많이 들어서 비쌀 수밖에 없었습니다.

이러한 상황에서 청의 소금이 속속 수입되자 전국 곳곳의 도매상들이 인천으로 몰려왔으며, 조금이라도 싸게 사려는 도매상들과 없어서 못 판다는 배짱의 인천 상인 사이에 흥정 시비가 끊이질 않았다고 합니다. 그런 와중에 상대적으로 비싸게 산 도매상인 사이에 볼멘소리가 떠나지 않았고 그 불만의 소리 중의 하나가 '인천 짠 놈 혹은 에이! 인천 짠물들' 하는 비아냥거림이 생겼다는 것입니다. 정설은 아니니까 믿거나 말거나이지만 개항 후 인천에 청나라 천일염이 수입되면서 소금의 대량 소비가 가능해져 생활 전반에 큰 변화가 생긴 건 분명합니다. 특히 먹을거리에서 소금에 절인 젓갈류가 해안을 따라 지역 특산품으로 등장합니다. 오늘날까지 명성을 구가하는 강화 새우젓과 밴댕이젓, 서산 어리굴젓, 송도 조개젓, 인천 곤쟁이젓, 추자 멸치젓 등 이루 헤아릴 수 없는 젓갈이 식단에 오르고 소금에 절인 각종 생선도 서민의 입맛을 당겼습니다.

청국 소금이 날개 돋친 듯 팔리자 일본은 배가 아팠습니다. 사실 청국 소금이 들어올 때 일본 소금도 있었습니다. 일본 소금은 품질 면에서 청국 소금보다 월등히 나았음에도 불구하고 가격이 비싸서 조선인이 외면했습니다. 더욱이 임오군란과 갑신정변, 나아가 국모 시해 사건으로 인해 일본에 대한 반감은 소금을 포함하는 일본 제품 불매로 이어졌습니다. 따라서 조선인은 값싼 청국 소금을 먹긴 했지만, 청국 소금은 제염 기술이 낮아 소금 발도 굵고, 맛도 쓰며 색깔은 거무죽죽하여 늘 불만이었습니다. 이러한 상황을 간파한 일본 업자들은 자국 소금을 포기하고 청국 소금을 사서 그것을 다시 녹여 깨끗하고 입자가 고운 재제염일명 꽃소금을 만들어 국내에 선보입니다.

그러나 재제염 역시 초기 판매는 부진했습니다. 분명 고급 소금이었지만 여전히 가격이 문제였지요. 황금어장 같은 조선의 소금 시장을 청으로부터 뺏으려는 일본의 시도가 번번이 수포가 되던 중 1904년, 러일전쟁이 터집니다. 이 시기의 조선은 이미 일본의 영향권에 들어가 있었기 때문에 일본을 위한 전쟁 지원을 강요받게 됩니다. 일본은 막대한 전쟁비용을 충당하기 위해 조선에서 담배와 소금을 독점하고 전매제를 시행합니다만 결과는 또다시 실패였습니다. 조선인들이 담배와 소금 소비를 급격히 줄였기 때문이었습니다.

전쟁에서 승리를 거둔 일본은 러시아로부터 받은 배상금으로 다소 여유가 생기자 숙원 사업이었던 소금 생산에 박차를 가합니다. 이미 재제염으로도 청국 천일염을 당해 내지 못한 터라 아예 서해안에 천일염전을 조성할 계획을 세웁니다. 한마디로 청국 소금을 이 땅에서 완전히 몰아낸 후 독점권을 행사하겠다는 속셈이었지요. 천일염 제조 방법은 앞에서 잠깐 언급했지만, 염전을 축조하고 해수를 끌어들여 태양열과 풍력을 이용해 소금을 결정시키는 염법으로, 막대한 양의 바닷물을 원료로 사용할 수 있고, 특별한 기계설비와 노동력도 많이 들지 않았습니다.

일본은 청나라 기술자를 고용한 후, 인천 주안에 염전 일 정보町步, 삼천 평를 축조하여 시험해 본 결과, 산출된 천일염이 중국보다 품질이 훨씬 좋아 그로부터 본격적인 생산 채비를 갖춥니다. 주안 염전을 필두로 소래 염전, 고잔 염전, 시흥 염전 등 서해안을 따라 도처에 염전을 축조하고 조선의 값싼 노동력을 이용하여 엄청난 천일염을 생산합니다. 이 결과 조선에서 청국 소금은 사라졌고 일본은 물론 청국으로까지 소금 역수출을 하면서 막대한 이익을 챙깁니다.

한편 일본이 서해 연안에 더 좋은 염전부지가 있었음에도 불구하고 인천에 제일 먼저 염전을 만들게 된 이유는 우선 생산된 소금을 소비할 수 있는 큰 시장이 서울이었고, 경인 철도로 인해 신속한 이동이 가능했으며, 무엇보다도 항구를 통해 일본과 청나라로 실어 내기가 쉬웠기 때문이었습니다. 해방 후 1960년대에 경인 고속도로와 경인 공단이 들어서기 전까지 인천 주변의 염전은 전국 판매량의 반을 훨씬 웃돌며 최고의 전성기를 누렸습니다. 참고로 지역마다 소금창고가 있었는데, 그 창고가 있던 곳이 지명으로 되어버린 곳으로 서울에는 염창동_{소금창고}과 염리동_{소금장사}이 있습니다.

다시 돌아가서 1937년, 일본은 인천과 수원을 잇는 수인선을 개통합니다. 열차는 전형적인 일본식 협궤 열차였습니다. 사람이 아니라 화물을 실어 나를 목적이었습니다. 다시 말해 인천에서 종착역 수원을 가는 사이에는 소래, 고잔, 남동, 시흥을 거치는데 이 역 주변으로 대단위 소금 생산지가 산재하여 해당 역을 통해 소금을 수거할 목적이었습니다. 그래서 당시 사람들은 수인선을 소금 열차라고 불렀습니다. 이 소금 열차는 1990년대 사라지지만 이 열차로 인해 대표적인 명소가 탄생하는데 다름 아닌 인천 소래포구입니다. 소래포구는 소래역이 있었던 곳으로 주변에 큰 규모의 염전도 있었습니다. 따라서 포구를 통해 각종 해산물이 들어오면 염전의 소금으로 해산물을 절여서 젓갈로 가공하는 젓갈 공장이 즐비했고 여기서 생산된 젓갈은 다시 수인선을 통해 전국으로 팔려 나갔습니다.

지금은 염전 생산도 수인선 운행도 멈춘 지 오래지만, 포구의 명
성은 아직도 이어져, 전국의 이름난 젓갈이 모여들고 덩달아 각종 싱
싱한 해산물도 풍성함을 더 하면서 평일에도 사람의 발길이 끊이지
않습니다.

• 굴비와 자린고비 말 뿌리

예로부터 서해안 삼 대 밥도둑이라 하면 꽃게 장 · 어리굴젓 · 굴비를 꼽습니다. 특히 굴비는 여름철 찬물에 밥을 말아 숟갈로 뜨고, 노르스름한 살 한 점을 얹어 씹으면, 환상의 짭조름한 맛이 식욕을 자극해 밥 두 공기는 앉아서 뚝딱이었습니다. 하지만 요즘 이런 굴비를 맛보기가 여간 어렵지 않습니다. 전통의 보리굴비가 아니기 때문이지요. 그런데도 굴비는 여전히 나름의 맛이 있습니다.

굴비는 그 이름을 얻기 전에 조기였습니다. 조기는 한자로 助氣이며 원기를 북돋워 준다는 뜻입니다. 금상첨화, 이 조기가 해풍을 맞으며 노릇노릇 구덕구덕 해지면 환상의 굴비로 탈바꿈됩니다. 사람들은 이런 굴비 중에서도, 영광 법성포 것을 상품으로 치지요. 이는 주변 갯벌에서 생산되는 품질 좋은 소금과 적당한 습도를 머금은 바람이 어우러져 굴비를 찰지고 감칠맛 나게 만들기 때문입니다. 이렇게 생산 환경이 좋아서 이곳에서 굴비란 이름도 시작되었다 하여 영광법성포 굴비는 더욱더 유명해졌습니다.

고려 때 이자겸은 자식을 인종과 예종의 왕비로 보내어 2대에 걸쳐 왕을 사위로 삼습니다. 당연히 권력은 이자겸의 손안에서 나왔고, 왕조차도 두려워하게 되었습니다. 그래서 인종은 이자겸의 심복인 척준경을 회유하여, 이자겸을 정권에서 축출시킵니다. 그나마 왕의 장인이라 죽음을 면한 이자겸은 정주지금의 영광에서 귀양살이하지요.

어느 날 법성포 앞바다를 거닐던 이자겸은 해풍에 꾸덕꾸덕 말린 조기를 처음 맛보고는 매우 놀랐습니다. 그는 이 생선을 자식인 왕비에게 먹이고 싶었습니다. 그러나 왕도 같이 먹어야 하므로 진상을 하면서 자신의 심경을 적어 보내기로 하였습니다. 그리하여 가장 좋은 조기를 골라 정주굴비靜州屈非라 쓴 후 인종에게 진상하였습니다. 정주는 지금의 영광이고, 굴비는 屈굽을 굴, 非아닐 비로 비굴하지 않다는 뜻입니다.

넉 자에 담긴 내용을 다시 풀어보면 '신 이자겸은 비록 벌을 받아 영광정주에 와 있지만, 결코 죄를 인정하지도 그렇다고 회유당하지도 않을 것입니다. 그러나 이곳 조기는 참으로 맛있어서 신하된 도리로 정성을 담아 바칩니다.'입니다. 자신의 억울함을 굴비란 글자를 통해 호소하였지만 인종은 이를 받아들이지 않았고, 결국 이자겸은 유배지에서 생을 마감합니다. 어쨌든 이것이 전설로 이어져 영광 조기를 특별히 굴비라 불렀는데, 세월이 흐르면서 말린 조기는 모두 굴비로 통용되었습니다.

한편, 이자겸의 굴비에 대한 반론도 만만치 않습니다. 그 까닭은 아주 오래전부터 말린 조기를 이 지방에서는 구비라 불렀다는 점입니다. 구비란 휘거나 굽은 상태를 나타내는 것으로, 조기를 짚으로 엮어 말리게 되면 반달처럼 휘어져서 그리 불렀다 합니다.

굴비 하면 자연스럽게 떠오르는 단어는 자린고비입니다. '개다리소반에 밥 한 공기, 천장으로부터 늘어진 새끼줄에 엮인 굴비 한 마리. 밥 한술에 굴비 한 번 바라보는 것으로 반찬을 대신한다. 몇 끼를 먹어도 굴비는 엮인 그 자리에서 내려올 줄을 모른다.' 이것이 자린고비 설화로 친숙한 장면입니다. 자린고비는 지독한 구두쇠를 일컫는 말로, 절인 구비가 자린고비가 되었답니다.

하지만 굴비와 전혀 상관없는 자린고비도 있습니다. 부모님 제사 때 쓰는 지방을 다른 말로 고비라 하는데, 이는 부친을 나타내는 현고顯考에서의 고考와 모친 현비顯妣에서의 비妣를 합친 말입니다. 이 고비지

^방는 제사 후에는 태워야 함에도 종이가 아까워 두고두고 써서 손때에 절은 지방이 되었고, 이런 지방을 자린고비라 했다 합니다. 해서 자린고비는 부모님 제사에 지방도 아까워하는 지독한 구두쇠라고 부르기도 합니다.

07.
팔방미인 박 쓰기

　박은 한해살이 덩굴식물로 호박이나 동아, 수세미, 여주와 같은 범주에 들어가지만, 일반적으로 껍질을 말려 바가지로 사용하는 자루박 · 조롱박 · 말박을 통상 박이라 부릅니다. 특히 가을철 시골 초가지붕 위에 성근 자루박과 돌담을 타고 주렁주렁 야문 조롱박은, 아주 오래전부터 우리 삶에 요긴한 도구이자 훌륭한 먹을거리였습니다.

　박에 대한 문헌으로 김부식이 지은 《삼국사기》의 〈신라본기〉에 "진한 사람들[辰人]은 박[호瓠, 표주박]을 朴박이라 부르는데, 혁거세가 깨고 나온 큰 알이 마치 박과 같아서 朴박을 성으로 삼았다. 辰人謂瓠爲朴 以初大卵如瓠 故以朴爲姓"라는 구절로 박의 시원을 가늠할 수 있겠습니다.

　고려 말 시인 이규보도 그의 저서 《동국이상국집》의 〈가포육영〉 편에, 박에 대해서 시를 남겼습니다.

　　쪼개면 표주박 되어 차가운 음료 퍼낼 수 있고, 통째로는 항아리 되어 맑고 좋은 술 담아 둘 수 있네. 박이 떨어진다고 근심하지 마라, 덜 여문 것은 삶아 먹기 좋으니까.

〈흥부가〉 중 박타령의 잦은몰이에도 박에 대한 내용이 나옵니다.

흥부가 들어와, "마누라, 자네 이게 웬일인가? 이리 설리 울면 집안에 무
슨 재수가 있으며, 동네 부끄럽소. 울지 말고 이리 오소. 배가 정 고프거
든 지붕에 올라가서 박을 한 통 내려다가 박 속은 끓여 먹고, 바가지는
팔아 양식사고 나무 사서 어린 자식 구완을 허세. 우지 마라면 우지 마."

배고파 우는 자식과 아내에게 박으로 요기하고 바가지 만들자는
흥부의 넋두리입니다.

한편,《농가월령가》8월 편에는 "집 우에 굿은 박은 요긴한 긔명이
라_{지붕에 단단한 박은 쓸 만한 그릇이라}"라는 내용이 보이는데, 여기서는 박이
바가지로 변신하여 훌륭한 그릇이 됨을 표현합니다.

바가지는 박의 껍질을 쪄서 말리는데, 용처에 따라 이름이 각양각
색입니다. 쌀뒤주에 있으면 쌀 바가지, 장독 안에 장 종지, 소여물을
담으면 쇠죽 바가지입니다. 그뿐만 아니라 물 뜰 때 쓰면 물 국자가
되고, 밥을 담아두면 밥그릇, 거지가 동냥할 때 지니면 쪽박이라 합니
다. 참고로 쪽박은 쪽지, 쪽문이란 단어에서와 같이 작은 모양의 바가
지를 말합니다.

바가지를 음식 담는 용기로 쓴 데는 다 이유가 있습니다. 물기 없
이 말린 박에 곡식을 저장하면 습하지 않고 해충이 생기지 않습니다.
그리고 해 놓은 밥이나 반찬도 바가지에 보관하면 음식의 물기가 마

르지 않아 원래의 맛을 유지할 수 있습니다. 무엇보다 바가지는 일단 가볍고, 쉽게 구할 수 있으며 설령 깨지더라도 바늘로 꿰매어 다시 쓸 수 있습니다.

박은 음식으로도 별미였지요. 덜 여문 박의 속을 파낸 후 꾸들꾸들하게 말린 것을 박고지 혹은 박 오가리라고 부릅니다. 박고지를 들기름과 양념에 버무리면 박나물 반찬거리가 되고, 조청과 간장에 조리면 쫄깃쫄깃한 박 강정으로 겨우내 간식이 됩니다. 오늘날에도 우엉 대신 박고지를 넣은 박고지 김밥은 분식집에서 흔히 봅니다.

박을 말리지 않고 겉껍질만 벗겨서 생으로 깍두기처럼 썰어 만든 나박 물김치는 박 요리의 일품이었습니다. 요즘은 박 대신 무로 나박김치를 만들어 먹는데, 충청도 일부 지역에서는 여전히 박 껍질로 나박김치를 담근다고 합니다. 여기서 잠깐, 나박이라는 말은 채소를 얇고 네모지게 썬 모습의 의태어입니다만, 혹자는 이 단어가 먹는 무를 뜻하는 중국 고어 나복蘿蔔에서 나박으로 변했다 합니다. 그래서 나박김치는 본래부터 무김치의 다른 말이라 하는데 이해가 가지 않습니다. 아무튼 요리 말고도 박이 민간요법의 약으로 소용된 경우도 있었습니다. 박 속에 맑은 물을 박물이라 하여 인삼보다 귀히 여겼으며, 바가지를 불에 태워 그 재로 치질이나 상처에 바르면 효험이 있다고 믿었답니다.

박이 오랫동안 우리 생활과 밀접하다 보니, 박에 얽힌 이야기도 참 많습니다. 제일 먼저 떠오르는 것으로 '바가지 긁기'가 있겠습니다. 바가지 긁기는 긁는 소리와 연동되는데 유래는 좀 애잔합니다. 옛날 가난한 집들은 먹을 것이 늘 충분치 못했습니다. 그 때문에 여럿이 먹기 위해서는 얼마 안 되는 반찬과 밥을 바가지에 담아 일명 '바가지 비빔밥'을 만들어 먹었습니다. 다투어 한 숟가락씩 먹다 보면 금세 바닥이 보였겠지요. 한 톨이라도 더 먹으려고 바닥을 빠드득빠드득 긁으면 온몸을 전율케 하는 소리가 나는데, 바로 바가지 긁는 소리입니다. 그러니까 바가지 긁는 소리는 배고프다는 아우성이기에 결코 기분 좋을 리 없습니다.

한편, 바가지 긁는 시끄러운 소리를 사람만 싫은 것이 아니라 쥐도 매우 꺼렸답니다. 1876년 7월, 우리나라 전역은 바가지 긁는 소리로 진동하였습니다. 그즈음 전국에 콜레라가 창궐하여 하루가 멀게 사람들이 죽어 나가는데, 이렇다 할 치료제도 없고 단지 예전부터 콜레라는 쥐가 옮기는 쥣병으로 알고 있어 쥐를 쫓기 위해 집마다 바가지를 긁어댔습니다. 그러는 사이 인구 이십만의 서울에서만 칠천 명 이상이 목숨을 잃었습니다.

결은 좀 다르긴 해도 느닷없이 바가지를 깨뜨려 그 소리로 귀신을 쫓는 풍속도 아주 오래전부터 민가에 전해오고 있습니다. 전통 혼례식에서 신랑이 신부를 데리러 신부 집에 가다가, 신부 집 대문에 다다르면 바가지를 던져 큰 소리 나게 깨뜨립니다. 다른 예로, 초상을 치른 관이 방문을 나서기 전에 문지방에 미리 바가지를 엎어놔 상주가 발로 밟아 바가지를 깨뜨립니다. 무당 굿할 때도 무당은 굿의 당사자 앞에 바가지를 여러 개 두고 어느 순간 모두 깨 버리라고 다그칩니다. 이러한 행위로 바가지가 액막이에 쓰임을 알려 줍니다.

합근례란 전통 혼례식에서 신랑 신부가 잔을 주고받는 의식입니다. 이때 마시는 술을 합환주合歡酒라 하지요. 첫 술잔은 부부로서 인연을, 둘째 잔은 부부의 화합을 뜻합니다. 그리고 술을 담는 잔은 반드시 표주박이어야 했습니다. 표주박은 원래 몸이 하나였다 둘로 나뉘진 것이라, 표주박 잔의 술을 나누어 마심으로써 비로소 두 사람이 하나가 됨을 상징했습니다. 그러나 결혼 후 얼마 지나면 신부는 알게 됩니다. 여자 팔자가 뒤웅박 팔자라는 것을 말입니다.

뒤웅박이란 쪼개지 않고 꼭지 근처만 도려내어 속을 파낸 바가지를 말합니다. 예전에 잘 사는 집의 뒤웅박은 쌀이 넘치고, 못 사는 집은 잡동사니만 그득하다 했습니다. 그래서 뒤웅박이 어떤 집에서 쓰이냐에 따라 뒤웅박의 처지가 달라진다는 데서 연유한 것입니다.

• 바가지 긁다와 바가지 쓰다 말 뿌리

　　바가지 긁다의 사전적 정의는 '불평이나 불만을 늘어놓으면서 잔소리를 하다.'이지요. 바가지는 잘 여문 박을 반으로 쪼개 속을 비워낸 뒤, 말려서 그릇 대용으로 쓰는 생활용품인데, 무슨 연유로 긁어 댄 것이고 긁는 소리가 어떠하여 듣기 싫은 잔소리가 된 것일까요?

　　때는 외국에 문호를 개방한 지 얼마 안 된 1886년 7월, 일본으로부터 우리나라로 콜레라가 유입되어 순식간에 전국을 휩씁니다.

　　이 당시 우리나라 최초의 서양 병원인 '제중원'에 미국 의사 앨런 Horace Newton Allen이 근무하고 있었는데, 앨런은 콜레라의 위험성을 정부에 알리는 동시에 손, 발을 자주 씻고, 익힌 음식은 물론 물도 반드시 끓여 먹으라고 당부합니다. 아울러 병에 걸린 사람은 병원으로 속히 오도록 하였지요. 그러나 하루가 다르게 병에 걸린 사람이 죽어 나가는데, 정작 병원을 찾는 사람은 소수에 불과하였습니다. 의아한 생각에 민가에 들른 앨런은 놀랄 광경을 봅니다. 병든 환자를 마당 멍석에 앉혀 놓고 굿을 한다든가, 아니면 마을 밖 빈터에 초막을 세우고 병자를 방치하여 죽게 놔뒀습니다.

　　게다가 많은 사람이 콜레라를 쥐통 또는 쥣병이라고 부르며, 못된 귀신이 쥐를 통해 옮긴다고 믿는 사실에 앨런은 더욱 놀랐습니다. 그러다 보니 집마다 쥐가 무서워하는 고양이 얼굴을 그려 붙이고, 고양이의 털을 태워 병자에게 갈아 먹였습니다. 하다못해 밤낮으로 바가지 속을 숟갈로 박박 긁어서 그 소리로 쥐를 집 밖으로 쫓아 버리려 했습니다. 더 기막힌 일은 궁궐에서조차 시시각각 공포탄을 쏘아 도시 밖으로 쥐를 몰아내려 하였다고 하니, 앨런으로서는 참으로 기절초풍할 노릇이 아닐 수 없었습니다. 어쨌든 쥐를 쫓는다고 7월부터 9월까지 전국은 바가지 긁는 소리로 정신이 없었고, 그러는 사이 인구 이십만의 서울에서만 칠천 명 이상이 목숨을 잃었습니다. 반면 한국에 와 있는 외국인들은 한 명의 사망자도 나오지 않았습니다.

바가지 긁는다는 유래는 이때부터 사연이 있지만, 시간이 흐르면서 콜레라와는 관련 없이 듣기 싫은 소리의 상징어가 되고 차츰 아내의 잔소리로 변하게 된 것입니다. 바가지 쓰다라는 말은 바가지 긁다와 전혀 연관성은 없지만, 이 말도 우리나라 개화기에 생겼다는 공통점을 가지고 있습니다.

문호 개방과 동시에 외국 문물이 유입되면서 많은 종류의 도박도 딸려 들어왔습니다. 이때 일본의 화투와 함께 유행한 도박 중 하나가 중국의 십인계가 있습니다. 이 노름은 우두머리패 돌리는 사람가 하나에서 열까지 숫자가 적힌 바가지를 이리저리 돌리다 엎어놓은 후 숫자를 호명하면, 도박꾼들은 숫자에 해당한다고 믿는 바가지에 돈을 거는 것입니다. 그러나 어느 노름이건 간에 따는 경우는 흔치가 않아서, 십인계 노름으로 돈이 털린 것을 가리켜 바가지 썼다로 대신했습니다. 이 말이 지금에 와서는 노름과의 연관성은 희박해지고 터무니없이 손해 보는 경우를 빗댄 말로 남게 된 것입니다. 우리가 흔히 쓰는 '바가지요금'이란 말도 '바가지 썼다'에서 비롯됨을 이해할 수 있겠지요.

08.

하의 실종 패션의 선봉

    지금은 자연스럽게 받아들여지지만, 처음 세상에 등장했을 때 충격과 놀라움으로 큰 화제가 된 생활용품이 우리 주변에 꽤 있습니다. 특히 의류에서는 여성용품이 두드러지는데, 아무래도 기존의 통념을 깨는 물건들이 여성 쪽에 더 많았기 때문인 것 같습니다.

    1946년 7월 초, 전 세계를 경악하게 하는 두 가지 사건이 연달아 발생합니다. 하나는 7월 1일, 미국이 남태평양 비키니섬에 인류 평화를 위해 핵실험을 한다는 명분을 내세우며 공개적으로 수소폭탄 실험을 감행한 일이었습니다. 이때 사용된 폭탄은 불과 일 년 전 일본 히로시마에 떨어뜨린 원자폭탄의 삼천팔백 배의 위력을 지녔으며, 이 실험으로 비키니섬 세 개와 반경 수십 킬로미터에 생존하던 모든 생명체는 멸종이 되었습니다. 이를 지켜본 세계는 경악을 금치 못했으며, 본래 코코넛의 섬이란 뜻을 지닌 비키니가 놀라움 또는 파괴의 대명사로 바뀌어 세상에 전파되었습니다.

    그리고 불과 나흘 시차를 두고 1946년 7월 5일, 프랑스 파리의 모르토르 수영장에서 또다시 사람을 경악하게 하는 일이 벌어집니다. 이날 수영장에는 만여 명이 모여 여성 수영복 패션쇼를 감상하고 있었는데, 어느 순간 한 여성이 가슴과 아랫도리만 아슬아슬하게 가린 채 무대 중앙으로 걸어 나오는 것이었습니다. 그리고는 배꼽과 허벅지를 훤히 드러낸 채 사람들을 향해 자세를 취하자 어떤 이는 고개를 돌리고, 어떤 이는 입을 다물지 못했으며, 일부 여성들은 얼굴을 붉히며 아예 자리를 박차고 나갔습니다. 여자가 배꼽과 허벅지를 보인다는 것은 당시로써는 상상할 수 없는 일이었기 때문이었습니다. 이러한 파격적인 디자인을 제시한 사람은 란제리 가게를 경영하던 루이 레아드Louis Réard라는 디자이너였습니다. 그는 본인의 파격적인 수영복 디자인에 대해 며칠 전 충격의 단어가 된 비키니를 차용하여 비키니 수영복이라 명명하였습니다.

아무튼 쇼를 지켜보던 기자와 사진작가들은 즉시 프랑스 전역은 물론 세계에 이날의 비키니 쇼를 사진과 함께 타진했고, 언론에 접한 각국의 반응은 놀라움과 함께 비난 일색의 성명을 발표합니다. 가장 격분한 곳은 바티칸으로 치욕적이고 죄악이라고 혹평했습니다. 이태리·스페인·포르투갈은 비키니 의상을 법으로 금지한다고 공표했습니다. 그리고 당시 공산주의 소련에서는 퇴폐적 자본주의의 전형으로 자본주의 국가를 비꼬는 데 비키니를 활용했습니다. 그러나 정작 프랑스는 놀랍다는 반응 이외에 이렇다 할 조처를 하지 않았습니다. 이러한 반응 탓인지 몰라도 충격적인 비키니 수영복은 프랑스 국내 여성에게도 역시 비난과 경멸의 대상이 되어 판매가 저조하였습니다.

그렇지만 비키니섬에서 원폭 실험을 한 미국 내에서는 레아드의 비키니 수영복에 대한 수요가 꾸준히 늘었습니다. 그리고 1950년대

들어서면서부터는 그동안 혹평을 했던 유럽 여러 나라조차도 법에 따른 제재를 해제할 수밖에 없을 정도로 비키니를 찾는 여성이 많아 졌으며, 여성들의 여름 수영복은 당연히 비키니 차림이 주류를 이루 었습니다. 그리고 이 덕에 과감하게 비키니를 선보였던 레이드와 누 드모델 미슐린Micheline Bernardini은 최고의 주목받는 유명인이 되어 부와 명예를 거머쥐었습니다.

일부 복식 전문가들은 비키니를 여성 해방 역사의 한 축으로 말하 는데, 다소 과장된 점은 없지 않으나 비키니를 통해 여성의 몸매를 자 연스럽게 드러낼 수 있게 된 것은 사실이겠습니다. 비키니의 영향으 로 이후 여성들의 의상은 더욱 대담해졌고 다리 노출도 일상화되더 니 급기야 1950년대 후반에는 무릎 위까지 다 드러나는 짧은 치마가 등장하여 보수 성향의 사람들을 다시 한번 놀라게 하였습니다.

오늘날의 여성들은 짧은 치마를 입고 당당히 거리를 걸으며 다리 맵시를 자랑할 수 있지만 이러한 문화는 불과 오십여 년 전부터 시작 된 것입니다. 그리고 그 시초는 짧은 치마를 고안한 영국 여성 메리 퀀트Mary Quant였습니다. 메리 퀀트는 어려서부터 의상 디자인에 남다 른 재능을 보였습니다. 겨우 여섯 살 무렵에 침대보를 잘라 옷을 만들 었고 십 대에는 교복을 직접 수선해 입었습니다. 골드스미스 예술 학 교에서 의상디자인을 전공한 뒤 남편과 함께 첼시에 〈바자Bazaar〉라는 이름의 부티크를 열며 본격적으로 자신만의 색깔을 담은 독특한 디 자인의 옷과 액세서리로 〈바자〉를 가득 메웠습니다. 깔끔하면서 단순 한 디자인은 당시 여성들의 마음을 사로잡았고 너도나도 메리 퀀트 의 옷을 입었습니다.

그리고 1950년대 후반 메리 퀀트는 위험할 정도로 짧은 치마를 선보였습니다. 그러나 처음에는 유행을 앞서가는 몇몇 여성에 한정되어 큰 인기를 끌지 못하였는데, 1965년, 미국에서 짧은 치마 패션쇼를 열고 난 후 영국보다 미국 현지에서 폭발적인 반응을 불러일으켰습니다. 특히 미국 여자 고등학생들은 학교 측에 짧은 치마를 입게 해달라는 농성을 벌이기까지 하였습니다. 한편 양 손바닥 만한 천 조각의 치마를 본 소위 점잖은 사람들은 기가 질려 그 옷에 대하여 '매춘부나 입는 의상'이라며 맹비난을 하였고, 학교나 교회에 입고 오면 출입을 금지했습니다. 그런데도 메리 퀀트는 여타의 악평에도 불구하고 패션은 살아있는 것의 반증이라는 신념으로 지속해서 제품을 생산하였으며, 결국 혁명처럼 짧은 치마를 입고 거리를 활보하는 문화를 정착시켰습니다.

1966년 메리 퀀트는 보수의 아이콘인 버킹엄 궁전에 짧은 치마 차림으로 나타났습니다. 도저히 상식적으로 이해되지 않는 이런 진풍경에도 버킹엄 사람들은 당황하지 않았고 오히려 반색하며 반기었습니다. 이날 메리 퀀트는 영국 정부로부터 훈장을 받았습니다. 짧은 치마가 세계로 날개 돋친 듯이 팔려나가며, 무역수지에 큰 공헌을 하였기 때문이지요. 아무리 보수적인 영국인일지라도 국가 경제에 큰 몫을 해내는 짧은 치마와 그런 복장을 하고 나타난 메리 퀀트가 더없이 매혹적으로 보였을 것입니다.

여성 복장의 혁명이 된 짧은 치마는 결국 젊음의 감성을 대변하는 '카나비 스트리트 룩 – 1960년대 젊은이들의 자유로운 옷차림'의 기원이 됩니다. 이후 짧은 치마 창시자로 불멸의 패션 아이콘이 된 메리 퀀트는 짧은 치마에 어울리는 팬티스타킹, 부츠 등 여러 감각적인 아이템을 만들며 전 세계에 모드 룩Mods Look을 유행시켰습니다. 아울러 패션과 문화의 변방이었던 런던 거리 풍경에 싱그러운 여성미를 강조하고, 그녀 자신도 여성해방운동과 함께 새로운 전성기를 맞았습니다. 그런데도 짧은 치마에 대한 찬반 논쟁은 1970년대 중반까지 이어졌으며 반대 측에서는 퇴폐와 반항의 천 조각이라고 깎아내렸습니다.

그러는 동안 히피 문화가 전 세계 젊은이들 사이에 빠르게 퍼지면서 짧은 치마 논쟁은 잠잠해지고, 여성이 바지 입는 문제가 새로운 논쟁으로 사회 전체를 뜨겁게 달구었습니다. 초기 짧은 치마가 몰고 온 현상처럼 바지 차림의 여성은 교회나 공공건물 혹은 음식점을 들어갈 수 없었습니다. 하지만 이런 마찰도 잠시, 채 십 년도 되지 않아 여성은 짧은 치마든지, 바지든지, 비키니든지 자신들이 원하는 옷을 마음껏 입을 수 있게 됩니다.

09.
서양의 탕국 한 잔

1970년대를 풍미했던 펄시스터즈의 〈커피 한 잔〉을 아시는 분이 이 노래의 가사를 아직도 몇 소절 입에 올릴 줄 안다면 그분은 옛날 음악다방을 회상할 수 있겠지요. 지금이야 카페라든지 전문 커피숍이 화려하게 치장을 하고 사람들의 만남을 주선하지만, 얼마 전만 해도 다방이라고 하는 소박하고 정겨운 이름이 이 풍경을 대신했습니다.

우리네 다방 문화는 고려 시대부터 이어져 내려옵니다. 특히 조선 초기에는 다방이 궁궐의 중요한 관청이었습니다. 조선의 다방은 이름 그대로 차를 담당했고, 왕이 부르면 언제든 차를 대령하는 게 주된 업무였지요. 또한, 조선을 찾은 각국 사신들을 대접하는 일도 다방의 몫이었으며, 과일과 술, 약을 주관하는 곳도 다방이었습니다. 이처럼 왕의 시중을 드는 관청이었기에 다방은 예절과 절도 있는 품위를 우선시하였지요.

이렇게 예절과 품위가 있어야 하는 다방문화는 다른 관청에도 영향을 줍니다. 업무에 있어서 중요한 결정을 내리기 전에 차를 마시는 시간 즉 다시茶時가 그것입니다. 다시는 여러 관청 중에서도 특히 죄와 벌을 다루는 사헌부를 중심으로 행해진 제도입니다. 죄를 심의하거나 판별하기 전에 다시, 즉 차를 마시는 시간을 둠으로써 마음을 가다듬고 신중한 판단을 하고자 했습니다. 다시茶時 문화는 조선 중엽에 와서 각 관청마다 시행합니다. 하루 업무를 정리하면서 관원들끼리 차를 마시며 그날의 일을 점검하는 행동이 널리 퍼졌습니다.

이러다 보니 차를 끓이고 시중을 들어줄 사람이 필요했고 이런 사람을 위한 새로운 직책이 등장합니다. 텔레비전 드라마를 통해 유명해진 다모茶母입니다. 궁중 의술의 간호를 담당했던 의녀 가운데 본인의 희망에 따라 혹은 성적순에 의해서 선발을 하여 각 관청에 파견하는데 이 사람을 다모라 불렀습니다. 다모의 역할은 늘 중요한 사람의 옆에서 시중을 드는 까닭에 때로는 비밀 첩자 노릇을 하거나 범인을 잡는 형사 노릇도 하게 됩니다. 그러나 국운이 쇠퇴해가는 조선 말기에 들어서면 다모도 다시 문화도 모두 사라지고 맙니다.

조선이 열강들에게 문호를 개방하던 1800년대 후반, 개항장 인천을 통해 외국의 신문물이 대거 들어왔고 이때 새로운 형태의 다방이 나타납니다. 인천 자유공원 밑자락에 지금도 대불호텔 터가 남아 있는데, 이 호텔은 한국 최초의 호텔이자 커피와 차를 제공했던 근대식 다방의 효시였습니다. 이 호텔에서 아펜젤러Appenzeller, 언더우드Underwood, 이토 히로부미伊藤博文 등 당시 저명인사들이 숙박을 하며 커피와 차를 즐겼습니다.

그로부터 몇 년 후 서울에도 손탁호텔이 들어섰고 이곳도 차를 마시는 공간을 갖추었으며 주로 커피를 제공했습니다. 참고로 고종은 이 호텔에서 제공한 커피를 마시기 시작하면서 커피 애호가가 되었다고 합니다. 그래서 경운궁^{덕수궁} 안에 정관헌이란 서양식 전각을 짓고 이곳에서 커피를 즐겼는데 이 정관헌이 조선 궁궐의 다방이었던 셈입니다. 따라서 근대에 들어오며 다방은 만남의 기능은 유지하면서 대화의 매개체로 차보다는 커피를 더 애용한 차이가 있습니다. 한 가지 재미있는 사실은 이 당시 커피를 중국 발음의 가배 차로 부르거나 양 탕국 즉 서양의 탕국이라고도 불렀습니다.

일제 식민지 시절, 커피를 파는 근대식 다방이 대도시를 중심으로 많이 생깁니다. 특히 1920~1930년대에 유럽에서 시작된 모더니즘 운동이 한반도에도 영향을 끼쳐 일명 모던 보이, 모던 걸이 거리를 활보하게 되었고 이들의 만남의 장소로 다방이 단연 으뜸이었습니다. 그런데 일본 다방은 ○○카후훼라는 상호를 많이 쓰게 되는데 카후훼란 카페의 일본식 발음표기이고 이 카후훼에서는 커피뿐만 아니라 술도 같이 팔았습니다.

개항장 인천에는 일본인이 운영하는 금파 카후훼가 당시 큰 인기를 끌었으며, 한국인이 최초로 세운 근대식 다방은 서울 종로에 카카듀였습니다. 이 다방 주인은 이경손이란 사람으로 한국 최초의 영화 감독이란 경력이 있는데, 이 사람이 예술인이다 보니 많은 문인 작가들이 카카듀를 찾곤 했답니다. 문인 작가 중에 직접 다방을 운영한 사람은 시인 이상이었고 다방 이름은 제비 다방이라 하였습니다.

해방되자 그동안 문인 등 예술가들의 주된 만남의 장소였던 다방에 일반 사람의 왕래도 빈번해졌습니다. 1950년대에 처음으로 다이얼 전화가 보급되었는데, 다방들이 앞다퉈 이 전화를 가설하여 만남의 기능을 한층 강화하자 일반인도 많이 찾았습니다. 전쟁 후 일자리가 턱없이 부족하여 고등교육은 받았어도 직장이 없던 일명 룸펜이 다방에서 시름을 달래곤 하였습니다.

1960년대 박정희 정부가 들어서자 완전 수입품인 커피를 자제할 것을 국민들에게 호소합니다. 이러다 보니 수입이 힘들어지고 다방도 많은 타격을 입습니다. 커피값이 오르자 다방 출입도 뜸해졌고 커피 대신에 우유, 쌍화차, 계피차, 사이다가 새롭게 등장합니다. 그리고 이 시절 한국식 모닝커피도 탄생하지요. 어차피 비싸진 커피를 좀 더 비싸게 팔기 위해서 커피에 날달걀 노른자와 참기름을 두어 방울을 떨어뜨려 휘휘 저어 아침밥 대용으로 판매한 것입니다. 이 모닝커피가 그럭저럭 큰 인기를 끌면서 어느 다방이건 모닝커피를 팔았으며 아침 일찍 다방을 찾는 손님도 늘어났습니다.

1970년대 펄시스터즈의 〈커피 한 잔〉이 다방에서 쉴 새 없이 들려올 즈음에 다방은 또다시 뜻하지 않은 영업 위협을 받습니다. 우리나라 〈동서식품〉에서 처음으로 '맥스웰 하우스'란 인스턴트커피를 시중에 판매하지요. 이러다 보니 가정이든 회사든 손쉽게 커피를 마시게 되어 다방에서의 커피 판매량이 급감합니다.

급해진 다방은 생존전략의 일환으로 새로운 돌파구를 찾게 되는데 이때 다방의 성격도 둘로 갈립니다. 하나는 젊은 층을 공략한 디제이DJ, Disc Jockey와 함께하는 음악 전문 다방이고, 다른 하나는 젊은 여종업원일명: 레지을 고용하여 미인계를 쓰지요. 레지들이 있는 다방은 당시에는 노틀 방이라 하여 젊은이는 별로 찾지 않았습니다. 그리고 1980년대 이후에 들어서면 다방은 대학가 카페, 커피숍으로 변모해서 여종업원이 있던 레지 다방은 커피를 배달하거나 다소 퇴폐적인 티켓다방으로 모습을 달리합니다.

10.
봄을 사고 팝니다

매춘^{賣春}은 시대적으로 합법인지 혹은 불법이었는지에 따라 드러나거나 은밀히 감췄을 뿐이었지 존재 그 자체가 없었던 적은 한 번도 없었습니다.

우리가 흔히 쓰는 '포르노'라는 용어는 일찍이 고대 로마에서 사창가를 지칭하는 포네기에서 비롯되었습니다. 사실 포네기의 순수한 뜻은 아치 모양의 문인데, 이 아치문을 통해 들어가면 사창가가 있다 하여 상징적으로 사용된 단어입니다. 당시 로마는 포네기가 상당히 많아서, 매춘부 수만 해도 팔만 명_{로마 전체 인구의 십 퍼센트}에 이르렀다니 놀라울 따름입니다.

매춘은 우리나라도 예외가 아니어서 문헌상 고구려 시대부터 기록이 전해지며, 조선 시대에 들어와 양반 중심으로 이른바 기생^{관기}과 매춘이 성행했고, 일반 서민들은 주막이나 역참에 화대를 냈습니다. 그러나 조선 시대는 비록 매춘이 있었다 하더라도 공인하지는 않았습니다. 왜냐하면 유교를 지향하는 풍토에서 매춘을 드러내기가 그리

쉬운 일은 아니었지요.

이 땅에 매춘이 합법적으로 드러난 때는 1883년, 인천 개항 이후입니다. 개항이 되자 많은 외국인이 인천으로 몰렸으며 특히 1894년, 청일전쟁 직전 이미 일본인 사천 명 이상이 인천에 거주하였습니다. 그리고 이들을 상대로 일본 조로日本娼女들이 인천에 들어와 매춘하였습니다.

일본은 16세기부터 공창公娼 제도가 있었기 때문에 그네들 입장에서는 매춘이 하등 이상할 것이 없었으나 당시 조선 사람들의 눈에는 추잡스럽고 낯부끄러워 원성의 대상이었습니다. 청일전쟁 승리 후 조선에서의 세력을 확고히 다진 일본은 조선 정부에 일본 거류지 내에서의 공창을 요구하였고, 경술국치 이후에는 총독부에서 규칙까지 제정하며 공식적으로 공창 제도를 정착시킵니다.

공창 지역은 주로 외국인 내왕이 잦은 항구도시였습니다. 일본 기생들은 유곽遊廓이라는 일정한 공창 지역에서만 매춘업을 하였는데, 이는 조선인과 쓸데없는 마찰을 피하게 하려던 일본 정부의 입김 때문이었습니다. 일본이 조선의 국권을 침탈하자 한편으로 조선 궁궐이나 관아에 소속된 관기가 역할을 잃고 자연스럽게 공창의 매춘업을 생계유지 방편으로 삼았습니다. 그래서 일본의 유곽을 본뜬 조선식 유곽도 전국 곳곳에 자리를 잡습니다.

일본식이든 조선식이든 유곽은 말 그대로 음주·가무를 곁들인 매춘 업소였습니다. 다시 말해 유곽에서는 고급 요리와 좋은 술 그리고 요정기생들의 춤사위가 노랫가락과 어울렸고 요정과의 잠자리도 받는 그야말로 상류층의 매춘 장소였습니다. 따라서 일반 서민은 유곽이나 요정은 출입하기가 힘들었고 그 대신 값싼 사창가私娼街로 몰렸습니다. 사창은 공창이 아니었기 때문에 법적인 제재를 받을 수 있었지만, 당시 일제는 사창에 대해서 비교적 관대하였습니다. 사창은 공창과 달리 음주·가무의 유희가 없고 그저 남자의 성적 욕구만 푸는 곳이었습니다.

해방 후 미 군정은 일본 강점기에 존재하던 공창제도를 폐지합니다. 당시 언론은 여성의 존엄성과 문화국가의 체면을 위해 일찍 해야 했을 일을 늦게나마 미군이 대신해 주었다고 찬사를 보냅니다. 그러나 이런 찬사의 침이 채 마르기도 전에 미군 부대 주변으로 매춘업소가 몰립니다. 이른바 양공주 집 혹은 기지촌이라 부르던 이 매춘업소는 주 고객을 미군으로 바꾸었을 뿐이고 매춘 행위는 달라진 것이 없었습니다. 한국전쟁 후 미군 기지가 전국으로 확대되었고 아울러 기지촌도 그만큼 늘어납니다.

그러나 기지촌을 중심으로 크고 작은 사건이 계속 터지면서 급기야 1961년, 정부는 매춘을 사회악으로 규정하여 〈윤락행위 방지법〉을 제정합니다. 그러나 이 법 역시 성과를 내지 못합니다. 우선은 나라가 너무 가난하여 윤락여성에 대한 자구책을 마련할 수 없었고, 비록 작은 규모라 하더라도 매춘으로 외화를 획득하고 있었기 때문에 어정쩡한 상태로 매춘업을 지속합니다.

1963년, 외국인 전용 호텔인 워커힐이 서울에 들어섭니다. 이 호텔은 미군 장성 워커의 이름을 따서 워커힐이라 하였는데, 내국인은 들어갈 수 없고 미군 및 유엔군만 휴양 겸 이용하라는 취지로 세웠습니다. 하지만 속내는 외국인들이 카지노나 캉캉 쇼 등을 즐기게 하여 외화를 벌어들이기 위한 수단이었지요. 그런데 워커힐이 문을 열자 이곳을 이용하는 외국인들이 자연스럽게 여자를 찾았고, 이때부터 기생 관광이란 새로운 용어가 탄생합니다. 그리고 외화 획득의 수단으로서 기생 관광은 정권에 의해 암묵적으로 용인되거나 오히려 장려하는 분위기였습니다.

기지촌과 호텔을 중심으로 하는 기생 관광이 날로 성행하면서 새로운 형태의 집창촌이 부산, 인천 등 항구에 뿌리를 내립니다. 대표적인 사례로 인천의 엘로우 하우스가 그것인데, 주 고객은 마도로스라고 하는 외국 무역선 선원들이었습니다. 이들은 인천에 정박하여 길면 한 달 이상 체류해야 했는데 이들을 상대로 한 집창촌이 바로 엘로우 하우스였습니다. 이들은 주로 자신의 배에서 체류하지만, 시내 관광이나 유흥을 위해 육지에 발을 내디디면 전용 술집인 시멘스 클럽Sea-man's Club에서 그들을 맞이했고, 그곳의 접대 여성과 눈이 맞으면 엘로우 하우스에서 하룻밤을 지냈습니다. 그러나 시멘스 클럽에 들르지 않더라도 곧장 엘로우 하우스에 가면 생전 모르는 여성과 하루를 지낼 수 있었습니다.

1980년대를 지나면서 한국의 매춘은 그 형태와 공간이 크게 달라집니다. 과거에는 너무 가난해서 고향을 떠나 도시로 무작정 상경한 여성이 미군 기지촌이나 특정 집창촌에서 공동생활을 하며 성을 팔았던 전통 생계형 매춘이었습니다. 이제는 사회적으로 소외된 여성 중 상대적인 빈곤을 느끼거나 쉽게 돈을 벌기 위해 향락업소를 매개로 호스티스나 콜걸, 안마사, 티켓 커피 배달 등으로 변신하며 성을 파는 산업 형 매춘이나 겸업 매춘이 매우 증가하였습니다.

우리 사회는 〈성매매 방지 특별법〉으로 의견이 분분합니다. 퇴폐 향락의 주범인 매춘을 영원히 사회에서 격리해야 한다는 주장과 아동 성범죄 방지와 건전한 성문화 정착을 위해 매춘이 필요하다는 주장이 있습니다.

• 골탕 먹다와 고기 주물러 탕 끓일 년 말 뿌리

말 뿌리어원는 확실치 않지만 그럴싸한 이야기로 고개를 끄덕이게 하는 말이 있습니다.

골탕이 그중 하나입니다. 다른 사람의 계략에 말려서 곤란한 지경에 이르거나 손해를 보았을 때 "나, 그 사람 때문에 골탕 먹었어."라며 기분 나빠합니다.

골탕은 원래 소의 머릿골과 등골을 녹말이나 밀가루, 달걀 등에 반죽하여 기름에 튀긴 후 채소와 된장을 풀어 푹 끓인 국입니다. 그런데 이런 요리를 먹고 기분이 왜 나빴을까요. 이유는 '골탕 먹는다.'에서의 골탕이 맛있는 골탕 요리와 전혀 다른 음식이기 때문입니다. 여기에서 골탕은 곰탕에서 비롯되었습니다. 한국 사람치고 곰탕을 모르는 사람은 없을 테고, 소의 고기와 내장을 오랫동안 고아서 뽀얗게 우려낸 국물이 곰탕입니다. 이 곰탕에서 골탕의 얽힌 이야기가 전해집니다.

옛날, 어느 마을에 한 젊은 과부가 살았습니다. 이 과부는 혼자 살면서 곰탕집을 했는데, 얼굴도 예쁘고 무엇보다 곰탕 맛이 좋아서 손님이 끊이질 않았다 합니다. 곰탕은 오래 고아야 했기 때문에 아무리 손님이 많아도 하루 팔 분량은 정해져 있었습니다. 그래서 맛을 보려면 손님들은 미리 곰탕값을 치르고 예약을 해야만 했지요. 한편, 같은 마을에 홀아비도 살고 있었는데 과부의 음식 솜씨가 좋은 것을 알고, 과부에게 다른 고장에 가서 장사하며 둘이 살자고 꾀었습니다.

과부도 싫지 않아 어느 날, 둘은 밤을 틈타 도망합니다. 이런 사실도 모르고 다음 날 손님이 닥쳤는데 과부는 온데간데없고, 솥에 우려놓은 곰탕은 이미 끓어서 먹을 수가 없게 되었습니다. 사람들은 곰탕 먹으러 왔다가 곯탕 먹게 생겼다고 화를 내며 솥단지를 내팽개쳤다 합니다. 이후 곯탕이란 말이 돌기 시작했고, 차츰 골탕으로 발음이 변해서 지금까지 내려온 것입니다.

탕과 관련하여 '고기 주물러 탕 끓일 년'이란 말이 있습니다. 요즘은 거의 쓰이지 않는데, 자린고비와 더불어 아주 인색한 사람을 일컬을 때 하던 말입니다. 시어머니의 오랜 타박을 눈물로 받아내며 이를 부득부득 갈던 며느리가 있었습니다. 그렇게 세월이 흐르던 어느 날 시어머니에게 풍이 찾아와 시어머니는 말도 못 하게 되고 꼼짝없이 며느리 수발을 받아야 했습니다. 며느리는 이때다 싶어 남편 모르게 시어머니를 굶기고 모진 험담을 퍼붓기 시작합니다. 아무것도 모르는 남편은 점점 야위어 가는 어머니를 보고 아내에게 고깃국 좀 해드리라고 틈틈이 당부하며 돈을 주었습니다. 며느리는 그럴 때마다 고기 장수를 불러서 고기를 많이 살 것 같이 말하며 이 고기 저 고기를 손으로 주물럭거리다가 결국 다음에 사겠다고 하며 돌려보냅니다.

고기 장수가 대문을 나가는 즉시 며느리는 부엌으로 가서 그릇에 물을 받아 손을 씻는데, 그러면 물 위로 좀 전에 만졌던 고기의 기름이 둥둥 떠오르게 됩니다. 며느리는 그 물을 끓여 거기에 소금 간을 한 후 시어머니에게 고깃국이라고 내놓았습니다. 말 못 하는 시어머니는 그저 눈물만 뚝뚝 흘릴 뿐이었지요. 한 번으로 끝났다면 몰랐을 이 일을 며느리는 반복해서 저지르다가 결국 고기 장수에게 들키고, 고기 장수는 남편에게 일러바칩니다. 그 뒤 며느리의 운명은 상상에 맡기기로 하고, 못된 며느리를 지칭하는 말로 '고기 주물러 탕 끓일 년'이란 말이 생겼습니다.

하지만 이 말도 세월이 흐르면서 그 의미가 변하여, 자린고비와 같은 지독한 구두쇠를 지칭하는 말로 쓰입니다.

11.

복을 비벼 나눠 먹는 밥

우리 조상들이 언제부터 비빔밥을 먹었는지 고대 문헌에는 없다고 합니다. 따라서 조선 시대 말엽^{1800년대}《시의전서是議全書》에 소개된 비빔밥 기록이 최초입니다.

밥을 정히 짓고 고기는 재워 볶고 간 납^{생선 살}은 부쳐 썬다. 각색 남새나물를 볶아 놓고 좋은 다시마로 튀각을 튀겨서 부숴 놓는다. 밥에 모든 재료를 다 섞고 깨소금, 기름을 많이 넣어 비벼서 그릇에 담는다. 위에는 잡탕 거리처럼 달걀을 부쳐서 골패짝 만큼씩 썰어 얹는다. 완자는 고기를 곱게 다져 잘 재워 구슬만큼씩 빚은 다음 밀가루를 약간 묻혀 계란은 씌워 부쳐 얹는다. 비빔밥 상에 장국은 잡탕 국으로 해서 쓴다.

이 내용만으로 보면 오늘날의 대표적인 비빔밥인 전주비빔밥과 매우 다릅니다. 전주비빔밥은 우선 밥솥에 뜸이 들기 시작하면 콩나물을 집어넣어 밥의 김으로 살짝 데친 다음 솥 속에서 비빕니다. 여기에 삼 년 묵은 간장, 고추장, 육회, 참기름 등을 쓰고 맨 위에는 날달 걀을 깨어 얹어 놓지요. 손이 많이 가서 그렇지 전주비빔밥의 정식은 쇠머리를 오래 고아서 그 국물 속의 기름기를 모조리 건져내고 이 국물로 밥을 지어야 제격입니다. 아무튼《시의전서》에 나오는 비빔밥과 전주비빔밥은 차이가 있다고 보겠습니다. 한편 비빔밥의 기록이 1800년대이었다 하더라도 우리 조상들은 아주 오래전부터 비빔밥을 먹었는데 그 유래는 제사에 있습니다.

예부터 내려오는 산신제山神祭, 동제洞祭 등은 집 밖의 먼 특정한 장소에서 지내기 때문에 제사 후 참여한 모두가 담아 먹을 그릇이 부족할 수밖에 없었습니다. 그리고 제사 음식은 신들이 복을 내린 음식이라 하여 너나 할 것 없이 골고루 먹기를 원했습니다. 그래서 볼이 넓은 주발에 제사 음식들을 골고루 담아 먹었습니다. 이렇게 먹는 행위를 음복飮福이라 하는데, 음복을 한자 풀이 해보면 복을 먹는다마신다 이고 오늘날까지도 사용하는 단어이지요. 넓은 주발에 이것저것 제사음식을 섞어 비벼 먹은 것이 이른바 비빔밥이 되었을 것입니다. 따라서 음복에서 비빔밥으로 발달한 것이라 봅니다.

이러한 가설을 뒷받침해 줄 또 다른 비빔밥이 있는데 이른바 헛제 삿밥입니다. 한때 대구, 안동 등지에서 명성을 누렸지만, 지금은 안동의 지역 특화 음식으로 선정되어 안동 헛제삿밥이 많은 사람의 사랑을 받고 있습니다. 헛제삿밥은 이름 그대로 조상을 위한 제삿밥이 아니기 때문에 '헛'이라는 말이 붙었지요.

헛제삿밥을 통해서 우리는 비빔밥이 제사와 관련이 있음을 유추할 수 있습니다. 그러나 헛제삿밥에는 반드시 탕국이 따르며, 이 탕국은 말린 해삼, 말린 홍합, 다시마와 무를 깍두기 썰듯 조그마하게 썰어 넣고 맑게 끓인 일종의 장국입니다. 또한, 밥 속에 고추장은 넣지 않고 각종 나물로 그저 희게 무치는데, 이때 파와 마늘은 귀신을 쫓아 내는 음식이라 역시 넣지 않습니다. 이렇게 무친 나물을 밥에 비벼서 간간하게 찐 조기, 도미, 전복을 곁들이면 그 감칠맛에 빠져듭니다.

제삿밥에서 유래된 비빔밥은 갖가지 음식이 섞여 영양도 많을 뿐만 아니라 빨리 먹을 수 있는 특징을 가지기 때문에 비상시나 전쟁 때의 음식으로 활용되었고 콩나물 비빔밥, 오곡밥, 봄에 먹는 오신채, 탕평채 등 여러 형태로 변형됩니다. 음식을 비벼 먹는 문화는 우리나라 외에는 거의 찾아볼 수 없습니다.

12.
상추쌈 싸 먹기

우리는 쌈을 싸서 먹기를 아주 많이 즐깁니다. 쌈의 재료는 깻잎, 호박잎, 배추, 미나리 등이 있겠지만 누가 뭐라 해도 상추가 으뜸이겠지요.

상추는 방언으로 상치라고도 부르는데, 이 말은 날로 먹는 채소 즉 생채生菜가 바뀌었다고 합니다. 원산지는 유럽과 서아시아 전역이고 한국에는 중국을 거쳐 전래하였다고 하네요. 중국 문헌에는 713년, 당나라 상추가 소개되는 것으로 봐서 우리나라에는 신라 중엽 이후로 추측해 볼 수가 있겠지만 기록에는 없고 고려를 넘어 조선 중엽에 상추를 쌈 싸 먹는 것이 소개됩니다. 비록 문헌에는 없어도 고려 시대의 상추에 대한 슬픈 일화가 전해옵니다.

몽골의 침입으로 고려가 속국이 되면서 고려 여인이 많이 원나라로 끌려갔습니다. 그곳에서 기황후처럼 크게 성공한 사람도 있지만, 대부분은 궁녀나 시녀가 되어 이역만리에서 눈물로 세월을 보냈습니다. 이 여인은 궁중의 뜰에 고려에서 가져간 상추를 심어 밥을 싸 먹으면서 망국의 한을 달랬었는데 이를 눈여겨본 몽골 사람이 상추 맛을 보고 반하여 고려 상추의 인기가 높아졌습니다. 이를 방증하는 원나라 시인 양윤부楊允孚는 이렇게 읊었다 합니다.

해당화는 꽃이 붉어 좋고, 살구는 노랑 빛이 보기 좋구나, 더 좋은 것은 고려 상추로, 맛과 향기가 더없이 그윽하구나.

이렇듯 상추는 기구한 운명을 사는 공녀를 통하여 원나라 궁중에까지 널리 퍼졌지요. 그리고 고려 상추가 인기가 좋다 보니 너도나도 상추 씨앗을 구하려고 했는데 먼 나라 고려로부터 들여와야 했기에 값이 올라 천금千金을 주어야만 얻을 수 있다 해서 천금채千金菜라 불렀다는 기록도 있습니다. 중국을 통해 들어온 상추가 우리나라 토양과 잘 어울려 질 좋은 상추로 자라 중국에 역수출한 셈이니 공녀의 한을 조금이나마 삭혀 주지 않았을까요?

조선 시대 이덕무가 지은 선비들이 지켜야 할 작은 예절이란 뜻의 《토소절士小節》이 있는데, 이 글 중에 상추쌈을 점잖게 먹는 방법을 설명하고 있습니다.

상추, 쑥, 김 따위로 쌈을 쌀 적에는 손바닥에 직접 놓고 싸지 마라. 중략 쌈을 싸는 순서는 먼저 숟가락으로 밥을 떠서 젓가락으로 쌈 두세 잎을 밥 위에 반듯이 덮은 다음 숟가락을 들어 입에 넣고 곧 장을 찍어 먹는다. 그리고 입에 넣을 수 없을 정도로 크게 싸서 볼이 불거져 보기 싫게 하지 마라. 중략 특히 부녀자는 크게 싸서 먹으며 아주 아름답지 못하니 매우 경계해야 한다.

이 당시에도 먹는 모습은 썩 좋아 보이지 않았나 봅니다.

전남 장흥 지방 민요에 〈상추 씻는 처녀〉 노랫말이 있다 합니다.

하늘 가운데 상추 심어 열흘 만에 얼마나 컸는가쟀나 둘러보니 질과 같이
커진 상추 겉잎일랑 제쳐 놓고 속잎일랑 뜯어나가 삼각산 내려온 물에
어리설설 씻어내니 서울 가는 김 선비가 상추 한 장 빌자 하네.

조선 시대를 거치면서 상추의 소비가 기하급수적으로 증가하는데
그 이유는 바로 과수 재배의 도입에 있습니다. 구한말 문호를 개방하
면서 외국인들이 쏟아져 들어왔고 이들 중 많은 이들이 청나라 사람
이었습니다. 주로 산동 지방에서 온 청인은 가까운 인천에 집단 부락
을 이루고 음식 재료를 직접 경작하여 자급자족하게 되지요.

인근에 텃밭을 내어 후추, 양배추, 피망, 파, 각종 과일 등을 재배하
여 자신의 식단에 올리기도 하는 한편, 남는 것은 내다 팔아 쏠쏠히 수
입도 챙겼습니다. 상업을 목적으로 특정 공간에서 특정 농산물을 재배
하는 이른바 근대 과수원의 효시이지요. 이를 본 일본인과 한국 사람
도 청국인을 따라서 과수원을 만들었고 자신의 입맛에 맞는 과수 재배
를 했습니다. 이때 한국 사람의 입맛에 맞는 상추도 많이 재배합니다.
나날이 상추의 수요 공급이 늘면서 상추는 단순한 쌈밥용이 아니라 생
선회나 고기 종류의 모든 영역을 가리지 않고 싸고 또 쌉니다.

그런데 이렇게 즐기는 상추에는 어떤 영양소가 들어 있을까요. 상
추도 다른 채소류와 마찬가지로 비타민과 무기질이 풍부하여 특히
날것으로 먹기 좋아서 더욱 영양이 좋다 합니다. 또 상추 줄기에 흠집
을 내면 우윳빛 진물이 나오는데, 이것이 상처의 통증을 완화하고 잠

을 잘 오게 합니다. 그리고 속설이지만 우윳빛 진물이 정액과 비슷하다 하여 정력을 증진한다고 여겼고 특히나 고추밭의 이랑 사이에 심은 상추는 그 효과가 더하다고 남자가 특히 즐겼습니다.

　삼겹살, 불고기 등 육류를 먹을 때 상추를 될 수 있는 대로 싸서 먹어야 하는 이유는 이렇습니다. 고기 특유의 냄새도 없애주고 불로 구워 건조해진 고기에 상추 수분이 공급되어 한결 씹히는 맛을 높여 주기 때문입니다. 그러나 무엇보다도 육류는 산성이기 때문에 풍부한 알칼리성 상추가 잘 조화를 이뤄 우리 몸을 이롭게 하는 것이지요.

13.

상거래 변천사

상거래란 이익을 얻기 위해 물건을 팔고 사는 행위입니다. 상거래에서 상商은 한자 풀이로 장사입니다만, 본래 이 상商 자의 어원은 삼천 년 전 중국 상나라은나라라고도 함에서 시작됩니다. 상나라는 기원전 1046년, 주나라에 의해 멸망하는데, 그로 인해 상나라의 많은 관료와 기득권층은 정계 진출이 막히고 생계조차 막막해집니다. 결국 이들이 택한 수단은 장사였지요. 남보다 머리가 좋았던 이들이 장사에서 탁월한 솜씨를 보이며 부를 축적합니다. 그러자 장사를 잘하는 상나라 사람이란 말이 회자하고, 어느 때부턴가 상나라 상商이 차츰 장사 상商으로 원뜻이 바뀝니다. 지금도 사용되는 상인, 상술, 상가, 상업 등의 말도 상나라의 상과 맥을 같이 합니다. 상나라 사람의 거래 방법은 이지역 저 지역 돌아다니며 물건을 교환하는, 소위 말해 행상이었습니다. 이런 행상은 훗날 화폐 등장으로 교환수단에 변화가 있긴 하지만, 수천 년 지난 오늘날까지도 방식은 그대로 이어지고 있습니다.

우리나라 고대 부족국가에서도 행상의 흔적은 많이 발견됩니다만, 문헌상으로는 고려사에 소개되고 있는 백제 노래 〈정읍사〉 가사가 최초 같습니다. 〈정읍사〉는 전라북도 정읍에 사는 아내가 행상 나간 남편의 밤길을 염려하는 애절한 노래이지요. 한 소절을 현대말로 의역하면 이렇습니다. '달아 높이 떠서 행상하는 내 님의 밤길을 환히 비추어다오.'입니다. 이렇듯 〈정읍사〉를 통해 우리는 삼국시대에 이미 행상이 일반적이었음을 유추할 수 있습니다.

집집이 방문하는 행상과 함께 시장도 삼국시대에 등장합니다. 신라 소지왕490년 때 수도 경주에 '경시', 지방의 '향시'가 대표적입니다. 통일신라를 거쳐 고려 때는 벽란도에 다수의 집화 창고를 설치하여 외국과 무역거래를 하였으며, 상설시장은 물론 만둣집 같은 단일 상점도 개성 중심가에 자리 잡습니다. 고려 때 불교 사찰에서 상행위가 성사되었다니 흥미롭습니다. 당시 사찰은 종교 활동을 하러 모이는 터이기도 하고 지역을 오가는 사람들의 숙박 장소이기도 했지요. 이들을 상대로 소금, 곡물 등의 생필품이 유통되었으며 심지어 술도 팔았습니다. 고려 시대가 과거보다 훨씬 상거래가 활발한 데에는 적극적인 국가의 정책도 한몫합니다. 특히 성종에서 숙종 대에 건원중보나 해동통보 등 여러 화폐가 등장하는데 화폐유통 활성화를 위해서 상거래를 적극적으로 장려합니다.

하지만 조선 시대에 들어서며 이런 상행위가 크게 위축됩니다. 성리학을 숭상한 조선왕조는 농업을 중시하고 상공업을 천시하였습니다. 따라서 초기에는 이전까지 활발했던 상업이 급격히 퇴보합니다. 그러나 그 와중에도 생필품의 거래까지 막을 수는 없었습니다. 농민이나 양반층은 물론 누구라도 수공업 제품이나 소금·생선 등 생활에 요긴한 물품을 누군가에게 공급받아야 했기 때문입니다.

이런 상황을 고려하여 국가에서는 한양 등 주요 도시에 시전을 설치함으로써 문제를 해결하려 하였습니다. 시전은 백성들에게 일상 생활용품을 공급하고, 정부에서 필요한 물품을 사들이는 역할이었습니다. 그 밖에 정부가 백성들로부터 받은 여러 공물 중 사용하고 남은 것이나, 중국에서 사신이 가지고 온 물건 중 일부를 판매하는 일도 겸하였습니다. 그러나 농어촌이나 도시로부터 떨어져 있는 지역은 시전이 없기 때문에 늘 공급 부족을 겪어야 했고, 그나마 행상들이 공급책 역할을 해주었으나 수요에 부응하진 못하였습니다. 그래서 농촌 장시가 등장합니다.

농촌 장시는 정부 주도가 아닌 백성들의 자발적 시장이며, 자신이 가지고 있는 것을 필요한 것과 바꾸어 생계를 꾸리는 물물교환 장소였습니다. 따라서 매매하는 사람의 대부분은 농민과 수공업자 등 직접생산자였지요. 장시가 성행하자 기존의 행상이 타격을 받습니다. 시골 농민들이 행상의 비싼 물건을 사지 않았기 때문이지요. 어쩔 수 없이 행상들은 그들의 판매 방식을 바꿉니다. 이것은 이른바 장돌뱅이가 등장하는 계기가 됩니다. 장돌뱅이는 시골구석을 찾아다니기보다 귀하고 값비싼 물건을 구해 장시를 돌아다니며 판매를 시작합니다. 그렇다고 행상이 사라진 것은 아니지만 대다수 행상이 장돌뱅이로 바꾸었습니다.

한편 장돌뱅이나 행상에게 가장 큰 취약점은 신변안전이었습니다. 한 장터에서 다른 장터로 이동 시 떼강도를 만나 물건을 빼앗기고 목숨까지 잃는 일이 허다했습니다. 그래서 이동하다가 무리를 짓게 되고, 자연스럽게 조직을 갖춰 나갑니다. 하지만 어느 시대나 조직은 정부의 감시 대상이자 투명한 세수 확보 원입니다. 당연히 조선 정부도 행상 조직을 보호해 준다는 명목으로 일명 행장이라는 통행증을 발급하고, 행상으로부터 일정한 세금을 받습니다. 이후 국가공인의 행상은 상단 규모를 더욱 크게 하며 뒷날 보부상이라 불립니다.

조선 중기 수차례의 변란을 겪으며 지역 경제가 곤두박질하는데 오히려 장시는 더 많이 열립니다. 조선 후기에 와서 그 수효는 전국 천여 곳에 이르고, 이로 말미암아 장시 상호 간에 조정이 불가피해졌습니다. 장시 조정의 핵심은 장시의 개시 일자 변경입니다. 쉽게 말해 오일장이 만들어집니다. 오 일에 한 번씩 열려서 오일장이지만, 열리지 않는 날 이웃 지역은 장이 서기 때문에 전국적으로 보면 장이 서지 않는 날은 없었습니다.

그런데 하필 오 일이었을까요. 이는 음력의 시간 개념에서 찾을 수 있습니다. 음력은 한 달을 삼십 일 기준으로 하므로 단위를 오 일 간격으로 두는 것이 편했습니다. 따라서 장날을 일육 장1일, 6일, 이팔 장2일, 8일, 오십 장5일, 10일 등으로 설정하여, 송파 일육 장, 공릉 오십 장처럼 지역 장시의 첫날을 기준 삼았습니다. 그리고 이 기준에 맞추어 힘든 농사일에 모처럼 손을 놓는 휴일로 생각했습니다.

오일장은 다양한 물건을 거래하는 교역장이자 서로의 존재를 확인하는 소통의 장이기도 합니다. 닷새마다 한 번씩 장터에서 이웃 사람들을 만나 안부를 나누고, 장터마다 돌아다니는 장돌뱅이를 통해 최신 소식을 듣는 정보의 공간입니다. 이런 연유로 장터는 사람의 왕래가 쉬운 곳에 자연스럽게 자리 잡습니다. 서울 근교에서는 강을 끼고 있는 행주나 파주에 장이 들어서고 지방에서는 읍성이나 성곽의 남문 주변에 장이 섭니다.

오일장은 상거래 장소이자 동시에 볼거리 · 먹을거리 · 즐길 거리가 어우러진 여흥의 문화 공간입니다. 지역 특산 요리도 맛볼 수 있고, 뱀 쇼와 각설이 공연도 즐길 수 있습니다. 특히 정조 때 새롭게 등장한 사상도고^{정부의 허가를 받지 않고 개인적으로 활동하는 상인 중 대규모의 자본력, 전국적인 조직, 경영 능력을 갖춘 상인-편집자 주} 상인들은 장터에 많은 손님을 끌어들이려고 스스로 돈을 내서 놀이패를 고용하여 장터의 흥을 돋우었습니다.

오일장을 통해 유명해져 오늘날 무형문화재의 명성을 얻고 있는 놀이로 송파장의 송파 산대놀이, 양주 다락원 장의 양주 별산대놀이, 안성 장의 안성 남사당패 놀이 등을 꼽습니다.

오일장 초기에는 허허벌판에 터를 잡았는데, 19세기 후반에 장옥이라 해서 장터에 가옥을 짓기 시작했으며, 일제 강점기에는 장옥을 중심으로 시장이 활성화하자 상설시장이 생겨 재래시장이 되고 행상은 일 톤 트럭을 발삼아 오늘도 곳곳을 누빕니다.

• 주먹구구와 얼렁뚱땅 말 뿌리

"김 씨는 주먹구구로 이자를 계산하더니 빌린 돈의 두 배를 갚으라
고 했다."

"지난번 중간고사를 너무 주먹구구식으로 보아서 점수가 형편없었
지 뭐."

　나열한 두 문장 속에 나오는 '주먹구구'의 의미는, 어떤 일 따위를
어림짐작으로 대충 해 버리는 방법이나 셈법을 말합니다. 주먹과 구구
로 나눌 수 있는데, 여기서 주먹은 우리 손의 주먹을 말하고 구구는 구
구단의 줄임말입니다. 말 그대로 주먹을 이용하여 구구단 셈법을 한다
는 뜻이지요. 방법은 그다지 어렵지 않습니다.

　예를 들어 칠에다 팔을 곱하려 할 때, 먼저 한 쪽 손으로 일곱을 꼽
습니다. 그러면 손가락 모양은 세 개를 접고 두 개는 폅니다. 그 상태에
서 다른 손으로 여덟을 꼽으면 손가락은 두 개를 접고 세 개는 펴지요.
이 상태에서 양손에 편 손가락을 세어보면 모두 다섯이 되는데, 이 다
섯에 열을 곱하면 오십이란 숫자가 나옵니다. 그리고 나머지 접은 손가
락은 세 개와 두 갠데 이 둘을 그대로 곱이 곱하기 삼하여 육을 냅니다. 최
종적으로 편 손가락의 오십과 접은 쪽의 육을 합치면 오십육이란 수가
나오게 되는 것입니다. 다른 수도 같은 방법으로 하면 됩니다. 하지만
주먹구구식 셈은 다섯 이하의 숫자로는 불가능하기 때문에 오 단까지
는 미리 구구단을 외워야 하는 단점이 있습니다.

　이 셈법은 주로 예전에 노인이나 장바닥에서 장사치가 급한 대로
이용하곤 했습니다. 그러나 주먹을 쥐었다 폈다 하며 구굿셈을 따지는

방식은 우선 번거로울 뿐만 아니라, 이렇게 따지고 저렇게 곱하다 보면 자주 틀린 결과가 나와서 다른 사람이 신뢰하기가 어려웠습니다. 그래서 정확한 앞 계산이 없이 대충대충 일을 처리할 때 '주먹구구식으로 한다.'는 말을 씁니다.

주먹구구와 비슷하면서도 의미 차이가 약간 나는 말로 얼렁뚱땅이 있습니다. '엄살이나 피우면서 얼렁뚱땅 일할 생각은 버려.'라는 예문에서 보듯, 얼렁뚱땅은 완성해야 하는 과정을 치밀하게 하지 않고 건성으로 처리하는 행동 표현에 더 무게를 실었습니다.

얼렁뚱땅은 엉너리와 뚝딱을 합친 말입니다. 먼저 엉너리는 순우리말로 남의 환심을 사려고 능청 떠는 말이나 행동이고, 뚝딱은 일을 힘들이지 않고 손쉽게 해치우는 모양을 뜻합니다. 이러한 두 가지 의미가 모여서 된 얼렁뚱땅은 '행동 따위를 일부러 어물거려서 남을 슬쩍 속여 넘기는 모양'으로 부정적인 의미로 많이 쓰입니다. 따라서 주먹구구보다 얼렁뚱땅이 좀 더 의도성이 강하다고 말할 수 있겠습니다. 참고로 엉너리와 엉터리는 이웃사촌으로 보아도 됩니다.

여기에 유사한 단어 한 가지를 더 추가하자면, 어물쩍이란 표현도 있습니다. 이 단어는 '꿀 먹은 벙어리처럼 우물우물한다.'의 우물우물에서 어원을 찾을 수 있습니다. 우물은 '우물거리다.' 즉, 말을 하는 듯 마는 듯이 하는 입 모양새를 나타내는 의태어입니다. 이것이 어물어물이란 표현이 되면, 말보다는 '일부러 살짝 얼버무리는 행동'을 지적할 때 활용됩니다. 따라서 우물거리다에서 우물우물, 우물쭈물, 어물어물, 어물쩍 등의 단어가 파생된 것이지요.

14.
콩 심은 데 콩 나고 팥 심은 데 팥 난다

'어린 자식을 기르면서 공동묘지 근처에 살아보니 자식이 상여 메고 곡하는 시늉을 하고, 시장 근처로 집을 옮기니 장사치 흉내만 내더라. 세 번째 글방 곁으로 이사를 하니까 자식이 글 읽는 것을 본뜨니 비로소 모친이 안심하였다.'는 이천삼백 년 전의 맹모삼천孟母三遷 시기만 해도 아이들은 비교적 자유분방하게 자란 것 같습니다

그로부터 왕조의 틀이 잡히고 유교가 국가이념으로 자리 잡는 과정에서 아이들은 웃어른이 시킨 일을 하고 웃어른의 의견에 복종하는 아랫사람이자, 어른의 꿈을 실현하기 위한 소유물이었습니다. 장유유서長幼有序가 그렇고 필독서인《소학》,《명심보감》,《훈몽자회》등에서도 아이들은 어른의 말을 따라야 했습니다 1541년, 박세무가 지은《동몽선습》의 한 내용을 보겠습니다.

父子는 天性之親이라 生而育之하고 愛而敎之하며 奉而承之하고 孝而養之하나니

어버이와 자식은 하늘이 맺어준 관계이므로, 어버이는 자식을 낳아 사랑으로 가르치며, 자식은 어버이 뜻을 받들어 순종하며 효도하고 봉양해야 한다.

이 구절 어디에도 아이들의 꿈이나 인성은 필요치 않았습니다. 왕족과 양반, 평민과 노예의 계급사회 속에 아이들은 삶을 그 부모가 그러하듯 숙명적으로 받아들여야 했습니다.

19세기 후반에 밀려들어 온 근대화는 유교 중심의 신분 사회를 허물었고, 사람의 운명은 정해진 것이 아니라 얼마든지 개선할 수 있다는 가능성을 일깨워 주었습니다. 이런 현상은 종래의 아이를 보는 어른의 시선에도 영향을 끼쳤습니다.

처…르썩, 처…르썩, 척, 쏴…아. 때린다, 부순다, 무너버린다. 태산 같은 높은 뫼, 집채 같은 바윗돌이나, 요것이 무어야, 요게 무어야, 나의 큰 힘, 아느냐, 모르느냐, 호통까지 하면서, 때린다, 부순다, 무너버린다. 처…르썩, 처…르썩, 척, 튜르릉, 콱.

국운이 쇠해가던 1908년, 최남선은 〈해에서 소년에게〉를 발표하며, 나라의 융성을 위해서 소년들이 시대를 각성하고 문명 개화를 할 의지를 세워야 한다고 하였습니다. 그러나 1910년 나라를 일제에 빼앗기고, 허탈감과 울분은 1919년 3월 1일에 터집니다. 이날을 기해 민족 자각독립 운동은 전 분야에 걸쳐 번져나가고, 어린이에 대한 계몽도 구체적으로 싹틉니다.

1921년신유년 5월 1일, 천도교 서울지부 청년회관. 불과 한 달 전 일본에서 귀국한 방정환이 단상에 섰습니다.

동지 여러분! 우리 조선인에게 희망은 무엇입니까? 완전한 자주국이 아니겠습니까? 그러기 위해서는 힘을 키워야 합니다. 중략 힘의 배양을 위해 우리도 우리지만 우리 뒤를 잇는 소년·소녀가 자유롭게 미래의 웅대한 꿈을 가질 수 있도록 해야 합니다. 그러나 이제껏 우리의 현실은 어떠했습니까? 우리의 희망이자 미래의 주인이 될 소년·소녀들이 봉건사상의 구습의 틀에 얽매어 어린아이로서의 자유분방함 대신 비활동적, 비정열적, 냉담 사상을 주입해 기형적인 인간으로 양성시키고 있습니다.

이런 상황에서 더욱 나쁜 일은 아직 지각과 체력이 발달치 못했음에도 조혼早婚이란 민족 멸망의 악풍惡風을 강요하고, 장남에게 의지하는 의타사상을 조장케 한 책임은 우리 어른 모두에게 있음을 개탄하지 않을 수 없습니다.

중략 따라서 이제 우리는 나이 먹은 사람을 어른이라 하면 소년은 아직 어린 사람, 즉 어린이로 명명하여 그동안 가정적, 사회적, 민족적으로 학대당한 우리 어린이에게 그만의 존재 가치를 부여하고 구습에서 해방하여 우리 민족의 희망이자 시대에 발맞추는 미래 역군으로 성장케 할 것입니다.

중략 오늘 5월 1일을 기해 소년회를 정식 발족하는바, 표어로는 '씩씩하고 참된 소년, 늘 사랑하며 서로 돕는 소년'으로 정하겠습니다. 아울러 내년 1922년壬戌 5월 첫째 주 일요일을 어린이날로 하여 그날을 기념하는 많은 행사를 추진하고자 합니다. 동지의 전폭적인 성원 부탁드립니다.

방정환 선생은 독립운동의 동력을 어린이에게서 찾았으며, 어린

이날 제정과 함께 어린이에 대한 권익 보호와 구습 타파를 선행해야 한다고 말합니다. 이날의 공표로 다음 해 5월 첫째 주 일요일5일에 어린이 행사에 종교 · 학교 · 사회단체 등이 동조하여 이후 5월 5일을 정식으로 조선 어린이날로 지정합니다. 하지만 어린이날은 1939년 일제의 민족말살정책에 의해 중단되었다가 해방 이듬해인 1946년 5월 5일 부활합니다.

최초로 〈어린이〉 잡지를 출간한 방정환 선생은 1923년, 어린이의 꿈을 키워 줄 사랑 실천 운동으로 색동회를 조직합니다. 여기에 윤극영 등 많은 이들이 참여하여 우리나라 근대 창작동요의 선구자 역할을 하게 됩니다. 당시 많은 어린이가 부르던 몇 곡을 살펴보겠습니다.

나의 살던 고향은 꽃 피는 산골 복숭아꽃 살구꽃 아기 진달래 울긋불긋 꽃 대궐 차리인 동네 그 속에서 놀던 때가 그립습니다.

이원수의 〈고향의 봄1923년〉인데, 나라 잃은 슬픔을 정감 있게 풀어내고 있습니다.

푸른 하늘 은하수 하얀 쪽배엔 계수나무 한 나무 토끼 한 마리 돛대도 아니 달고 삿대도 없이 가기도 잘도 간다 서쪽 나라로.

윤극영의 〈반달1924년〉은 이 절의 끝부분에 "… 샛별이 등대란다. 길을 찾아라."라는 노랫말 속에 일제강점기의 불행한 어린이에게 꿈과 용기와 희망을 비춰주는 뜻있는 동요임을 알 수 있습니다.

연못가에 새로 핀 버들잎을 따서 요 우표 한 장 붙여서 강남으로 보내면 작년에 간 제비가 푸른 편지 보고요 조선 봄이 그리워 다시 찾아오옵니다.

서덕출의 〈봄 편지1926년〉입니다. 여기서 '조선 봄'은 나라의 독립을 상징하며, 꼭 독립을 이루고자 하는 희망을 불어넣어 준 노래입니다.

이 밖에도 유지영의 〈고드름1924년〉, 박태준의 〈오빠 생각1925년〉 등 지금까지 애창되는 수많은 동요를 이 당시 만들었습니다. 1920년대 펼쳐진 어린이 계몽운동은 우리 사회 전반에 영향을 주었으며, 어린이에 대한 인식을 바꾸어 놓았습니다.

광복되자 윤석중은 〈어린이날 노래〉 '우리가 자라면 나라의 일꾼 손잡고 나가자 서로 정답게~'를 만들어 다시 한번 어린이에 대한 의미를 일깨웠습니다. 참고로 윤석중은 초등학교 〈졸업식 노래〉도 이 당시 지었습니다.

1957년, 정부에서는 어린이의 천부인권을 존중하기 위해 '대한민국 어린이헌장'을 제정합니다. 그 내용은 한 마디로 '어린이는 하나의 인격체로서 마음껏 꿈을 펼쳐야 한다.'입니다.

오늘날 어린이는 그 어느 때보다 자유로우며 미래의 상징으로 인식됩니다. 그러나 한 편에서는 또 다시 "콩 심은데 콩 나고, 팥 심은데 팥 난다."는 조선시대의 자조적인 속담이 회자되고 있습니다. 돈에 의한 신분사회가 조성되며 교육의 역차별을 가져오고 있기 때문입니다. 매년 5월, 어린이날을 지내며 슬기로운 어른들의 지혜가 다시 한 번 모아지길 기대해 봅니다.

• 어른과 어린이 말 뿌리

　어른 하면 성인 남녀를 통칭하지만, 그 말 뿌리는 자못 흥미롭습니다. 어른은 어르다에서 파생되었고 어르다는 더 옛말 '얼우다'가 변형된 것입니다. 오늘날의 의미는 '편안하게 하다' 또는 '모아서 합하다'이지만, 예전에는 '사랑을 나누다'의 뜻으로 쓰였습니다.

　"동짓달 기나긴 밤을 한 허리 버혀내여, 춘풍 이불 아래 서리서리 너헛다가, 얼운님 오신 날 밤이 여든 구뷔구뷔 펴리라."
　청구영언에 실린 황진이의 시조입니다. 여기에서 '얼운님'이 바로 사랑을 나누는 대상을 말합니다.
　황진이의 죽음을 애석해하며 그녀의 무덤에서 '청초 우거진 골에 자난다 누웠난다.'의 시조를 바친 풍류 시인 임제의 또 다른 시조에도 유사한 표현이 나옵니다.

　"북천이 맑다커늘 우장비옷없이 길을 나니, 산에는 눈이 오고 들에는 찬비로다, 오늘은 찬비 마즈니 얼어 잘가 하노라."
　기생 찬비에게 '오늘 밤 사랑을 나누며 자는 게 어떤가'를 묻는 마지막 구절에 '얼어'가 바로 그것입니다.
　신라의 〈서동요〉에도 '얼어 두고'라는 구절이 보입니다.

　"선화공주니믄 남 그스기 얼어 두고 맛둥 방을 밤의 몰 안고 가다."
　현대적으로 해석해 보면 '선화공주 님은 남몰래 사랑을 나누려고 서동의 방을 밤에 은밀히 찾아간다.'가 되지요. 여기에 나오는 얼어 두고라는 말은 성행위를 일컫는 것입니다.

　이처럼 세 가지의 사례를 종합해 보면 어른이란 얼우다의 명사형으로 성행위가 가능한 세대를 나타낸다고 볼 수가 있습니다. 하지만 오늘날의 어른은 앞서 기술했듯이 남을 편안하게 하고 배려하는 어르다에서의 어른이 진정한 의미의 어른이 아닐까 합니다.

　어른의 상대어인 어린이는 그 어원을 어리다에서 찾을 수 있습니다. 어리다의 옛 뜻은 어리석다입니다. 지금은 어리석다는 뜻이 '생각이나 행동이 바르지 못하고 아둔하다.'는 부정적 의미로 쓰이지만, 예전에는 '미처아직 깨우치지 못하다.'는 표현으로 안타까움을 담고 있습니다. 세종대왕의 훈민정음 반포 중에 "나랏말싸미 듕귁에 달아 문자와로 서르 사맛디 아니할쎄 이런 전차로 어린 백성이 니르고져 홇베이셔도…."에서 '어린 백성'의 뜻이 바로 어리석은 백성이고, 아직 깨우치지 못한 백성을 말하는 것입니다.

　이처럼 아직 깨우치지 못했지만, 가능성이 있음을 나타내는 어리다에서 어린이는 말을 새롭게 지어낸 사람은 방정환 선생입니다. 선생은 일제에 갇혀있는 암울한 조선 민족의 희망을 어린이에게서 찾았습니다. 1921년 5월에 어린이날을 제안하면서, 어린이의 의미를 대내외에 알리고 어린이의 꿈이 무럭무럭 자라 독립의 발판이 되도록 어른이 힘써야 한다고 역설했지요. 따라서 선생이 지어내고 지금껏 사용되는 어린이의 다른 말은 미래의 희망입니다.

15.
인분이 곧 금분

중국에는 피슈우라는 전설의 동물이 있습니다. 이 짐승은 입은 있지만, 항문이 없어서 먹기만 하고 배설은 하지 않지요. 그래서 중국인들은 먹는 것 즉 나에게 들어온 재물이 나가지 않도록 기원하는 의미로 피슈우를 부적이나 액세서리로 형상화하여 몸에 지니기 좋아합니다. 그렇지만 피슈우가 전설의 동물이었기에 망정이지 항문 없이 살 수 있는 동물이 지구 역사 이래 단 하나라도 있었겠습니까?

시간과 공간을 막론하고 사람이나 짐승은 먹으면 배설하는 것이 불변의 생존 법칙이지요.

그런데 먹고 싸는 것이 늘 공존하면서도 배설 문화文化는 먹는 문화에 비해 상대적으로 그 발달이 꽤 늦습니다. 다시 말해 먹을 것, 먹는 장소, 먹는 방법은 사 대 문명 발상지에서 로마 시대를 거쳐 현세에 이르기까지 발전을 거듭해 왔지만, 배설을 위한 새로운 변화는 해가 지지 않는 대영제국 시대에도 제시되지 못했습니다. 물론 일부 지배층은 우리의 요강 같은 배설물 용기를 사용하였지만, 그 외 사람은 집 근처 또는 길가 적당한 곳에서 해결하였습니다.

　그러나 산업혁명으로 도시의 거주공간은 더욱 좁아지고 그 속의 사람은 물론 개, 말, 양 같은 가축들이 한데 어우러지며 땅은 배설물로 넘쳐났습니다. 집에는 화장실이 없어서 집마다 그릇에 오물을 모아 아침이면 창밖으로 쏟아 버렸습니다. 이 당시에 여성 외출의 필수 휴대품인 파라솔과 하이힐이 등장합니다. 파라솔은 비나 햇빛 가리개로 사용되었지만, 무엇보다도 길바닥의 오물이 튀는 것을 막아 주고 용무가 급할 때 쭈그리고 앉은 자신의 모습을 막아주는 칸막이 대용으로 요긴하게 썼습니다.

　하이힐은 귀부인들의 치렁치렁한 드레스 끝자락에 길거리 오물들이 묻지 않도록 나무나 가죽에 높은 굽을 대어 만든 여성 전용 신발이었습니다. 당시 하이힐 굽 높이가 꽤 높았다고 하니 거리가 얼마나 배설물 천지였는지 가히 짐작할 수 있겠습니다. 오물로 인한 사회문제가 점점 심각해지자 1847년, 영국 정부는 하수시설을 만들고 시민들에게 모든 분뇨를 하수시설에 방류해야 한다는 법령을 발포發布합니다. 그리고 이와 때를 같이하여 하수와 연결하는 가정용 화장실도 생겼습니다.

　한편 우리나라 화장실은 어떻게 변천했을까요? 농경을 기반으로 한 우리나라 사람들은 유럽과는 달리 아주 오래전부터 뒷간이란 이름으로 화장실을 발전시켜 왔습니다. 이유는 바로 인분에 있었는데, 인분이 농작물을 잘 자라게 하는 우수한 퇴비임을 일찍 알았지요. 육류를 좋아하는 서양 사람들은 소화기관이 짧고 인분便도 딱딱하지만, 초식하는 우리나라 사람들은 장이 길며 수분과 유기질이 많은 물렁

물렁한 인분을 배출하기 때문에 이를 모았다가 밭에 뿌리면 작황에 큰 도움이 되었답니다.

이런 연유로 사람이 드문 고랭지에서는 변이 귀해 금분이라고도 불렀습니다. 인분을 모으는 뒷간은 집 뒤에 있는 또 다른 집이란 뜻으로, "뒷간과 사돈집은 멀수록 좋다."는 속담처럼 본채에서 떨어진 곳에 있었습니다. 이유야 당연히 냄새도 멀리하고 밭으로 인분을 내기가 편해서였습니다. 이러한 뒷간은 그 명칭도 가지가지로 작은 집, 집 옆에 있는 집이라 해서 측간, 한자로 변소똥 便, 장소 소所 등이 있습니다. 절에서는 근심을 덜어낸다는 뜻의 해우소解憂所라고도 하지요.

농가에서 요긴한 뒷간이 한양 사대문 안에 들어오면 이야기는 달라집니다. 서양과 마찬가지로 도회지에서의 배변은 악취와 불결의 상징이고 하수시설이 변변치 못해 집 앞의 도랑이나 개천, 한강 변 주변으로 오물 냄새가 진동했습니다. 그래도 유럽보다 좀 나았던 것은 주변에 논밭이 많아 똥장군인분을 모아서 밭으로 내가던 생활 도구으로 인분을 퍼내가는 사람들이 있어, 인분을 모아 두기 위해 웬만한 가정에는 요강과 변소를 갖췄습니다. 여성들은 밖에 나오는 경우는 드물었지만 어쩌다 먼 곳에 가야 하려면 이동식 변소인 요강은 꼭 챙겼습니다.

한편 왕이 사는 궁궐의 뒷간 사정은 어떠했을까요. 홍순민이 궁궐에 관해 쓴 책을 읽으면 경복궁에 의외로 많은 화장실이 있었음을 알게 됩니다. 스물여덟 개의 궁궐 뒷간은 궐내에서 생활하는 사람들이 주로 이용했겠지만 한 개가 있는 것도 있고 여러 개가 같이 있는 뒷간도 있습니다. 궁궐 내에는 남녀 혹은 상하 구별의 화장실도 있었을 것이고 지금의 공중화장실도 있었던 것으로 추측할 수 있겠습니다.

하지만 왕과 왕비는 특별히 화장실을 이용하지 않았습니다. 매화

틀매우틀이라 부르는 임금의 전용 배설 용기가 있어 급할 때 상궁이 이 틀을 왕의 엉덩이에 받쳐서 용변을 볼 수 있게 하였던 것이지요. 매화틀은 임금이나 왕비의 대소변 용기였지만 한편으로는 건강 상태를 파악하기 위한 시료 채취 그릇이기도 했습니다. 담긴 변의 색깔, 농도, 냄새가 심상치 않으면 즉시 내의원에서 분석하여 약을 짓거나 음식 조절을 하는데 요긴하게 쓰였습니다.

뒷간 이야기를 하면서 화장지밑씻개 이야기도 빼놓을 수는 없겠지요. 서양인과 달리 채식 위주의 우리나라 사람은 변이 묽어 항문을 닦아내야 합니다. 그래서 다양한 밑씻개를 사용하였습니다. 궁궐의 왕과 왕비 그리고 사대부 사람들은 비단이나 면포로 닦아 냈지만, 일반 서민들은 뒤지라 하여 호박잎 같은 큼직한 식물 잎이나 돌, 볏짚, 새끼줄을 가장 많이 이용했지요. 종이는 비단, 면포 다음으로 좋은 밑씻개였지만, 구하기가 힘들어 서민은 꿈도 꿀 수 없었습니다.

신문이 대중화되자 신문지가 훌륭한 밑씻개가 됩니다. 특히 해방 이후 신문지는 도시에서 최고의 뒤지였으며 그 뒤를 이어 잡지나 책, 혹은 양회 포대가 뒤를 이었습니다. 신문지의 인기는 우선 구하기가 쉬웠고 신문에 내용이 있어 용변 시 읽으면 지루하지 않았으며 용변 이외에도 코를 푼다든지, 집 도배의 마감재로 사용하며 푸줏간에서 고기를 싸는 데 없어서는 안 될 최고의 포장지였습니다.

시간이 흘러 뒤지의 대명사였던 신문지가 그 자리를 내준 것은 1970년대 초 두루마리 화장지가 나오면서부터입니다. 두루마리 휴지가 보급되자 기존의 뒷간이 집건물 안으로 들어앉는 이른바 수세식 화장실이 점차 확대됩니다. 특히 경제 발전의 일환으로 정책적으로 아파트 공급을 늘린 1970년대 후반 이후로 수세식 화장실은 용변 용도 외에도 목욕, 세수, 몸 매무새를 단장하는 지금의 화장실로 개념이 바뀝니다.

이렇게 해서 뒷간은 화장실이 되었으며 뒤지는 화장실 휴지로, 나아가 패드형으로 발전하면서 핸드백 속 필수품이 되었습니다. 최근에는 비데형 변기에 밀려 화장실 휴지는 그마저도 밑씻개 보조로 전락합니다.

인분이 곧 금분

참고문헌

강무학, 《한국 세시 풍속기》, 도서출판 청화, 1985

고려대 민족문화연구소, 《조선시대 즉위의례와 조하의례》, 1996

권오길, 《자연계는 생명의 어울림으로 가득하다》, 청년사, 2005

김경민, 《건축왕, 경성을 만들다》, 이마, 2017

김경옥, 《여명 80년 우리는 어떻게 살아왔나》, 서문당, 2005

김경태 외 2인, 《한국문화사》, 이대출판부, 1990

김광언, 《우리 문화가 온 길》, 민속원, 2001

김문학, 《한중일 3국 여기가 다르다》, 한일문화교류센터, 2002

김봉주 엮음, 《삼국유사》, 두리미디어, 2013

김상기 외 10인, 《한국근대사강의》, 도서출판 한울, 2007

김성식 외 9인, 《암흑의 시대》, 신구문화사, 1969

김시덕 역해, 《징비록》, 아카넷, 2013

김영호 엮음, 《농가월령가》, 꿈이 있는 세상, 2006

김용태, 《옛 살림 옛 문화 이야기》, 대경출판, 1997

김우신, 《이것이 한국 최초》, 삼문, 1996

김재일, 《우리 민속 아흔 아홉 마당》, 한림미디어, 1997

김종오, 《옛 시조 감상》, 정신세계사, 1990

김주영, 《객주》, 창작과 비평, 1992

김준영, 《입에 익은 우리말》, 학고재, 2006

김혈조 옮김, 《열하일기》, 돌베개, 2009

류경수, 《우리 옛 건축에 담긴 표정들》, 대원사, 1998

박영규, 《한권으로 읽는 고려왕조실록》, 들녘, 1996

박영규, 《환관과 궁녀》, 웅진지식하우스, 2010

반주원, 《조선시대 살아보기》, 제3의 공간, 2017

송종복, 《역사 꼬집기와 토막상식》, 지식과 감성, 2014

송헌선, 《한국의 나무 문화》, 문예산책, 1996

신명호,《궁중문화》, 돌베개, 2002

신봉승,《소설 조선왕조 오백년》, 금성출판사, 1989

신봉승,《조선의 마음》, 도서출판 선, 2005

신영훈,《우리문화 이웃문화》, 문학수첩, 1997

신영훈,《한국의 조형 의식》, 대원사, 2001

신예범,《인천 한 세기》, 홍성사, 1983

심인보,《곱게 늙은 절집》, 지안, 2007

앨버트 잭·김아림 옮김,《지금은 당연한 것의 흑역사》, 리얼부커스, 2016

역사학자 18인,《역사의 길목에 선 31인의 선택》, 푸른 역사, 1999

오세경 편역,《중국고사성어》, 석일사, 1996

오세정·조현우,《고전, 대중문화를 엿보다》, 이숲, 2010

오종원 외 3인,《간추린 인천사》, 인천학 연구소, 1999

우동선·박성진 외 6인,《궁궐의 눈물, 백년의 침묵》, 2009

윤서석,《한국음식역사와 조리》, 수학사, 1987

이경복·강인희,《한국식생활풍속》, 삼영사, 1984

이규태,《세계인의 기속과 성》, 동광출판사, 1985

이규태,《한국인의 의식구조》, 신원, 1983

이나가키 히데히로·최성현 옮김,《풀들의 전략》, 오두막, 2006

이노미,《말하는 문화》, 청아출판사, 2004

이득렬,《잃어버린 서울 그리운 내 고향》, 고려원, 1994

이문석,《자동차, 시대의 풍경이 되다》, 책 세상, 2016

이상각,《꼬레아 러시》, 효형출판, 2010

이성우,《한국요리문화사》, 교문사, 1985

이인경,《역사 in 시사》, 북하우스, 2009

이재원,《김홍도: 정조의 이상 정치, 그림으로 실현하다》, 살림, 2016

이태주,《문명과 야만을 넘어서 문화읽기》, 웅진씽크빅, 2006

이홍우,《한국의 수편》, 대완도서, 1982

이희근,《우리 안의 그들, 역사의 이방인들》, 너머북스, 2008

임용한 · 김인호 · 노혜경, 《뇌물의 역사》, 이야기가 있는 집, 2015

임혜봉, 《불교사 100장면》, 가람기획, 1994

장석영 옮김, 《브래지어에서 원자폭탄까지》, 현실과 미래, 2002

장한식, 《오랑캐 홍타이지 천하를 얻다》, 산수야, 2015

전창선 · 어윤형, 《음양이 뭐지?》, 도서출판 세기, 1994

전호태, 《고분 벽화로 본 고구려 이야기》, 풀빛, 1999

정동호 편저, 《매천야록》, 일문서적, 2011

정은정, 《대한민국 치킨전》, 따비, 2014

조관희, 《이야기 중국사》, 청아, 2003

조성면, 《질주하는 역사, 철도》, 한겨레출판, 2012

주영하, 《차폰, 잔폰, 짬뽕》, 사계절, 2009

진순신 · 조양욱 옮김, 《청일전쟁》, 도서출판 세경, 2006

한국고문서학회, 《조선시대 생활사》, 역사비평사, 2002

한국문원 편집실, 《왕릉》, 한국 문원, 1995

한국역사연구회, 《조선시대 사람들은 어떻게 살았을까》, 청년사, 1996

허균, 《새로 보는 경복궁》, 한림 미디어, 2005

홍순민, 《우리 궁궐 이야기》, 청년사, 2004

후베르트 · 김인순 옮김, 《최초의 것》, 지식트리, 2012

히라다 유타카 · 선완규 옮김, 《상식 밖의 발명사》, 도서출판 새길, 2010

참고문헌

시간이 담아낸 것들

초판 1쇄 인쇄 2018년 10월 4일
초판 1쇄 발행 2018년 10월 15일

지은이 홍남일
펴낸곳 플랜비디자인
펴낸이 최익성
기획 신현아
편집 유지은, 서혜원
디자인 이창욱

주소 경기도 화성시 동탄반석로 277
전화 031-8050-0508
이메일 planbdesigncompany@gmail.com
출판등록 제2016-000001호
ISBN 979 - 11 - 89580 - 00 - 1 - 03910
책값은 표지 뒤쪽에 있습니다. 파본은 바꾸어 드립니다.
이 도서의 국립중앙도서관 출판예정도서목록(CIP)은 서지정보유통지원시스템 홈페이지(http://seoji.nl.go.kr)와
국가자료공동목록시스템(http://www.nl.kr/kolisnet)에서 이용하실 수 있습니다. (CIP2018031507)